한국과 중국 선사들의 유교 중화(中和) 담론

|불|광|학|술|총|서|

한국과 중국 선사들의 유교 중화中和 담론

문광 지음

불광출판사

추천사

『한국과 중국 선사들의 유교 중화 담론』 출간에 즈음하여

-

정진배 _ 연세대 중어중문학과 교수

개권유익(開卷有益)이라는 고사는 내가 갓 중국문학에 입문했을 때 선생님들한테 귀가 닳도록 들었던 얘기이다. 나는 그 말을 철썩 같이 신봉하며 청운의 꿈을 안고 대학 졸업 후 곧장 유학길에 올라 그 후 한눈팔지 않고 연구자의 길을 걷게 되었으며, 세월이 유수처럼 흘러서 이제는 어느덧 정년을 바라보는 이순(耳順)의 나이가 되었다. 돌이켜보면 나이 50이 되기 전까지는 그래도 향학열이 식지 않아 동서양의 여러 사상을 읽고 주변의 동료 혹은 제자들과 토론을 벌이며 밤을 지새웠던 적도 여러 번 있었다. 그런데 언제부터인가 개권유익에 대한 믿음이 조금씩 와해되기 시작한 것 같다. 정확한 이유는 알 수 없으나, 돌이켜보면 공자의 '학이사(學而思)'에서 무게 중심이 점차 후자로 옮겨 가기 시작한 시점과 대체로 일치하는 듯하다. 물론 고백건대 그 시기를 즈음하여 이제는 주변의 다른 연구자들이 쓴 글에서 별로 얻을 것이 없다는 아만심이 작동했음을 부인할 수 없을 것이다. 그렇다고 학문에 대한 열정이 소멸된 것은 아니었다. 나는 늘 근원을 찾아 헤맸고, 동서양의 이런저런 경전을 읽으면서 그 언저리를 맴돌았다. 무엇보다 인문학 연구자로서 '살아가는 것'과 '죽는 것'에 대한 의미를 알고 싶었기 때문이라 추정된다.

인연이란 것이 참으로 묘하다. 내가 유학 생활을 마치고 모교인 연대에 부임했을 때, 문광 스님은 이미 연세대 대학원을 떠난 시점이었다고 짐작한다. 그러다가 스님이 제출한 석사학위논문을 심사하는 자리에서 문광 스님을 조우하게 되었다. 당시는 학과에서 중견 교수로 수업과 학생 지도 업무가 과중하여 논문을 여유롭게 읽지는 못했지만, 그래도 심사 전날 밤새워 일독을 끝냈다. 문광 스님의 논문은 아마도 연대 중문과가 생긴 이래 명실공히 최고의 학위논문이었을 것이다. 그러나 당시는 내 마음이 바빠서 글의 묘처를 충분히 음미하지 못했다. 그냥 달리는 KTX의 객실에 앉아 창밖으로 스쳐 지나가는 수려한 경관을 보는 느낌이랄까. 그러다가 세월이 흘러 이 논문이 다시 나한테로 전달되었다. 개인적인 문제이나 사실 지금 진행 중인 연구 프로젝트가 여럿 밀려 있어 원고 청탁을 몇 번 고사했으나, 문광 스님의 글을 두 번은 읽으라는 전생의 인연이 있었던 모양이다. 급한 대로 학생들의 성적 처리를 마치고,

스님이 보내준 원고를 읽기 시작했다. 그리고 몇 시간이 지나지 않아 한동안 망각해온 '개권유익'의 진면목을 여지없이 체감하였다. 그 방대한 분량의 자료와 미묘한 개념들을 이리저리 연결해서 회통시키는 솜씨가 내심 탄성을 자아내게 만들었다. 아마도 문광 스님의 원고를 두 번 읽게 된 것은 내 전생의 선공덕(善功德)의 결과가 아니었을까 싶다.

이제 이 책을 읽으면서 뇌리를 스쳐 지나간 몇 가지 질문을 투박하게 나열해 본다. 이 책이 세상에 모습을 드러내어 문광 스님의 글을 접하게 될 독자들이 어쩌면 나와 같은 질문을 던질 수도 있을 것이고, 혹은 책의 행간에서 그 답을 체득할 수도 있을 것이다. 타인의 글에 대한 학인의 예(禮)는 항시 질문의 형태로 표출된다. 그렇지만 여기서의 질문은 단순히 그러한 예를 갖추기 위함이 아니라, 내 사량 분별의 소치로 보는 것이 오히려 솔직한 고백일 듯하다.

- 저자(이후로 문광 스님을 저자로 지칭)는 '동서고금 …… 유교·도교·불교·기독교가 만나는 한 지점에 대한 확신'에 기반하여 이 책을 집필했다고 여러 곳에서 시사한다. 그 지점을 학적으로 규명하는 것은 언설로 설명하기 위함인가, 언설로 전할 수 없음을 한탄하기 위함인가?
- 저자는 '세계사상사는 원효학의 각주'라고 공언한다. 그런데 원효 스님의 『기신론소』가 마명 보살(馬鳴 菩薩)의 『대승기신론』에 대한 주석임에도 불구하고 왜 세계사상사는 『대승기

신론』의 각주가 아닌, 원효학의 각주가 되어야 하는가?

- 현상 세계는 항시 이항 대립적으로 작동하나 중용 철학은 양자를 하나로 관통시킨다. 실재(the Real)는 둘인가 하나인가, 아니면 하나도 아니고 둘도 아닌가?
- 치곡(致曲)에 대한 주자(朱子)와 감산(憨山) 스님의 상이한 해석에서 유가의 하학상달(下學上達) 전통이 고려될 소지는 없는가? 두 성현 간의 관점의 차원을 넘어, 범부중생이 최상승 진리에 도달하기 위한 방편으로 어떠한 해석이 좀 더 유용할 것인가?
- '천명(天命)'을 '하늘이 품부한'이라는 주자식 해석을 따른다고 할지라도, 하늘·땅·인간이 삼즉일(三卽一) / 일즉삼(一卽三)으로 연결되는 중용의 사상적 맥락을 고려할 때, '천명'을 하나의 명사로 해석하는 직지(直指)의 시도와 종국에는 합치되는 것이 아닌가?
- 율곡의 말처럼 '유가의 묘처가 언어로 전할 수 없다'면, 그가 시(詩)에서 인용한 '연비어약(鳶飛魚躍)'은 말이면서 어떻게 말을 넘어서고 있는가?
- 솔성(率性)하지 않고 솔정(率情)한다고 함은 성인과 범부가 갈라지는 기점인데, 그렇다면 성(性) 속에 정(情)이 있는가, 정(情) 속에 성(性)이 있는가. 혹시라도 솔성 / 솔정의 구분이 '이파구수(離波求水)'의 사례가 되는 것은 아닌가?

나는 강의실에서 학생을 가르칠 때 늘 위대한 문학이 철학적일 필요는 없지만, 위대한 철학은 필히 위대한 문학이 되어야 한다고 강조한다. 문학적 글쓰기를 예전에는 '작품'이라 칭했지만, 근래 와서는 '텍스트'라는 말을 즐겨 사용한다. 텍스트의 어원은 Textile(직물)이다. 직물은 정해진 형태가 없으니, 장인이 원하는 대로 형태를 부여할 수 있다. 경전의 해석도 그러하다. 독자는 자기의 깜냥만큼 행간의 뜻을 읽어낼 것이고, 무수한 인간의 서로 다른 기질지성(氣質之性)이 해석상의 논쟁을 촉발한다. 그러나 모든 해석은 원전을 벗어나지도, 원전을 있는 그대로 전달하지도 않는다. 불일불이(不一不異)의 이 평범한 순간이 어쩌면 이 책에서 말하고자 하는 '회통'의 진면목이 아닐까.

子曰

天下何思何慮

天下同歸而殊途

一致而百慮

天下何思何慮

아무쪼록 문광 스님이 한국불교의 융성에 큰 밑거름이 되어 주시기를 기원한다.

2020년 7월
외솔관 연구실에서

머리말

인생이란 끊임없이 관문(關門)을 뚫고 지나가는 투관(透關)의 과정인가 보다. '중(中)'이라는 한 글자와 '원통(圓通)'이라는 한 단어는 나를 출가의 길로 이끌었고, 지금 이 순간도 향상(向上)의 일규(一竅)를 투과(透過)하기 위해 몸부림치며 화두를 들고 있다. 그저 언어와 문자가 끊어진 출격(出格)의 일착자(一着子)를 향해 온몸으로 온몸을 밀고 나갈 뿐이다.

예로부터 달관한 이들은 글을 좋아하지도 않았고 그렇다고 싫어하지도 않았다. 글을 좋아하지 않았기 때문에 글을 쓸 때 성현의 뜻을 모두 싣고자 하지도 않았고, 글을 싫어하지 않았기 때문에 글을 쓸 때 성현의 뜻을 저버리려고 하지도 않았다.

이 책은 20대 10년 동안의 문제의식을 30대 10년 동안 참구하여 쓰고, 40대 10년 동안 묵히고 발효시켜, 50대가 되어 수정하여 출간한 것이다. 따라서 이 속에는 내 삶의 많은 문제의식과 수행의 과정이 오롯이 녹아 있다고 할 수 있다.

지난 시절을 거슬러 돌이켜보면, 해인사에서 출가한 지 3년 만에 동국대학교 학부에 입학하여 4년 동안 선교(禪敎)를 연찬하며 매일 참선으로 무생(無生)의 종지(宗旨)를 참구하던 기억이 생생하다. 졸업 후 선원으로 자리를 옮겨 본격적인 참선 수행을 경험한 뒤에야 비로소 이 지면들을 채워나갈 수 있게 되었다. 역설적이게도 화두참선을 하지 않았더라면 이 글들은 세상에 존재하지 않았을 것이다.

출가 전 다녔던 연세대학교 중어중문학과의 지도교수이신 김해명 선생님은 이 책의 전신이 된 글을 한 글자도 바꾸지 않을 것이니 마음대로 써 보라고 하셨고, 유중하 선생님은 다 읽어 보시고는 전율이 돋았다고 칭찬해 주셨으며, 정진배 선생님은 오랜만에 활구(活句)를 만났다고 기뻐해 주셨다. 젊은 날의 공부에 지대한 영향을 주셨던 감사한 스승들이시다.

현재 유일하게 현직에 계신 정 선생님께 추천사를 부탁드렸더니 너무나 멋진 도언(導言)을 보내 주셨다. 선생님의 글은 일반적인 추천사와는 달리 섬세한 질문을 통해 이 책의 독자들이 유념해서 사유해 보아야 할 지점들을 자상하게 짚어 주셨다. 그와 동시에 종국에 도달하게 될 수도동귀(殊途同歸)의 귀결처까지도 슬며시 보여 주셨다. 존재의 본질을 향해 끊임없이 나아가는 선생님의 감동적인 열정에 숙연해짐을 느낀다.

선생님께서 많은 질문들을 제시해 주셔서 덧붙이고 싶은 말들은 많았지만, 여기서 다하지 못한 불립(不立)과 불리(不離)의 문자(文字)들은 허공골(虛空骨)에 던져두어 독자들의 사유거리로 남겨두고

자 한다.

그렇다면 삼세제불(三世諸佛)이 전하지 못한 말후구(末後句)와 역대 성인(聖人)들이 전하고자 한 정액상(頂額上)의 일구(一句)는 과연 무엇인가?

會也甚奇特 아는 것이 또한 심히 기특한 일이요,

不會也相許 알지 못하는 것 또한 인정할 수 있음이로다.

경자년(庚子年) 입추절(立秋節)에

문을재(文乙齋)에서

문광(文光) 근서(謹序)

차례

3장 ❖ 중국 선사의 중화 담론

4장 ❖ 한국 선사의 중화 담론

5장 ❖ 중화 담론의 결론

1장

서론

1
연구의 연기(緣起) – 원통(圓通)이라는 화두

이 저술은 1997년 대학원에 입학한 지 15년 만에 작성한 글이다. 가혹(可惑)의 청년이 불혹(不惑)의 나이가 되어 다시 예전 자리와 대면하게 되니 인생은 참으로 자미무궁(滋味無窮)하다. 이 저술의 유일한 장처(長處)는 이렇듯 지나간 세월을 견뎌낸 '나〔我〕'[001] 와의 '재

---

001 이 책의 서론의 서두인 '연구의 연기 – 원통이라는 화두'에서만은 '필자' 혹은 '논자'와 같은 표현을 쓰지 않고 '나'라는 표현을 직접 쓰고자 한다. 십수 년 전 대학원 재학 당시 연세대 철학과의 박동환 교수께서 동서철학을 비교하는 강의에서 "동양학은 '자기(自己)'에 대한 학문이라 할 수 있는데 도가(道家)는 '자(自)'의 성격이 강한 반면 유가(儒家)는 '기(己)'의 성격이 강하다."고 하셨다는 말을 선배로부터 전해 듣고 탁월한 견해라고 감탄했던 적이 있다. 그렇다면 불가(佛家)는 '천상천하 유아독존(天上天下 唯我獨尊)'과 '무아(無我)'의 '아(我)'가 핵심일 것이다. 위기극기지학(爲己克己之學)을 통해 무위자연(無爲自然)인 진아(眞我)를 확인하는 것을 떠나 동양학의 종지(宗旨)를 달리 표현하기 힘들다고 본다. 실제로 '나'가 아닌 '필자'와 같은 표현을 씀으로써 학문상에서 주관을 떠나 순수객관을 지향한다고는 하지만 어차피 세상은 '만법유식(萬法唯識)'에서 한 치도 벗어날 수 없으니 모든 것이 '나'라는 주관 안의 객관이요, '나'라는 치곡(致曲) 내의 중립성을 면하기 어렵다. 오히려 '나'라고 정확하게 말하고, 떳떳하고 당당하게 자신의 학문의 정직성과 엄밀성을 검증받는 편이 학자의 책임과 양심을 다하는 길이 될 수도 있다. 과거 성현(聖賢)들은 자신의 주석(註釋)에 명백히 '모안(某案)'과 같은 표현을 사용해서 자신의 이름을 전면에 걸고 한 문장씩 신중하게 글을 썼다. 이를테면 다산(茶山)의 경우 '용안(鏞案)'이라 하고 경전들에 대해 기존의 사상을 뒤엎는 자신만의 새로운 논증과 논거를 제시했던 것과 같은 것이 그 좋은 예이다. 내가 서론의 서두에서만이라도 '나'라는 표현을 과감히

회(再會)'라는 점을 서두에 먼저 밝혀 두는 바이다.

불문(佛門)에 들어선 지 올해로 꼭 19년이 되었다. 입산(入山)할 때 먹은 마음은 '죽거나(死) 미치거나(狂) 깨치거나(覺)' 셋 가운데 하나는 반드시 할 것이라는 다짐이었다. 다행히 죽지는 않았으니 지금쯤이면 미쳤거나 아니면 깨쳤거나 둘 중의 하나는 했어야 한다. 이 글 속에는 이 두 가지 경우인 '광(狂)'과 '각(覺)' 사이를 가끔씩 거래(去來)하는 언설들도 곳곳에 끼어 있으리라는 고백을 해 둔다.

아무튼 출가 당시의 격정적인 일도양단(一刀兩斷)의 태도는 지금 어느 정도 누그러져 있는 자신을 발견한다. 30~40대 20년 세월을 원 없이 객기를 부려 가며 갖가지 정진을 해 보았던 터라 가슴속 깊이 자리 잡았던 응어리진 수신(修身)에 대한 한(恨)은 이제 좀 풀렸다는 느낌이 강해서일까? 이젠 중간 기착점에서 좀 차분하게 한 번쯤 모든 것들에 대해서 정리해 볼 시간을 가질 필요를 느낀다.

그 첫 번째 시도가 바로 그간의 고민들에 대한 점검의 차원으로 그동안 내던진 채 영원히 돌아보지 않을 것 같았던 이 글의 재작성이었다. 이를 통해 머릿속에서 흩어진 형태로 존재하던 많은 가닥

쓰고자 함은 지금껏 '공부'를 해 오고 있다고는 하지만 종신사업(終身事業)이 되어야 할 이 '공부 길'을 다 끝내고 눈을 감게 될 그 순간을 감안해서이다. 이 몸 벗고 떠나는 그날 하늘에 대고 자신 있게 '나(我)'를 다했노라고 말할 수 있기 위해서, 맹자처럼 "나를 알아주는 이 그는 하늘이리라(知我者 其天乎)."라고 하며 진실되게 '나(我)'를 말할 수 있기 위해서이다. 이 책의 서론의 성격은 내 인생에서 바로 그 '나(我)'의 입각처(立脚處)를 최초로 발설하는 것이자 '나'와 '세계'가 만나는 첫 지평으로서의 의미를 가지는 것이기에 부디 제현(諸賢)의 너그러운 양해를 구한다.

들이 하나하나 정리되고 분명해질 수 있으리라는 생각을 해 본다. 유사한 학문적 고민을 해 본 동학(同學)들에게 비록 처소는 달라졌지만, 온몸으로 부딪혀 본 경험들을 공유의 장(場)에서 제시하는 것 또한 다소간의 의미가 있지 않을까 생각하게 되었다.

대학원 입학 전부터 중국의 위진남북조 시대 유협(劉勰)의 『문심조룡(文心雕龍)』을 연구하고자 했었다. 『문심조룡』은 중국의 대문호 노신(魯迅)이 "서양에 아리스토텔레스의 『시학(詩學)』이 있다면 우리에게는 유협의 『문심(文心)』이 있다."라고 극찬한 바 있었던 바로 그 책이자, 지금은 '용학(龍學)'이라 불리는 중국 문론(文論) 가운데 향상(向上)의 일봉(一峰)을 점하는 희유(希有)의 저술이다.

문(文)·사(史)·철(哲)과 유(儒)·불(佛)·도(道)가 변려문(騈儷文)이라는 특별한 리듬 위에 교직(交織)되면서 "문(文)의 공능은 위대하도다. 천지(天地)와 더불어 함께 생겨났다 함은 어째서인가."[002]로 시작되는 수구(首句)의 힘은 젊은 동양학도를 매료시키기에 충분했다.

출가한 뒤 행자 생활을 마감해 가던 어느 날 '문광(文光)'이란 법명을 받았을 때 느꼈던 기연(奇緣)은 지금 생각해도 형언하기 어려울 정도로 소름 돋는 추억이다.

'문심(文心)'의 바다에서 함영(涵泳)하며 「『문심조룡』의 원통 구조(圓通 構造) 연구」라는 제목으로 열심히 논문을 준비하던 어느 날

---

002 劉勰 著, 周振甫 注, 「原道第一」, 『文心雕龍注釋』, 臺灣 : 里仁書局, 1984, 1쪽, "文之爲德也大矣. 與天地竝生者何哉."

문득 나는 나 자신에게 질문을 던졌다. '너는 과연 '원통(圓通)'이란 말을 진정 제대로 알고 쓰고 있는가?' '원통'이란 말은 유협이 '반야(般若)'라는 단어와 함께 매우 아껴 가며 은밀하게 그러나 핵심적으로 사용하고 있는 불교 용어 두 단어 가운데 하나였다.

그 당시 나는 『문심조룡』 전체를 이 '원통'이라는 한마디로 아우르고 요약할 수 있다고 확신했었다. 그래서 원통에 대해서 상세히 설하고 있는 불경인 『능엄경(楞嚴經)』을 독학으로 공부하고 있던 참이었다. 그러나 그 당시 스스로를 반조(返照)해 보았을 때, '원통'은 이미 단순한 앎의 대상이 아니라 깨달음의 대상으로 전이되어 점점 멀어져만 가고 있었고 내가 함부로 어림짐작만으로 쓸 수 있는 말이 아니라는 것을 직관하게 되었다. 거대한 진리의 암봉(巖峰) 앞에 외롭게 독대(獨對)한 채 참담함만을 곱씹는 묘한 상황이 되었다.

참으로 난감하지 않았겠는가? 논문을 한창 쓰고 있을 즈음에 제목으로 붙여 놓은 '원통'이라는 한 단어가 불현듯 턱밑으로 달려들어 던진 한마디 질문에 눈앞이 캄캄해지고 전도(前途)가 막막한 상황이 말이다. 훗날 출가하여 선어록(禪語錄)들을 보다가 발견한 '목전(目前)에 은산철벽(銀山鐵壁)을 대한 듯한 울결(鬱結)' 운운하는 대목과도 같았다고 하면 비슷한 표현이 될까?

세월이 흐른 지금, 과연 그 시절에 확실히 알지 않고는 쓰지 않겠다고 고집 피웠던 자신에게 깊이 감사해하고 있다. 공자(孔子)는 "아는 것을 안다고 하고 모르는 것을 모른다고 하는 것이 바로 아는 것이다."[003]라고 했고, 고려의 보조 지눌(普照知訥) 선사도 "단지 알지 못함을 알면 그것이 곧 견성이니라〔但知不會 是卽見性〕."[004]라고 하지 않았던가.

'원통'은 화엄학(華嚴學)이나 천태학(天台學)에서 일승원교(一乘圓敎)로 설하고 있는 진여(眞如)의 골수이자 생명이었으니 불교의 교가(敎家)에서는 이 '원통'을 깨치는 것 외에 달리 또 깨칠 바가 없다 했다. 그렇다면 이 '원통'은 공부의 시조리(始條理)요 종조리(終條理)이자, 알파요 오메가라 하겠다. 그러나 지금 『문심조룡』이나 '원통'에 대해서 논문을 쓰고 있지 않다. 그 이유는 문제의식이 다른 곳으로 옮겨 간 까닭도 있지만 그동안 '원통'에 대한 긴 세월 동안의 의문이 풀려서 더 이상 쓸 바가 없어졌기 때문이기도 하다. 자칫 잘못하면 모르고서 주저리주저리 쓸 뻔했던 젊은 날의 화두, '원통'!

한 번 뼛골에 사무치는 추위가 아니고서야 어찌 코를 찌르는 매화의 향기를 얻을 수 있었겠는가〔不是一番寒徹骨, 爭得梅花撲鼻香〕. 그 신산(辛酸)의 연기(緣起)를 여기에 기록으로 남겨 초심(初心)의 불

---

003 『論語·爲政』, "知之爲知之, 不知爲不知, 是知也."

004 탄허 역, 『보조법어(普照法語)』, 교림, 2005, 115쪽. 현대에 한국 선을 세계에 전한 숭산(崇山) 선사의 유명한 교화 방편이었던 '오직 모를 뿐(Only don't know)'은 숭산 선사의 스승이었던 고봉(古峰) 선사가 『보조법어』「수심결(修心訣)」의 이 구절을 통해 펼친 교화법을 그대로 내려 받은 것이다. 지금도 서울 수유동 화계사의 고봉선사탑의 뒷면에는 선사의 대표적인 가르침으로 '단지불회 시즉견성(但知不會 是卽見性)'이라 새겨져 있다. 의심을 생명으로 하는 간화선(看話禪)은 이 일구(一句)에 그 전모를 죄다 드러내고 있다고 해도 과언이 아니다.

망기(不忘記)로 삼고자 한다.

출가한 이후에도 '원통'에 대한 의문은 계속 지속되었다. 어찌 보면 이 '원통'이라는 말을 해결하기 위해서 출가했다고도 볼 수 있었기 때문에 이 단어는 머릿속에서 한시도 떠난 적이 없었던 것 같다.

2년가량을 명산대찰(名山大刹)을 순례하며 기도하다가 2001년 봄 해인사 원당암에 입산한 후 당시 조계종 제10대 종정이셨던 혜암(慧菴) 대종사와 '만법귀일(萬法歸一)' 화두를 결택(決擇)했다. 참선수행이 하고 싶어 출가한 터라 참구할 화두가 필요했는데, 때마침 신년 달력 1월 사진에 큰스님 친필로 부채에 손수 쓰신 '만법귀일 시심마(萬法歸一 是甚麼)'라는 글씨를 보고는 큰스님께서 누구에게인가 화두로 내려준 것임을 직감했다. 병상에 계신 어른께 신년 달력을 보여드리는 김에 이 화두를 저에게 주십사 했고 그날부터 틈틈이 이 화두를 들기 시작했다.

그해 마지막 날이었던 12월 31일, 55년 가량을 장좌불와(長坐不臥) 일종식(一種食) 수행으로 일관해 오신 혜암 큰스님께서는 82세로 열반에 드셨다. 시봉 잘해서 법상에 다시 오르시어 법문하시는 큰스님 모습을 꼭 보리라 했던 원력은 수포로 돌아갔다. 하지만 불행 중에도 천만다행이었던 것은 큰스님 원적 이전에 미리 화두를 받아둔 일이었다. 선가(禪家)에서는 화두를 내놓을래, 아니면 네 머리를 내놓을래 하면 서슴지 않고 머리를 내놓겠다고 하지 않는가? 당대 최고의 선지식 스님과 화두를 결택해 두었던 것은 내 생명줄 하나를 확실히 잡은 셈이었다.

2004년 서울 동국대 선학과(禪學科) 학부에 입학했다. 석사 과정까지 다녔음에도 30대 중반에 다시 학부 1학년생이 된 것은 그동안의 공부는 모두 접고 새로이 불교의 기초부터 다지겠다는 의지의 표현이었다. '원통'에 대한 의심은 늘 방촌(方寸)을 여읜 적이 없었지만, 간화선(看話禪)은 하나의 화두가 타파되면 모든 의심이 일시에 해결된다고 하니 이 공부를 해 마치면 '원통'은 저절로 알게 될 거라 굳게 믿으며 학교 생활 중에도 틈만 나면 그저 화두에 몰입하고자 했다.

동국대의 스님 기숙사는 서울 수유동 화계사 내에 위치한 백상원이었다. 당시 이 화계사에는 전 세계 36개국에 120여 개 선원을 개설하며 한국 선불교를 전파하시고, 티베트의 달라이라마, 베트남의 틱낫한, 캄보디아의 마하 고사난다 스님과 함께 세계 4대 생불(生佛)로 추앙받던 숭산(崇山) 선사께서 주석하고 계셨다.

1학년 땐 기숙사 대방(大房)에서 단체 생활을 하는 터라 대방소공사가 끝나면 잠을 자지 않고 바로 화계사로 올라가 주로 지장전에서 혼자 참선 정진했다. 개인 방사가 생기는 2학년 때부터는 생식(生食)을 시작했다. 도회지에서 생식을 한다는 것은 지금 생각해 보면 참으로 무모한 일이었지만 2년간을 지속했다. 언젠가 깊은 산중에 혼자 들어가 독살이를 하며 용맹정진할 때를 대비해서 미리 생식을 익혀 둘 심산이었다.

하루도 빠짐없이 매일 1시간 이상 장소와 시간을 불문하고 연공(連功)의 형태로 좌선 수행을 지속했다. 동국대 정각원도 좋고, 남산 자락 어느 곳도 좋고, 화계사든 백상원이든 어디든 시간을 쪼개 가며 정진했는데 생식이 익숙해지니 정진에 힘이 붙고 화두도 점점 무르익어 갔다. 좌선할 때만이 아니라 평소 마을버스와 지하철을 오가며 통학할 때에도 언제나 화두를 놓치지 않으려 애를 썼다.

그러던 2006년 36세 되던 동국대 3학년 어느 날이었다. 불교학과 지창규 교수의 천태학 수업 시간에 고려시대의 제관(諦觀) 스님이 쓰신 『천태사교의(天台四教義)』를 보던 중, 스님이 인용한 『열반경(涅槃經)』의 다음 문장을 접한 순간 마음속에 있었던 그간의 모든 응어리들이 일거에 터지며 박살이 났다. 예상치 못했던 빅뱅의 순간이었다.

> 有人入大海浴, 已用一切諸河之水.
> 어떤 사람이 큰 바다에 들어가 목욕한 것은 그 자체가 이미
> 일체의 모든 강물을 사용한 것이다.[005]

---

005 뒷날 『열반경』 구절을 찾아보니 제관 스님이 『천태사교의』에서 인용한 것은 『대반열반경(大般涅槃經)』 제22권의 「광명변조고귀덕왕보살품(光明遍照高貴德王菩薩品)」에 있는 다음 구절을 간단히 요약한 것이었다. 지창규, 『천태교관』, 법화학림, 2006, 546쪽.
"선남자여, 비유하자면 어떤 사람이 큰 바다에서 목욕을 했다면 이 사람은 이미 여러 강과 하천과 못의 물을 사용한 것이 되는 것을 알아야 하니, 보살마하살도 이와 같아서 이 금강삼매를 닦으면 이미 나머지의 일체삼매를 닦은 것이 됨을 알아야 하느니라〔善男子, 譬如有人在大海浴, 當知是人已用諸河泉池之水. 菩薩摩訶薩亦復如是, 修習如是金剛三昧, 當知已為修習其餘一切三昧〕." 이운허 역, 『열반경(Ⅰ·Ⅱ)』, 동국역경원, 2004.

이 한 문장을 읽는 순간 일시에 시공(時空)이 멈추고 우주 법계가 꺼지는 동시에 정수리에 벼락이 떨어지는 듯했다. 5년 전에 받았던 '만법귀일' 화두는 물론이려니와 출가 전부터의 숙원이었던 '원통'의 대지(大旨)가 단번에 눈앞에 현현했다. 환희용약(歡喜踊躍)했다. 그때의 기쁨을 어떠한 말로도 표현하기 어려웠다. 수업을 마치고 화계사 백상원으로 돌아오던 4호선 지하철 안에서 게송 하나를 지었다.

一入海雲水 해운대 바닷물에 발을 한번 담궈 보니
頓覺北海茫 단박에 북해 바다 아득함을 알겠노라.
圓中更尋圓 원(圓) 속에서 다시금 원(圓)을 찾고 있었더니
今觀無文光 금일에사 무늬 없는 빛〔문광이 없는 줄〕을
보게 되었노라.

그때 이후로 불교 경전과 관련된 교학적(教學的) 문제들은 거의 막힘이 없어졌다. 일승원교(一乘圓教)가 무엇인지, 원돈신해문(圓頓信解門)이 무엇인지, 화엄의 법계연기(法界緣起)와 원상법문(圓相法門) 등등 기존에 아득했던 것들이 가슴속으로 곧장 들어와 박혔으며 누가 뭔가를 물으면 대체로 그 자리에서 당장에 흉금유출(胸襟流出) 할 수 있었다. 훗날 이것이 법신변사(法身邊事), 혹은 일색경계(一色境界), 내지는 백은세계(白銀世界)라 불리는 경지를 터득한 것임을 알았다. "저녁놀은 따오기와 더불어 함께 날고 가을 물은 하늘과 함께 한 빛깔이로다〔落霞與孤鶩齊飛 秋水共長天一色〕." 했던 왕발(王勃)

의 「등왕각서(滕王閣序)」의 경지는 되는 것이었다.

한동안 기고만장했지만 얼마 지나지 않아 어쩔 수 없이 다시 겸허해질 수밖에 없었다. 그것은 『선문염송(禪門拈頌)』에 등장하는 천칠백 선문답(禪問答) 가운데 도통 알 수 없는 몇몇 화두들과 대면했기 때문이었다. 예를 들면 '덕산탁발화(德山托鉢話)' 법문 같은 것들이 바로 그것이다. 돈오돈수(頓悟頓修)를 엄격하게 적용하자면 아직 돈수(頓修)가 되지 않은 것이었다. 즉 구경각(究竟覺)에 이르자면 아직 태산이 앞을 가리고 있는 상태인 것이니 깨달은 것은 사실이나 깨친 것은 아니라는 말이다.[006]

최고의 진리인 향상일구(向上一句)의 도리가 열리지 않으면 설사 많은 공안들에 환하다 하더라도 막히는 공안(公案)이 남아 있는 법이다. 이런 살림살이를 가지고 공부가 다 됐네 하면 천하 사람들의 눈을 멀게 하는 꼴을 면치 못하게 되는 것이다. 과거 선사들 가운데 두 번 깨쳤니, 세 번 깨쳤니 하는 말들이 존재하는 것은 낱낱의 차별법문(差別法門)인 향상의 조사관(祖師關)을 완전히 투득(透得)하지 못했기 때문이었다. 그래서 여말의 태고 보우(太古普愚) 선사도 네 번 깨쳤다 했고 근대의 만공(滿空) 선사도 두 번 깨쳤다 했다.

다시금 잠심(潛心)하여 2007년 여름 방학 기간을 이용해 두 달간 혼자 묵언하며 무문관(無門關) 정진을 하다가 아무래도 선지식 스

---

006 깨달음과 깨침의 차이에 대해서는 다음의 두 책을 참조하면 된다. 박성배 지음, 윤원철 옮김, 『깨침과 깨달음』, 예문서원, 2003. 박성배, 『몸과 몸짓의 논리』, 민음사, 2007.

님의 지도를 받아야 할 것 같아서 가까운 인천 용화사에 계신다는 송담(松潭) 선사를 친견하러 갔다. 아쉽게도 선사께서는 용화사에 계시지 않았고 연로하셔서 뵙기가 수월하지 않았다. 지금 우리 선가에서는 '북송담 남진제(北松潭 南眞際)'라는 말이 유명하니 이번에는 먼 길을 내달려 부산 해운정사의 진제(眞際) 선사를 찾아뵈었다. 당시 나는 공부가 다 끝난 것이 아니라는 것쯤은 알고 있었지만 '너도 장부요 나도 장부다〔彼丈夫 我丈夫〕'[007] 하는 기상이 있었고 큰스님께도 기세에서 물러서지 않고 긴 시간 문답을 서로 주고받았다.[008] 문답의 과정에서 진제 선사께서 석화전광(石火電光)으로 낙처(落處)를 짚어내시는 것을 보고는 과연 현존 최고의 안목을 갖춘 본분종장(本分宗匠)이라는 소문이 틀리지 않았음을 직감할 수 있었고, 큰스님을 의지해서 정진하면 일대사인연(一大事因緣)을 해결할 수 있겠다 싶은 믿음이 생겼다. 그래서 그간의 알았다는 마음 다 내려놓고 다시 스님께 청해 운문(雲門) 선사의 '관자(關字)' 화두[009]를 재차 받게 되었다.

---

007 『孟子·滕文公上』에 "저도 장부요 나도 장부이니 내가 어찌 저를 두려워하겠는가〔彼丈夫也, 我丈夫也, 吾何畏彼哉〕."라는 말이 있다.

008 이 일화에 관해서는 먼 훗날 다른 지면을 기약하도록 한다.

009 『벽암록(碧巖錄)』 제8칙인 「취암미모(翠巖眉毛)」를 말하는데 내용은 다음과 같다.
취암 선사가 하안거를 마치며 대중들에게 말했다. "여름 내내 여러분들을 위해서 갖가지 설법을 했는데 노승의 눈썹을 보았는가?" 보복 선사는 말했다. "도적의 마음이 허하도다." 장경 선사는 말했다. "생겨났도다." 운문 선사는 말했다. "빗장관자 관(關)."〔翠巖夏末示衆云, 一夏以來, 爲兄弟說, 看翠巖眉毛在麽. 保福云, 作賊人心虛. 長慶云, 生也. 雲門云, 關〕.
이 화두는 깊고 깊은 화두일념·선정삼매에 들었다가 대사각활(大死却活)

나중에 안 일이었지만 일본의 유명한 도인인 관산(關山) 선사는 다른 모든 공안은 투과(透過)했으나 이 '관자' 화두에 막혀 3년간을 다시 참구한 끝에 확철대오하여 이름도 '관산'이라 했다 하니 이 화두는 종문(宗門)의 고준한 왕삼매(王三昧) 법문 가운데 하나였던 것이다. 남은 일은 이 화두 하나에 목숨을 걸고 전심전력하는 것뿐이었으니 오매일여(寤寐一如)를 위해서 동국대 4학년 겨울 문경 봉암사로 첫 동안거 결제를 떠나게 되었다. 그렇게 수좌 생활이 시작되었다.

15년 전 작성하려 했던 논문의 주제인 '원통'에 대한 의문이 해결되기까지의 연기는 위와 같으나 지금 이 저술이 다루고자 하는 문제는 다시금 '천성정액상일구(千聖頂額上一句)'와 관련된 문제이다. 즉 백천(百千) 성인(聖人)의 이마 위에 일구(一句)가 있는데 그것을 어떻게 투과(透過)하고 다시금 투탈(透脫)할 것인가와 관련하여 이러한 과정에 도달하기까지의 마음의 상태와 연관된 문제들을 유가(儒家)와 불가(佛家)가 만날 수 있는 심학(心學)의 심층적 차원인 중화설(中和說)에서 더듬어 보자는 것이다.

최초구(最初句), 말후구(末後句), 향상일구(向上一句)라고도 불리는 '천성정액상일구'는 한량없는 백천삼매를 투과하여 마치 송장과도 같이 죽은 듯한 깊은 선정(禪定) 상태에서 듣는 찰나, 보는 찰나에 다시 되살아난 대사각활(大死却活)의 대각(大覺)의 과정을 거

의 경계를 뚫고 나와야 알 수 있는 공안이지 사량복탁(思量卜度)으로는 도저히 알 수 없다. 유가(儒家)의 설법을 빌자면 '미발(未發)'의 극처에 도달했다가 이발(已發)의 세계로 다시 나와야 한다고 표현해야 될 것이다.

쳐야 도달할 수 있는 세계를 말한다. 이를 위해서는 한 생각도, 한 마음도 일어나지 않는 멸진정(滅盡定)의 선정을 깊이 증득하는 과정이 필요하다. 이것을 불교에서는 대무심(大無心)이라 표현하는데 유교에서 이와 가장 유사한 개념을 찾다 보면 '미발(未發)'과 관련된 기나긴 역사상의 논변(論辨)들과 만나게 된다.

그래서 유가의 핵심 경전 중의 하나인 『중용(中庸)』의 제1장에 등장하는 '미발'과 관련된 한·중 불교계에서의 담론들을 살펴봄으로써 기존의 유(儒)·불(佛) 관계 논의에서 찾아보지 못했던 유·불의 공통 분모 내지 분화 지점을 보다 명징하게 인식할 수도 있다고 생각하게 된 것이다. 즉 그간 익숙했던 중국과 조선의 성리학 내부에서의 중화설과 미발 담론이 아닌 여러 선승들의 드러나지 않았던 중화(中和) 담론을 고찰하는 것은 불학에서는 불학만을, 유학에서는 유학만을 고수하던 고정된 시각에 모종의 활로를 개척할 수 있게 할 수도 있다는 데 생각이 미친 것이다.

이 '미발'이라는 마음의 심처(深處)와 관련된 문제는 인류의 영원한 과제 상황이라 할 만한 용심(用心)의 현실적 수행 문제이기도 하고, 또한 중국과 조선사상사·논쟁사 전체를 관통했던 동양철학사의 핵심 주제이기도 하다. 그렇기에 다소 낯선 선가에서의 담론을 살펴보는 것이 오히려 향후 유(儒)·도(道)·불(佛) 삼교 교섭(三教 交涉) 논의에 새로운 논점을 더할 수도 있을 것이라 생각된다.

2
연구의 대상과 범위

필자는 동서(東西)와 고금(古今), 그리고 유교·도교·불교·기독교[010]가 예외 없이 만날 수밖에 없는 바둑판의 천원(天元)과도 같은 '한 지점'이 엄연히 존재한다고 확신한다. 이 책에서 다루고자 하는 것은 바로 이 '한 지점'과 관련된 것들이다. 그것을 유가의 숱한 술어들 가운데에서는 '미발'이라는 한 단어로 적출해 낼 수 있다고 본다. 이를 본격적으로 고찰하기 위해서는 우선 중국과 조선유학의 역대 '중화설'을 두루 살펴봐야 하는 다소 험난한 과정을 거쳐야 한다.

중화설로 가장 먼저 다루게 될 내용은 중국 남송(南宋)시대의 주자(朱子, 1139~1200)[011]의 '중화구설(中和舊說)'과 '중화신설(中和新說)'

---

010 이 책에서 사용하는 '유교'·'유학'·'유가', 혹은 '불교'·'불학'·'불가'와 같은 용어들은 철저히 개념적·관념적 범주를 배제한 술어임을 밝혀 둔다. 예를 들어 위의 경우에는 '기독교'와 함께 사용했기 때문에 그저 '유교', '불교'와 같이 사용한 것일 뿐이다. 어떠한 용어를 사용해도 '유(儒)·불(佛)'의 단음절적인 직절(直截)을 초월하여 사상이냐, 종교냐, 학술이냐 하는 분별적 관점으로 접근하지 않는다는 점을 밝혀둔다. 선가에서는 깨치는 순간 즉석에서 오도송의 시(詩)를 쓰지 개념적인 논문을 쓰는 이는 없다. 교(敎)·학(學)·가(家)의 개념적 관점에 집착하면 제일구(第一句)를 향한 유·불의 경절적(徑截的) 만남은 더 요원할지 모른다. 있는 그대로의 마음속 깊은 그곳으로 '미발'이든 '무심'이든 마냥 들어가 보는 것이다. 양지양능(良知良能)을 믿고서.

011 한국과 중국의 유학자와 선사들을 비교하다 보니 논하게 되는 인물도 자연

이다. 당송(唐宋)시대를 거치면서 유가의 사상 체계는 불교, 특히 선불교를 대대(待對)의 관계에서 깊이 인식하지 않을 수 없었다. 이정(二程 : 정이(程頤)와 정호(程顥))에서 주자까지로 이어지는 신유학(新儒學)의 성립기에는 불교를 상대적으로 의식하면서 중화(中和)의 미발(未發)·이발(已發)에 대한 철학적 개념 정립과 아울러 심성론(心性論) 및 수행론(修行論)의 새로운 형성이 절실하게 요청되었다고 보인다.

그러므로 먼저 젊은 날의 주자가 불교와 길항했던 사상편력을 간략히 관규(管窺)해 보고 둘 사이의 애증(愛憎) 관계[012]를 살펴보는 것은 중화설의 얼개를 제대로 보기 위한 전제 조건이 된다 하겠다.

주자의 경우 중화설이 확정된 이후 자신의 사상이 확고하게 정

적으로 많아졌다. 그래서 앞으로 사용하게 될 각 가(家)의 호칭에 대해서 먼저 정리하고 넘어가고자 한다. 이 책에서는 '주자(朱子)', '양명(陽明)', '퇴계(退溪)', '율곡(栗谷)', '다산(茶山)'이라는 호칭을 쓰고자 한다. 그 이유는 이미 이러한 호칭이 결합된 '주자학(朱子學)', '양명학(陽明學)', '퇴계학(退溪學)', '율곡학(栗谷學)', '다산학(茶山學)'과 같은 학술적 용어가 널리 쓰이고 있기 때문이다. 그리고 선사의 경우엔 '감산 선사', '지욱 선사', '성철 선사', '탄허 선사'로 쓰고자 한다. 감산 선사는 법호가 감산이며 이 이름으로 더욱 알려져 있고, 지욱 선사는 '우익(藕益)'이라는 법호보다 '지욱'이라는 법명으로 훨씬 더 알려져 있기 때문이다. 그리고 성철 선사의 경우에도 '퇴옹(退翁)'이라는 법호는 보편적으로 잘 알려져 있지 않으며, 탄허 선사의 경우엔 '택성(宅成)'이라는 법명은 거의 사용하지 않고 있다.

012 Charles Wei-Hsun Fu(傅偉勳)는 "Morality or Beyond; The Neo-Confucian Confrontation with Mahayana Buddism"(*Philosophy East & West*, p.375, July, 1973)에서 주자와 불교의 관계를 'love and hate'이라고 표현했는데 '애증'이라는 표현이 참으로 묘하다는 생각이 들어 여기에서 사용하기로 했다. 윤영해, 『주자의 선불교비판 연구』, 민족사, 2005, 60쪽에서 재인용.

립되는 모습을 보여주는데 중화설의 변천 과정을 살펴보는 것은 성리학의 특질을 일람(一覽)하는 것이 됨과 동시에 이 책의 논의 기반을 형성하는 중요한 의미가 있다 하겠다.

불교가 말하고자 하는 것 가운데 거의 전부라고 해도 과언이 아닌, 한 생각도 일어나지 않는 경지인 '일심불생(一心不生)' 문제는 신유학 내부에서 미발·이발의 중화론으로 특화되어 발전하였던 것으로 보인다. 중국에서는 이정에서 도남학파(道南學派)를 거쳐 주자와 양명으로 나뉘어 발전했고, 조선 성리학에서는 퇴계(退溪)와 율곡(栗谷)의 정점을 거쳐 조선 후기까지 지속적인 논쟁의 형태로 이어졌다.

한국과 중국 양국 불교계의 선사(禪師)들 역시 유가의 핵심 경전 가운데 하나로 『중용』을 꼽고 있던 것은 사실이었다. 『중용』은 첫 구절에서부터 곧장 천명(天命)과 연계하여 '성(性)'을 바로 제시하고 있기 때문이다. '성(性)'이라는 글자의 등장 앞에서는 유·도·불이 너나 할 것 없이 자신의 본체(本體)임을 스스럼없이 자임하기 때문이다.

이에 먼저 중국의 선사로 명말사대사(明末四大師) 가운데 두 분이었던 감산 덕청(憨山德淸, 1546~1623)과 우익 지욱(藕益智旭, 1599~1655)의 『중용직지(中庸直指)』 주석을 통해서 같은 문제인 중화설과 미발이발론에 대해서 살펴보고자 한다. 비슷한 시기의 불교계의 고승이었고 동일한 제목의 책을 저술했음에도 불구하고 두 선사가 『중용』을 보는 시선은 상당한 차이가 있음이 밝혀질 것이다. 감산 선사의 저술은 번역본이 나와 있으나 지욱 선사의 저술은 국내에 소개된 것이 아직 없는 실정이다.

다음으로는 한국 근현대의 대표적 고승이며 지금까지도 종문(宗門)의 상징이 되는 두 분인 퇴옹 성철(退翁性徹, 1912~1993)과 탄허 택성(呑虛宅成, 1913~1983) 선사의 유교 중용에 대한 언급들을 살펴보고자 한다. 두 선사가 유교 경전인 『중용』에 대해 전면적으로 기술한 독립된 저술은 없다. 하지만 몇몇 저작 가운데 유교의 중용 혹은 중화에 대해서 언급한 것들이 편재하는데 이 언급들을 통해서만 보더라도 두 선사의 유교 중화론에 대한 견해는 명백하게 밝혀질 것이다.

중국과 한국의 선사들이 유교 중화론에 대해 언급한 담론들을 통해서 유학 내부에서 논란의 대상이 되는 쟁점들에 대한 새로운 안목을 얻을 수도 있다. 조선에서 한말까지 쉼 없이 지속되었던 중화논변은 이렇듯 유·불의 다양한 견해들을 함께 고찰해 보는 것을 통해서 더욱 풍성해지고 보충될 가능성이 있다.

연구의 범위와 관련하여 미리 한 가지 언급하고 갈 것은 이 책에서는 중화론을 체용론(體用論)의 범주까지는 논하되 이기론(理氣論)의 영역까지 확대하여 논하지는 않는다는 것이다. 그 이유는 '미발'의 중화론을 중심으로 유학에서의 논의를 살펴보는 것에서 그치지 않고 중용에 대한 한·중 양국 불교계 선사들의 담론을 통해 그들의 안목을 상호 비교하면서 살피는 것이 이 책의 핵심을 구성하기 때문이다.

선사들의 중화논의에서는 당연히 이기론적 언급은 나타나지 않는다. 특히 중국의 감산 선사와 지욱 선사의 경우에는 유교 경전을 보는 방식에 있어서 명대 양명학의 영향을 무시할 수 없었기 때문에 성리학적 이기론의 범주로 중용을 보고 있지 않다. 따라서 한·중의 유교와 불교계의 중화 담론을 총체적으로 비교하기 위해서는 동일한 논의 범위를 설정해야 할 필요가 있으므로 이기론은 배제한다는 것이다.

출세간의 납자 신분이지만 즉세간(卽世間)의 학문인 유학을 다시 논하는 것에 대해 별다른 장애감을 느끼지 않는다. 어려서 가학(家學)으로 전수받은 동양학의 중심에는 늘 유학이 자리 잡고 있었고 동일한 도학(道學)의 길이라는 믿음 역시 아직까지 변한 바 없다.

인드라망의 법계연기의 무애세계(無碍世界)가 현실화된 작금의 21세기 상황을 고려하면 오히려 유교나 불교의 학제 간 벽을 유지하는 것보다는 방통(旁通)과 관통(貫通)의 방법론을 통한 범지구적 소통의 패러다임 모색이 더욱 요청되고 있는지도 모른다.

지난 한 세기 동안 우리는 근대라는 이름하에 서구문명을 과감하게 받아들였고 이미 우리 삶 속에 깊이 삼투시켜 왔다. 이와 같은 동서문명의 충돌과 공존, 갈등과 화해의 과정 속에서 인류는 점점 벽을 허물고 하나가 되어 가고 있다. 이러한 동서 퓨전의 현실적 삶의 속도에 걸맞은 동서고금을 일이관지(一以貫之)해서 볼 수 있는 획기적 안목의 대두 또한 필수 불가결하다.

이 책은 20대에서부터 시작하여 20년 동안 지속해 온 학문과 수행의 여정 속에 늘 간직해 오고 있었던 화두들에 대한 때늦은 발설이다. 얽혀 있었던 문제의 정리도 있고 새로운 시각의 제시도 있다. '도(道)가 사람을 넓히는 것이 아니라 사람이 도를 넓히는 것'[013] 이기에 인류의 역사에는 늘 새로운 창진(創進)이 존재할 수 있었다고 생각한다.

공성(孔聖)의 위 명구를 굳게 믿는 마음 때문에 이언진여(離言眞如)의 세계에서만 자락(自樂)하지 않고 의언진여(依言眞如)의 세계로 용기 내어 나오게 되었다. 진리를 도저히 말로써 표현할 수 없다는 '불립문자(不立文字)'라는 말과 그럼에도 불구하고 언어와 문자를 떠날 수 없다는 '불리문자(不離文字)'라는 말은 중국어에서는 그 발음이 같다. 단지 립(立, lì)과 리(離, lí) 사이 성조의 차이만 있을 뿐이다. 말에 매인 채 분별을 내어서 안 됨은 선(禪)의 부득이(不得已)[014] 함이나 말로 표현하지 않을 수 없음이 또한 교(敎)의 부득이함이 아니겠는가.[015]

---

013 『論語·衛靈公』, "人能弘道, 非道弘人."

014 '부득이(不得已)'는 『孟子 滕文公下』의 다음 구절에서 연유했다. "공도자가 말하였다. "밖의 사람들이 모두 선생님께서 변론하기를 좋아한다고 칭합니다." 맹자께서 말씀하셨다. "내가 어찌 변론 일삼기를 좋아하겠는가. 내가 부득이해서이다."〔公都子曰, 外人皆稱夫子好辯, 敢問何也. 孟子曰, 予豈好辯哉. 予不得已也〕."

015 서산(西山) 대사의 『선가귀감(禪家龜鑑)』에 보면 다음과 같은 구절이 있다. "한 물건에 세 가지로(마음, 부처, 중생) 억지로 이름을 붙인 것은 교(敎)의 부득이(不得已)함이요, 이름을 따라 분별을 내어서 안 됨은 또한 선(禪)의 부득이함이다. 한 번 들고 한 번 내리며 세우기도 하고 깨뜨리기도 하는 것은 모두 법왕의 자재한 법령이다〔强立種種名字, 或心或佛或衆生, 不可守名而生解, 當體便是, 動念卽乖. 一物上, 强立三名字者, 敎之不得已也.

훗날의 후회가 미리 예상되지 않는 것은 아니지만 부동심(不動心)의 나이가 되고 보니 그동안 얻어먹고 산 밥값에 대한 채무의식을 외면하기 힘들다. 이 글쓰기 행위가 과연 이 한 몸뚱이 유지하게 해 준 모든 분들과 천지(天地)의 시은(施恩)에 조금이나마 보답이 되었으면 하는 마음으로 서론을 맺고자 한다.

不可守名生解者, 亦禪之不得已也. 一擡一搦, 旋立旋破, 皆法王法令之自在者也]." 서산 대사 지음, 이종익·심재열 강설, 『禪家龜鑑』, 보성문화사, 2004, 28쪽.

2장

❖

중용을 보는 한 독법

–

즉(卽)과 이(而) 관계성 사유

1
동양학의 핵심은 중(中)에 있다

중국 선종오가(禪宗五家) 가운데 운문종(雲門宗)의 창시자 운문문언(雲門文偃, 864~949) 선사는 누군가 무엇을 물어보면 단 한 글자로 답하여 접화(接化)하기로 유명하였는데 그것을 이름하여 '일자관(一字關)'이라 했다. 예컨대 "어떤 것이 정법안(正法眼)입니까?"라고 누가 물어 오면 "보(普)."라고 답했던 것이다.[016] 단순명료하면서도 직절(直切)한 방식으로 번갯불보다 빠르게 답해 주어 칠통(漆桶)을 타파시켜 주었던 것이다.

그렇다면 만약 누군가 "동양철학 내지는 동양학의 핵심이 무엇입니까?" 하고 물어 왔을 때 일자관으로 답을 해야 한다면 과연

---

016 운문 선사의 일자관의 예를 몇 가지 더 들자면 다음과 같다.
"부모를 죽인 죄는 부처님 앞에서 참회하면 되지만 부처님과 조사를 죽이면 어디에 참회를 해야 합니까[問 殺父殺母佛前懺悔 殺佛殺祖 向甚麽處懺悔]?" 선사가 말하였다. "로(露)."
"무엇이 운문의 한 길입니까[問 如何是雲門一路]?" 선사가 말하였다. "친(親)."
"무엇이 도(道)입니까[問 如何是道]?" 선사가 말하였다. "거(去)."
"일생을 악만 쌓은 자는 선을 모르고 일생을 선만 쌓은 자는 악을 모른다 하니 무슨 뜻입니까[問 一生積惡者 不知善 一生積善者 不知惡 此意如何]?" 선사가 말하였다. "촉(燭)."
백련선서간행회 역, 「上堂·對機」, 『雲門錄 上』, 장경각, 1997, 21~98쪽 참조.

무엇이라고 말할 수 있겠는가? "어찌 한 글자로 답을 할 수 있으리오." 하거나 "한마디로 답하기엔 좀 곤란하지요."와 같은 답변은 이미 묻는 이의 심중과는 천지현격(天地懸隔)이니 죽은 말〔死句〕을 면치 못한다. 필자는 찰나의 망설임도 없이 곧바로 "중(中)!"이라고 답을 하겠다. 주자는 '중'은 "천지가 세워진 까닭〔天地之所以立也〕"[017] 이라고 선언하였다.

이 책에서 '중화'를 다루겠다고 했는데 왜 하필 일자(一字)인 '중(中)'만을 말하는가 하고 문제를 제기할 수도 있겠지만 실제로 '중'은 '중화'를 포괄한다. '중'이 '중화'를 포괄하고 있다는 사실은 매우 중요한 것이며 이것을 깊이 각인하는 것은 유학을 공부하는 데 있어 문빗장〔關捩子〕이 된다 하겠다. 『중용장구(中庸章句)』에서 주자는 다음과 같이 언급했다.

> 유씨(游氏, 游酢)가 말하기를 "성정(性情)으로써 말하면 중화라 하고, 덕행(德行)으로써 말하면 중용이라 한다." 하였으니, 그 말이 옳다. 그러나 중용의 중(中)은 실제로는 중화의 뜻을 겸한 것이다.[018]

---

017 『주자대전(朱子大全)』 67권 「중용수장설(中庸首章說)」에 "中者, 天地之所以立也, 故曰大本."이라 했다. 이 책은 대만 中華書局에서 1983년에 간행한 四部備要本, 『朱子大全』(全12册)을 저본으로 사용한다.

018 『中庸章句』, "游氏曰, 以性情言之, 則曰中和, 以德行言之, 則曰中庸, 是也. 然中庸之中, 實兼中和之義."

『주자어류(朱子語類)』에는 이와 관련하여 다음과 같은 구절이 있다.

> 미발의 중(中)은 체(體)가 되고, 시중(時中)의 중은 용(用)이 되니 '중' 자는 중화를 겸하여 말한 것이다.[019]

현재 중국 북경의 자금성에는 삼대전(三大殿)이 있는데 정전(正殿)인 태화전(太和殿)과 연회전인 보화전(保和殿) 사이에 예비전의 성격을 띠는 중화전(中和殿)이 위치해 있다.[020] 이 중화전은 정전인 태화전에서 국가적인 행사가 있을 때 행사 준비를 하는 동안 황제가 잠깐 쉬면서 담소를 하거나, 아니면 평소에 외국 사신이나 중요한 인물을 접견할 때 사용했던 장소이다.

이 전각의 이름이 『중용』 1장의 '중화'에서 유래한 것은 물론이려니와 방문객의 눈길을 끄는 것은 중화전 내부의 용상 위에 걸린 건륭제의 친필 '윤집궐중(允執厥中)'이라는 편액이다. '윤집궐중'은 요(堯) 임금이 순(舜) 임금에게 전수해 준 말이라는 것은 잘 알려진

---

019 『朱子語類』 62卷, "未發之中是體, 時中之中是用, 中字兼中和言之." 이 책에서는 북경 中華書局에서 1994년 간행한 黎靖德 編, 王星賢 點校, 『朱子語類』(全8册)를 저본으로 사용한다.

020 물론 우리나라의 덕수궁(德壽宮)에도 중화전이 있어 서울의 중심이 되는 지역적 상징과 함께 '중화'가 중시되었다는 것을 알 수 있는데 우리의 경우엔 중화전이 덕수궁의 정전이 된다는 점에서 차이가 있다.

사실이다.[021] 그런데 여기에서 흥미로운 것은 '중(中)'이 '중화'를 겸하고 있다는 주자의 말과 자금성의 중화전 내부의 '윤집궐중' 편액이 건물 밖의 중화전 현판 내부에 위치해 있는 구조가 묘하게 일치하고 있다는 점이다. '진실로 그 중을 잡으라'라는 뜻의 '윤집궐중'은 결국 운문 선사의 일자관으로 보자면 '중' 한 글자로 수렴될 수 있으니 자금성의 구조 역시 '중화'의 속살은 '중' 한 글자이며 '중'에서 '중화'가 분화되어 나오고 있는 구도로 풀이되는 것이다.

「중용장구서(中庸章句序)」에서 주자는 요 임금이 순 임금에게 '윤집궐중' 네 자를 전수해 주었고, 다시 순 임금이 우(禹) 임금에게 '인심유위, 도심유미, 유정유일, 윤집궐중(人心惟危, 道心惟微, 惟精惟一, 允執厥中)'의 16자 전수심법을 물려주었다는 것을 보다 상세히 설명하고 있다.[022] 즉 '중(中)' 한 글자가 '윤집궐중'의 4자를 거쳐 16자로 확대되면서 인심·도심으로 분화되었고, 이것이 『예기(禮記)』의 한 편인 「중용」으로 확대되어 완전성을 갖춘 철학 문헌으로 발전되어 갔으며, 그것이 후대에 점점 중시되다가 주자에 의해서 드디어 사서(四書)로 확정된 것이다. 진영첩(陳榮捷)은 고대 유가의 전

---

021 "人心惟危, 道心惟微, 惟精惟一, 允執厥中."라는 문장은 원래 『書經·大禹謨』에 처음으로 등장하며 이것을 「중용장구서」에서 주자가 인용한 것이다. 성백효 역주, 『書經集傳 上』, 전통문화연구회, 2002, 94쪽.

022 「中庸章句序」, "中庸何爲而作也. 子思子憂道學之失其傳而作也. 蓋自上古聖神繼天立極, 而道統之傳有自來矣. 其見於經, 則允執厥中者, 堯之所以授舜也. 人心惟危, 道心惟微, 惟精惟一, 允執厥中者, 舜之所以授禹也. 堯之一言, 至矣, 盡矣. 而舜復益之以三言者, 則所以明夫堯之一言, 必如是而後可庶幾也."

체 문헌 가운데 『중용』은 자체적으로 완전성을 지니고 있는 가장 철학적인 작품이라고 단적으로 말한 바 있다.[023] 이를 종합해 볼 때 결국은 '중' 일자에 고대 성인의 심법(心法)이 고스란히 수렴되고 있음을 충분히 알 수 있다. '중' 일자를 알면 마음[心]을 모두 알게 되는 것이다.

동서문화논전이 활발하게 벌어지고 있던 근대의 현대신유가(現代新儒家) 십철(十哲)[024] 가운데에도 중국철학 전체를 '중용'을 중심으로 설명하는 이를 어렵지 않게 만날 수 있다.

방동미(方東美, 1899~1977)의 경우, 중국의 철학정신 가운데 『주역(周易)』과 『중용』의 철학을 중심으로 삼가(三家)를 회통(會通)하고 동서철학을 종합·관통한 것으로 유명하다. 그가 말하는 중국 철학정신은 역용지학(易庸之學) 혹은 역용중심(易庸中心)인 형이상학적 생철학(生哲學)의 경향을 띠고 있는데 서구의 베르그송과 화이트헤드의 생철학 및 유기체철학과 비견된다. 그의 역용중심 체계는 철학뿐 아니라 과학, 종교, 예술의 네 가지 경계가 상호 융합되어 있는데 이를 한마디로 '광대화해(廣大和諧, Comprehensive Harmony)'의 생명정신이라 했다.[025]

---

023 뚜웨이밍 지음, 정용환 옮김, 『뚜웨이밍의 유학강의』, 청계, 1999, 230쪽.

024 方克立·李錦全 主編, 『現代新儒家學案 (上·中·下)』(中國社會科學出版社, 1995)에서는 십철(十哲)로 梁漱溟, 張君勱, 熊十力, 馮友蘭, 賀麟, 錢穆, 牟宗三, 唐君毅, 徐復觀, 方東美를 꼽고 있다.

025 方東美 著, 鄭仁在 譯, 『中國人의 人生哲學』, 탐구당, 1994, 213~214쪽.

그가 말하는 중국철학의 광대화해의 생명정신은 초월적(超越的, transcendental)이지 결코 초절적(超絶的, transcendent)인 것은 아니었다. 여기서의 '초(超)'는 뛰어넘는다는 뜻이지만 인간세계와 격절되어 이원적으로 대립되는 것이 아니라 호연동류(浩然同流)하여 일체로 융합되어 있음을 말한다.[026] '중용'이 말하는 일용지간(日用之間)의 정신을 근저로 삼아 세계사상사에서의 동양정신을 자리매김한 좋은 예라 할 만하다.

풍우란(馮友蘭, 1894~1990)의 경우, 『중용』 제27장(주자 분장에서)의 "극고명이도중용(極高明而道中庸)" 한 구절을 통해 중국철학 전체를 설명한 것으로 유명하다. '정원육서(貞元六書)'라 일컬어지는 『신리학(新理學)』, 『신사론(新事論)』, 『신세훈(新世訓)』, 『신원인(新原人)』, 『신원도(新原道)』, 『신지언(新知言)』의 저작들 속에서 그는 새로운 유학전통을 재건하기 위해 정통 정주리학(程朱理學)과 서양의 신실재론(新實在論, neo-realism)을 융합하여 '신리학(新理學)'이라는 자신만의 철학 체계를 구축했다. 그것은 주로 정주리학 속의 이기(理氣) 범주를 계승하고, 동시에 신실재론 철학의 보편·일반(universal)의 '공상(共相)'과 개별·특수(particular)의 '수상(殊相)' 간의 관계에 대한 사상을 흡수하여 정주리학을 개조하고 설명했다.

그는 인생 경지를 '공리경지(功利境地)', '자연경지(自然境地)', '도덕경지(道德境地)', '천지경지(天地境地)'로 체계적으로 설명하고 있

026 方東美 著, 鄭仁在 譯, 위의 책, 24~25쪽.

는데 그 가운데 천지경지가 인간이 도달할 수 있는 가장 높은 '안심입명의 경지'라고 보았다. 이 최고의 인생 경지인 천지경지는 '하늘을 아는 경지〔知天〕', '하늘을 섬기는 경지〔事天〕', '하늘을 즐기는 경지〔樂天〕', '하늘과 같아지는 경지〔同天〕'로 이루어져 있다고 설명한다. 이 천지경지에 도달하면 세속에 있으면서도 세속을 넘어선 '즉세간이출세간(卽世間而出世間)'의 최고 경계를 깨닫게 되는데 이것이 바로 『중용』에서 말하는 "극고명이도중용"의 경지라는 것이다. 인륜일용을 초월하면서도 동시에 인륜일용 속에 내재해 있는 이러한 '내성외왕(內聖外王, inner sage outer king)'의 순수 정일(精一)한 이상을 풍우란은 『중용』을 중심축으로 하여 새로이 구축한 그의 신리학 체계로 전개해 나갔다.[027]

이처럼 동서지쟁(東西之爭)과 금고지쟁(今古之爭)이 한창이던 근대(近代)라는 공간에서도 '중용'에 대한 동양 학술의 낙점은 전혀 빛바래지 않았으며, 오히려 서양 학술 전체와 맞서는 동양사상의 대표 주자로서의 첨병 역할을 톡톡히 한 것 또한 다름 아닌 '중(中)'의 사상이었다.

중용이 '동양적인 것'의 중추를 차지하고 있음은 『논어(論語)』에서 공자가 개별 인물의 경지에 대해 '중용(中庸)-광(狂)-견(狷)-

027 馮友蘭 지음, 곽신환 옮김, 『중국철학의 정신〔新原道〕』, 서광사, 1993, 11~15쪽; 鄭家棟 지음, 한국철학사상연구회 논전사분과 옮김, 『현대신유학』, 예문서원, 1994, 292~306쪽 참조.

향원(鄕願)'[028]으로 구분하여 품평한 방식에서도 매우 잘 드러나 있다. 중용이 참으로 도달하기 어려운 경지임[029]을 말하고, 자신의 뒤를 이은 유일한 호학제자(好學弟子)로서 입실(入室)을 허여(許與)한 안회(顔回)에 대해서 중용을 깊이 체득했음을 인정하는 대목[030]에서 우리는 공자 역시 중용을 추기(樞機)로 삼았음을 알 수 있다.

조선의 홍유(鴻儒) 율곡(栗谷) 또한 『중용』을 바라보는 시각이 매우 특별했음을 알 수 있다. 성리학 전체를 집약한 그의 대표적인 명저인 『성학집요(聖學輯要)』의 총론의 시작이 바로 『중용』 수장(首章)으로 장식되어 있다는 것은 의미심장하다. 성리학 전체를 박문(博文)한 연후에 그 박람강기(博覽强記)의 내용을 자신만의 천재적인 직관과 통찰을 통해 약례(約禮)한 핵심 중의 핵심이 바로 『중용』 1장이었음은 그의 사상 체계 내에서의 『중용』의 위치를 가늠할 수 있는 좋은 증좌가 된다.

다산(茶山)의 경학(經學)에서도 『중용』의 위치는 예사롭지 않다. 그의 사상을 지탱하는 방대한 경학 체계는 『중용』의 해석에서 출발하였다는 점을 먼저 지적할 필요가 있다. 즉 다산은 『중용』 해석을 통해 자신의 철학적 사유의 기본 틀을 구성하고 정립했으며, 이를 자신의 경학 체계와 실학적 사유의 전반에 관철했던 것이다.

---

028 『論語·子路』, "子曰, 不得中行而與之, 必也狂狷乎. 狂者進取, 狷者有所不爲也." 『論語·陽貨』, "子曰, 鄕願, 德之賊也."

029 『論語·雍也』, "子曰, 中庸之爲德也, 其至矣乎, 民鮮久矣."

030 『中庸章句』, "子曰, 回之爲人也, 擇乎中庸, 得一善則拳拳服膺而弗失之矣."

경전을 해석한 최초의 저술인 『중용강의(中庸講義)』는 바로 23세 때 정조(正祖)의 '중용의문(中庸疑問)' 70조목의 답안을 작성하면서 이루어졌다. 그 후 강진의 유배 생활 동안 방대한 경전 주석 작업을 진행하였는데 마무리 단계에 이르렀을 때인 53세 때 『중용자잠(中庸自箴)』을 지었다. 30년 만에 다시 『중용강의』를 수정·보완하여 『중용강의보(中庸講義補)』를 완성했으니 다산은 『중용』 해석으로 자신의 경학 체계를 정립하기 시작하였고, 또 그 경학 체계의 정립을 완성했다고 할 수 있겠다.[031]

동양학의 핵심이 '중(中)'에 있음을 증명하기 위해서 위에서 몇몇 예를 들었을 뿐이지만 중용철학을 골수에 간직한 사상가가 어디 이뿐이었겠는가. 아니, 중용을 중시하지 아니한 동양의 선비가 어디 일인(一人)인들 있었겠는가.

다음으로는 '중용' 영역(英譯)의 역어(譯語)들에 대한 두유명(杜維明)[032]의 정리를 통해 동양 학술의 핵질로서의 『중용』을 서양에 보

---

031 금장태, 『道와 德 - 다산과 오규 소라이의 중용·대학 해석』, 이끌리오, 2004, 12~13쪽.

032 이 책에서는 중국인의 이름을 일일이 중국 발음으로 표기하지 않고 한국 한자음 그대로 표기하고자 한다. 杜維明은 '뚜웨이밍'이지만 '두유명'으로 표기하는 것이 그 예이다. 위와 아래에 그의 저서의 번역본을 다음과 같이 '뚜웨이밍 지음, 정용환 옮김, 『뚜웨이밍의 유학강의』, 청계, 1999'로 표기한 것은 그대로 사용할 것이므로 혼돈이 없길 바란다. 중국인이기 때문에 반드시 그들의 발음으로 표기해야 된다는 당위보다는 중국어에 익숙지 않은 독자를 위해 친근한 우리 한자음 발음을 사용하는 편의를 제공하는 것 역시 괜찮겠다는 생각이다.

다 깊고 정확하게 알리고자 했던 서양학자들의 다양한 노력과 동양학자들의 고충을 잠시 살펴보기로 하자.

『중용』에 대해서 제임스 레게(James Legge)는 '중심의 원리(The Doctrine of The Mean)'로 번역했고, 휴스(E. R. Hughes)는 '행위의 중심(The Mean-in action)'으로 번역했으며, 고전학자 고홍명(辜鴻銘)은 '중심 잡힌 조화(Central Harmony)'로 번역했고, 에즈라 파운드(Ezra Paund)는 '흔들리지 않는 축(The Unwobbling Pivot)'으로 번역했다. 비록 '중(中)'이라는 개념이 별다른 논쟁의 여지없이 중심성(centrality)으로 간주될 수 있더라도 '용(庸)'의 개념은 매우 골치 아픈 문제를 일으킨다.
초기의 주석가들 가운데 정현(鄭玄)은 '용(庸)'을 '용(用, practice)'으로 정의한다. 그러면 『중용』은 '중화 원리의 실제적 적용(practical application of principal of central harmony)'을 의미한다. 주자는 용(庸)이 '평(平, ordinary)'과 '상(常, common)'을 의미한다고 결론지었다. 일상성(commonality)으로 번역한 용(庸)은 '실용성(practicality)', '불변성(unchangeability)'과 같은 뜻을 내포한다.[033]

반면 방동미는 중(中)은 한편으로는 평형(平衡, Equilibrium)이

033 뚜웨이밍 지음, 앞의 책, 243~244쪽.

라는 형이상학적인 뜻을 가지고 있으며, 또 한편으로는 집중(執中, Concentricity)이라는 심리적·인식론적인 뜻을 동시에 가지고 있다고 보았는데[034] 매우 적확하다고 하겠다.

앞으로 상술하게 될 미발의 중(中)과 이발의 화(和)에 대해서 제임스 레게는 미발지중(未發之中)의 '중'을 'Equilibrium', 이발지화(已發之和)의 '화'를 'Harmony'라고 번역하고 있다. 반면에 '시중(時中)'의 '중'은 '중용'의 '중'과 함께 'Mean'으로 번역하고 있다. '미발'의 '중'의 경우에만 특별히 달리 영역하고 있다는 점을 눈여겨볼 필요가 있다.

상기에서 필자는 '유교의 핵심이 중(中)에 있다'가 아니라 '동양학의 핵심이 중에 있다'고 했으므로 불교에서도 과연 '중'을 핵심으로 보았는지에 대해서 잠시 고찰해 볼 필요가 있다.

성철 선사는 불교의 전체를 '중도(中道)'로 일관(一貫)하여 설한 바 있다. 선사는 『백일법문(百日法門)』에서 원시불교사상, 중관사상, 유식사상, 열반경사상, 천태종사상, 화엄종사상, 선종사상 전체를 '중도' 하나로 꿰뚫어 설명하였다.[035]

불교 전체를 '중도' 하나로 회통할 수 있는 것은 교주인 석가여래의 깨침이 바로 중도에 대한 깨침이었으며, 최초의 설법인 초전법륜(初轉法輪) 역시 중도대선언(中道大宣言)이었기 때문이었다.

---

034 方東美 著, 앞의 책, 131쪽.

035 퇴옹 성철, 『백일법문 (상·하)』, 장경각, 2001.

그때에 세존은 다섯 비구에게 말씀하셨다.

"비구들이여, 세상에 두 변〔二邊〕이 있으니 출가자는 가까이 하지 말지니라. 무엇을 둘이라 하는가. (첫째는) 여러 욕망을 애욕하고 탐착하는 일은 하열하고 비천하여 범부의 소행이요, 현성(賢聖)이 아니고 의(義)에 상응하지 않는다. (둘째는) 스스로 번뇌하고 고뇌하는 일은 괴로움으로서 현성이 아니고 의에 상응하지 않는다. 비구들이여, 여래는 이 두 변을 버리고 중도를 바르게 깨달았느니라."[036]

"비구여, 출가자는 두 변을 가까이하지 말 것이니, 즐겨 애욕을 익히거나 혹은 스스로 고행하는 것이다. 현성의 법이 아니며 심신을 피로하게 하여 능히 행할 바가 아니니다. 비구여, 이 두 변을 제외하고 나서 다시 중도가 있느니라."[037]

위의 인용문은 팔리어로 씌여진 남전대장경(南傳大藏經)의 번역문을 인용한 것이고, 아래의 것은 북전(北傳) 한역(漢譯)의 율장(律藏)에 있는 경문을 일부 발췌한 것이다. 석가여래가 양변을 버리고 중도를 정등각(正等覺)했다는 이 근본 법륜은 세계의 어느 학자들

---

036 南傳大藏經, 律部 3, 18쪽. 퇴옹 성철, 위의 책 (상), 88쪽에서 재인용.

037 大正藏 22, 四分律, 788쪽 上, "比丘出家者, 不得親近二邊, 樂習愛欲, 或自苦行. 非賢聖法, 勞疲形神, 不能有所辦. 比丘 除此二邊已, 更有中道". 퇴옹 성철, 위의 책, 90쪽에서 재인용.

간에도 의심이나 이견이 없다.

후대 용수보살(龍樹菩薩)의 중관학(中觀學)이나 다시 이를 이은 천태 지자(天台智者) 대사의 공가중(空假中)의 일심삼관(一心三觀), 그리고 선종(禪宗)에서의 쌍차쌍조(雙遮雙照)의 설법들은 모두 여래의 이 중도선언을 발전시킨 중도사상들의 정화(精華)였다. 불교는 한마디로 중도의 가르침이라 해도 전혀 손색이 없다.

물론 유가의 '중(中)'과 불가의 '중(中)'이 동일한 것은 아니다. 동이(同異)[038]가 분명 존재하겠지만 '중'이 양가(兩家)의 강기(綱紀)가 됨은 피할 수 없는 사실이라 하겠다.

---

038 유교의 중용사상과 불교의 중도사상의 동이(同異)에 대해서는 다음의 박사논문이 있다. 최일범, 「儒敎의 中庸思想과 佛敎의 中道思想에 관한 硏究 - 子思의 『中庸』과 龍樹의 『中論』을 중심으로」, 성균관대 동양철학과 박사학위논문, 1991.

2
즉(卽)에 성불이 있고 이(而)에 중용이 있다

1) 이원 대대(二元 待對)와 즉 자 공능(功能)

'20세기의 데카르트' 혹은 '21세기의 붓다'라 불리며 미래의 철학자로 칭해지는 화이트헤드(Alfread North Whitehead, 1861~1947)는 "서양사상사는 플라톤의 각주(脚註)에 불과하다."라는 말로 서양철학 전체를 일축했다. 그 말의 본령은 세상이 온통 이원적(二元的) 대립항들의 범주적 사유에서 하나로의 회통을 완성하지 못했다는 고백으로 들어도 무방할 것이다. 플라톤의 이원적 범주를 '이데아'와 '현상'으로 놓고 볼 때 세상은 온통 상대적(相對的), 대대적(待對的) 양의(兩儀)로 구성되어 있으며 그 통합에 대한 기획이 여전히 완성되지 못한 것이 서양철학사라고 할 수 있겠다.

본체(noumena)와 현상(phenomena), 천국과 지옥, 이상과 현실, 이성과 감성, 아폴론적인 것과 디오니소스적인 것, 성(聖)과 속(俗), 이데아(idea)와 그림자(shadow), 아니마(Anima)와 아니무스(Animus) 등 서양의 이진법적인 개념들은 셀 수 없이 많다.

동양 역시 마찬가지. 음(陰)과 양(陽), 인욕(人欲)과 천리(天理), 해〔日〕와 달〔月〕, 있음〔有〕과 없음〔無〕, 공(空)과 유(有), 같음〔同〕과 다름〔異〕, 중심과 주변, 진여(眞如)와 생멸(生滅), 얼핏 떠올려 보아도 부지기수의 짝들이 사상사의 범주에 자리 잡는다.

원효(元曉, 617~686)의 일심이문(一心二門)의 화쟁회통(和諍會通)의 성취가 세상의 모든 사유 체계에 대한 해답의 제시였다는 것을 인류는 비로소 인식하기 시작했다. 수립〔立〕과 타파〔破〕, 혹은 부여〔與〕와 탈취〔奪〕와 같은 개념을 통한 『대승기신론(大乘起信論)』의 주석 작업[039]과 『십문화쟁론(十門和諍論)』 등지에서 특화한 원효 저작 전반을 관통하는 이문회통(二門會通)의 일심사상은 세계 인류 역사가 지금까지 완결하지 못하고 있는 이항 대립의 해답을 이미 1,400년 전에 제시한 것으로 볼 수 있다. 일심(一心)은 원효의 골수요, 『기신론소(起信論疏)』는 효학(曉學)의 종요(宗要)이다.

필자가 "세계사상사는 원효학의 각주(History of world philosophy is a footnote of Wonhyo Studies)"[040]라고 말한다고 해서 크게 잘못된 명

---

039 원효 성사(元曉聖師)는 『대승기신론』을 "모든 이론의 조종이요 뭇 쟁론의 평주〔諸論之祖宗, 群諍之評主〕."라고 했다. 대승기신론의 『별기(別記)』와 『소(疏)』를 통해서 일심사상의 이론적 토대를 마련하고, 『금강삼매경론』을 통해서 일심사상의 실천적 측면을 보완하고 있으며, 『화엄경소』를 통해 일심사상을 화엄일승사상으로 종합하고 있다. 원효의 생각은 일심, 일미(一味), 일각(一覺), 일관(一觀) 등의 '일성(一性)' 위에서 비로소 화회와 회통의 길로 전개된 것이다. 일심은 다시 진여문과 생멸문의 '이문(二門)'으로 다시 본체〔體〕·모습〔相〕·작용〔用〕의 '삼대(三大)'와 진여(眞如)·신불(信佛)·신법(信法)·신승(信僧)의 '사신(四信)'과 시문(施門)·계문(戒門)·인문(忍門)·진문(進門)·지관문(止觀門)의 '오행(五行)'과 나무아미타불의 '육자법문(六字法門)'의 구조로 이어지고 있다. 고영섭, 『원효, 한국 사상의 새벽』, 한길사, 2002, 208·231쪽 참조.

040 원효와 관련된 이 논의는 문광, 「원효한류와 불교퀴터제를 꿈꾸며」, 『釋林』

제라고 논박할 수는 없을 것이다.

이 세상은 온통 짝의 사유, 즉 대대(待對) 구조 내지는 상관적(correlative) 사유로 이루어져 있다고 볼 수 있다. 이러한 이항 대립적 분별의 세계에 대해서 『육조단경(六祖壇經)』에서는 '대법(對法)'[041] 이라는 장을 별도로 설정하여 상세하게 설명하고 있다. 그 대대의 짝들이 36가지나 나열되고 있는데 그것은 다음과 같다.

1) 外境無情 5對 : 天-地, 日-月, 暗-明, 陰-陽, 水-火
2) 語言法相 12對 : 有爲-無爲 / 有色-無色, 有相-無相, 有漏-無漏, 色-空, 動-靜, 淸-濁, 凡-聖, 僧-俗, 老-少, 大大-小大, 長-短, 高-下
3) 自性起用 19對 : 邪-正, 癡-慧, 愚-智, 亂-定, 戒-非, 直-曲, 實-虛, 嶮-平, 煩惱-菩提, 慈-害, 喜-嗔, 捨-慳, 進-退, 生-滅, 常-無常, 法身-色身, 化身-報身, 體-用, 性-相

이러한 이원적 쌍들의 범주가 이뿐만이 아니겠으나 대체적인 것들은 『육조단경』에서 대체로 모두 가려 뽑은 것 같다. 그렇다면 이러한 이원적 매개항들은 어떻게 관계를 맺고 있는 것일까? 이 세상의 모든 지식과 상식은 이 이원적 분류를 얼마나 정밀하게 하느

제40집, 동국대 석림회, 2006, 179~197쪽을 참조.

041 퇴옹 성철, 『돈황본 육조단경』, 장경각, 1988, 243~254쪽.

냐와 이것을 어떻게 활용하여 현실에 적용할 수 있느냐가 관건이 되는 세상이다. 즉 분별지(分別智)의 세계인 것이다.

엘빈 토플러가 말한 제3의 물결을 가능하게 한 정보혁명의 중심에 서 있는 컴퓨터가 곧 이진법의 세계를 구체화하여 풀어낸 것임은 익히 아는 사실인바 세상은 온통 이원항의 조직과 구성, 활용과 운용에 그 사활이 달려 있다고 해도 과언이 아니다. 동양사상의 핵심이라 할 수 있는 주역적 세계관도 표면적으로는 바로 이 이원론을 바탕으로 한 양의(兩儀) 상호 간의 관계성 사유인 것이다. 그러나 우리가 보다 근본적인 것에 대해서 근원적 의문을 가지게 될 때 이 이원항들이 고정된 실체일 수 없다는 것을 쉽게 알게 된다. 이 이원항들 사이에는 '틈(間)'이 엄연히 존재하는 것이다.

'게슈탈트'라고 부르는 행태주의 심리학에서는 전체는 항상 부분의 총합보다 크다고 말하고 있다. 아무리 이원으로 나누어 세상을 설명하려고 해도 전체를 모두 설명할 수 없는 나머지 부분이 존재하게 되는 것이다. 본체와 현상 사이에 발생하는 이러한 필수 불가결한 갭(gab)을 불가에서는 진여를 설명하는 승의제(勝義諦)와 개념·언어를 사용해서 설해지는 세속적 진리인 세속제(世俗諦)의 이문(二門)으로 나누어 설명하게 된다. 용수(龍樹)의 중도불이(中道不二) 사상은 이러한 이분적 매개항들을 팔불중도(八不中道)의 양도논법(兩刀論法, dilemma)으로 이론화하였던 것이다.[042]

---

042 시즈타니 마사오·스구로 신죠 지음, 문을식 옮김, 『대승불교』, 여래, 1995,

진여의 세계인 승의제를 개념의 세속제로는 영원히 설명할 수 없는 이 틈을 어떻게 메울 것인가? 이 문제는 단지 불가에서만의 주제는 아니었다. 주역에서 말하는 '언부진의(言不盡意)', 노자(老子)가 말하는 '도가도 비상도(道可道 非常道)', 장자(莊子)가 말하는 '득의망언(得意忘言)', 공자가 말하는 '천하언재(天何言哉)', 맹자(孟子)의 호연지기(浩然之氣)에 대한 '난언(難言)', 칸트의 '이율배반(antinomy)', 훗설의 '판단 중지(epochē)', 비트겐슈타인의 '말할 수 없는 것에 대해서는 침묵하라' 등의 언설은 모두 이 이원 사이에 발생하는 필연적인 일간(一間)에 대한 근원적 통찰이었다.

깨침을 제일의로 삼고 있는 선(禪)은 이 존재론적 간극을 어떻게 회통시킬 수 있는가에 대한 본질적인 통찰을 종지(宗旨)로 삼고 있다고 할 수 있다. 이원(二元)이 무화되는 순간이 바로 깨침의 순간이기 때문이다. 그리고 그 깨침을 바탕으로 법으로 하나 되는 세상을 실현하는 것이 곧 현실정토와 중생제도의 서원에 다름 아닌 것이다.

일본 민예운동의 창시자로 '민예(民藝)'라는 용어를 만들고 조선예술의 아름다움과 본질을 편견 없이 바라보면서 조선의 미(美)에 깊은 애정을 갖고 조선예술의 가치를 높이 평가한 학자로 야나기 무네요시〔柳宗悅, 1889~1961〕라는 사람이 있었다. 그는 일제가 조선총독부 건물을 세우기 위해 광화문을 철거할 때 저지운동을 벌였던 일본의 양심적인 불교미학자였다. 그는 자신의 핵심사상인 '미의

258~263쪽 참조.

정토'를 말하면서 이원적 세계에 대해서 다음과 같이 말하고 있다.

> 이 현세는 이원(二元)의 나라입니다. 둘 사이의 모순 속에서 방황하는 것이 이 세상의 모습입니다. 대구(對句)가 사용되는 것은 불완전한 나라〔此岸〕에서 항상 존재하는 인과적 결과물입니다. 대구는 반자율〔反律〕이기 때문에 끊임없는 투쟁과 모순이 그 속에서 일어납니다. 이 세상에서의 인간의 일생은 고통이고 슬픔입니다. 생사와 자타를 구별하는 것은 가장 비통한 것입니다. 그러나 이대로 좋을까요? 그것을 벗어날 수는 없을까요? 둘에 있으면서 하나에 이르는 길은 없을까요? 경문에서는 '가능하다'라고 대답하고 있습니다. 불가사의하게도 그 하나〔一〕에 도달하는 것이 지금부터 가능하다는 것이 아니라 이미 도달해 있음을 말하고 있습니다.[043]

이원의 세계에서 하나에 도달하는 것이 아니라 이미 도달해 있다고 말하는 그는 다음과 같은 매우 놀라운 통찰력을 우리에게 제시해 주고 있다.

> 성도문에서는 '번뇌즉보리(煩惱卽菩提)'라든가 '생사즉열반(生死卽涅槃)'이라고 가르칩니다. 이 말들은 구경의 이치를 설

043 야나기 무네요시 지음, 최재목·기정희 옮김, 『미의 법문』, 이학사, 2005, 22쪽.

한 것입니다. 이 구절들은 '즉(卽)'을 매개로 이루어진 대구(對句)입니다. 여기서 '즉'이라는 한 글자가 모든 비밀스런 뜻〔密意〕을 담고 있습니다. 말하자면 '즉'에 성불이 있습니다. …… 그러나 결코 '즉'과 '동(同)'을 같다고 받아들여서는 안 됩니다. 어떻게 사람과 부처가 같을 수 있겠습니까. 그러나 같을 수 없는 불행한 채로 사람이 부처와 맺어지는 행운을 설하는 것이 '즉'의 가르침입니다.[044]

야나기 무네요시는 이문(二門)이 곧바로 일심(一心)으로 화회(和會)되고 있음을 명징한 직지(直指)를 통해 우리에게 제시해 주고 있다. 이원적 매개항들이 원래 같은 것〔同〕이 아니라 즉(卽)해 있다는 것을 아는 것, 곧 관계성으로 상입상즉(相入相卽)해 있다는 점을 "즉에 성불(成佛)이 있다."라는 독특한 언어로 재해석해 내고 있는 것이다.

우리는 여전히 깨달음을 얻었을 때만이 번뇌가 보리이고 생사가 열반임을 알 수 있다고 말한다. 그러나 육조(六祖) 대사 역시 양변을 떠난다는 것에 대해 지난한 과정을 시설하지 않고 곧바로 "어둠은 스스로 어둡지 아니하나 밝음 때문에 어두운 것이다."라고 말하고 있다.[045] 대법 그 자체가 바로 일심의 진여이다. 대대(待對)의

---

044 야나기 무네요시 지음, 위의 책, 44쪽.

045 "어둠은 스스로 어둡지 아니하나 밝음 때문에 어두운 것이다. 어둠이 스스로

양변을 거대한 깨침의 과정을 통해서 하나임을 아는 것이 아니라 둘이 본래 없음과 둘이 즉(卽)해 있음을 곧장 언하(言下)에 아는 순간 이원적 세계는 당하에 소멸되고 만다는 것을 고구정녕(苦口丁寧)하게 일러 주고 있는 것이다.

이원을 떠나면 일원(一元)뿐이라는 것은 밖에서 깨달아 들어오는 것이 아니라 내 속에 있는 혜풍(慧風)을 한 번 일으킴에 달려 있다. 그렇기에 "빈손으로 호미 자루를 쥐어라."라든가, "한 손으로 손뼉 치는 소리를 들어라."라든가, "줄 없는 거문고를 타라."와 같은 선적(禪的)인 초논리(超論理)의 선문답들은 이러한 "즉(卽)에 성불이 있다."라는 표현을 빌릴 때 한층 더 잘 다가오는 것이다. 진리의 말씀은 변할 수 없다. 그러나 그것을 시대에 맞게 재해석하고 동시대인들이 정확히 받아들일 수 있는 언어로 새롭게 변모시키는 법륜(法輪)의 윤전(輪轉)은 모든 공부인들에게 시시각각 요구되는 사항이다. 그런 면에서 야나기 무네요시의 이 수사(修辭)는 공로가 크다.

모든 강들은 제각각의 이름을 가지고 있다. 그 무수한 개별자로서의 강들은 모두 같을 수가 없다. 그러나 물은 아래로 흐르는 본성을 가지고 있으며 결국엔 바다로 흘러가게 된다. 바다는 그 수많은 분별과 차이의 본래적 개별자이자 특수자의 모습에도 불구하고 오직 한 맛〔一味〕밖에 없다. 모든 이원대립항은 결국 한 맛밖에 낼

어둡지 아니하나 밝음으로써 변화하여 어둡고 어둠으로써 밝음이 나타나나니 오고 감이 서로 인연한 것이다〔暗不自暗, 以明故暗, 暗不自暗, 以明變暗, 以暗現明, 來去相因〕." 퇴옹 성철, 『돈황본 육조단경』, 243~254쪽.

수 없다. "즉에 성불이 있다."라는 언구는 이원 사이의 틈을 메워줄 수 있는 이원불이(二元不二)의 시각을 명쾌하게 제시해 준다.

'번뇌즉보리(煩惱卽菩提)'나 '생사즉열반(生死卽涅槃)' 같은 말과 더불어 '중생즉불(衆生卽佛)', '일즉일체(一卽一切)', '즉심시불(卽心是佛)' 같은 말도 이 즉(卽) 자의 밀의(密意)를 통하면 그 뜻이 쉽게 간파된다. 번뇌와 보리, 생사와 열반, 중생과 부처, 일체와 하나, 마음과 부처, 이 두 가지의 양변을 실체화하여 따로따로 보고 파고 들어가는 공부로는 합일(合一) 내지 불이(不二)에 도달할 수 없다. 과거 부파불교의 시대에는 열심히 따져 가며 분석적으로 공부했다. 번뇌의 구조와 종류, 열반에 대한 자세한 분석, 마음의 구조와 층차 등등을 무수한 개별적 분석을 통해 접근해 들어갔다. 그러나 번뇌 따로 있고 보리 따로 있는 것이 아니다. 중생 따로 있고 부처 따로 있는 것이 아니다. '즉'해 있다. '즉' 한 글자에 엄청난 묘용(妙用)이 있고 위대한 공능(功能)이 있다. "'즉' 자에 성불이 있다."라는 이 언명은 참으로 보배로운 통찰의 개진이다.

2) 중용일구(中庸一句)와 이(而) 자 연기

앞에서 '즉(卽)'에 성불이 있음을 살폈는데 여기에서는 '이(而)'에 중용이 있음을 살피고자 한다. 중용은 '이(而)' 관계성 사유이다. 실(實)로 말하면 '중(中)'이요 허(虛)로 말하면 '이'이다. 중용은 '이'라는 허사(虛辭)를 매개로 이루어진 대대의 소통이요 대립의 통섭이다.

'즉(卽)'에서와 마찬가지로 '이(而)'라는 한 글자에도 모든 비밀스런 뜻〔密意〕이 담겨 있으니 '이'를 알면 불이(不二)를 알고 일체를 알게 된다. 부즉불리(不卽不離)의 묘리가 '이' 속에 모두 담겨 있으니 설사 '이'라는 허사가 등장하지 않더라도 '중(中)'의 내재적 이치는 '이'와 유사한 허(虛)한 패턴으로 드러나게 된다. 그것을 '중'과 '이'의 은현구조(隱顯構造) 내지는 '실(實)'과 '허(虛)'의 은밀현료구성문(隱密顯了俱成門)으로 표현할 수 있겠다.

다음은 '중용'을 일구로 요약해서 설명하는 학자들 가운데 '이(而)'를 특별한 시선으로 보았던 풍우란의 경우를 다시 거론하고자 한다. 앞서 언급했듯이 그는 『중용』의 "극고명이도중용" 일구를 통해 중국철학 전체의 특질을 설명했는데 이와 관련된 다음의 언급은 신선하다.

> '즉세간'과 '출세간'은 서로 대립되는 개념이다. 이상주의적인 것과 현실주의적인 것도 대립적이다. 나는 이를 고명(高明)과 중용의 대립이라고 말한다. 고대 중국철학에서도 이른바 내(內)·외(外), 본(本)·말(末), 정(精)·조(粗)의 대립이 있었다. 한(漢) 이후의 철학에는 현원(玄遠)과 속무(俗務), 출세(出世)와 입세(入世), 동(動)과 정(靜), 체(體)와 용(用)의 대립이 있었다. 이러한 대립들은 내가 말하는 고명과 중용의 대립이거나 혹은 그와 같은 종류의 대립들이다. …… '극고명이도중용'이라 할

때의 극고명과 도중용 사이에 있는 '이(而)' 자는 곧 고명과 중용이 대립되지만 이미 통일되고 있음을 나타낸다. 이 양자가 어떻게 통일되는가? 바로 이것이 중국철학에서 해결하려고 했던 과제 가운데 하나이다. 이 문제의 해결을 꾀하는 것이 중국철학의 정신이며 이 문제의 해결이 중국철학의 공헌이다.[046]

풍우란은 '극고명'과 '도중용' 사이에 있는 '이(而)' 자가 '고명'과 '중용'이 대립 관계에 있으면서도 통일되고 있음을 보여준다고 했다. '이'라는 한 허사의 공능은 중국철학에서 해결하려고 했던 바로 그 양변의 대립과 통일이라는 과제 상황을 해결해 줄 만큼 공헌이 크다고 말한다. 중국철학의 정신이 허사를 사용하는 언어 용법에서 빛을 발하고 있다고 실토하는 것이다.

최근 풍우란의 이 문장을 발견하고 매우 고무되었다. 그 이유는 20여 년 전 대학원 재학 시절부터 이미 '이(而) 관계성 사유'라는 말을 구상하면서 대학원 문자학 수업 수강자들에게 갑골문에서 '이' 자가 어떤 의미인지 물어 가며 혼자 근거를 찾기에 여념이 없었던 시절이 있었기 때문이다. 그 당시 놀라웠던 것은 갑골문에서의 '이' 자는 허사가 아니라 '수염'을 나타내는 실사(實辭)였던 점이다. '허(虛)'에 대한 어떤 집단적인 깨달음(collective enlightenment)이

046　馮友蘭 지음, 곽신환 옮김, 앞의 책, 14~15쪽.

있은 이후 그것을 언어에서 구현하기 위해 실사를 허사로 둔갑시켜 사용한 것이 아닐까 짐작만 하며 허사 연구에 한동안 몰입했다. 이 과정에서 생생한 어감을 살려서 고문을 번역하기 위한 첫 번째 조건은 다양한 허사의 용법을 숙지하는 일이란 사실을 새롭게 알게 됐다. 동양 한자문명권에서의 고전의 힘은 허사의 관계 지음에 그 요체가 있고 허사의 연기를 이해하는 것에 그 대지가 있었다.

『논어』를 허사를 중심으로 다시 보는가 하면 왕력(王力)의 『고대한어(古代漢語)』를 비롯한 허사 연구 문헌과 허사 사전류 등의 공구서를 갖추고 고문헌을 다시 보기도 했는데 당시 현대 중국의 고문법 연구의 중심이 거의 허사 연구에 집중되어 있음을 알고 계발받은 바 컸다. 별천지가 따로 전개되고 있었다. 실체적 개념들 자체에 몰입하기를 즐기는 사유자에게는 허사를 통한 의미 체계의 분석은 코페르니쿠스적 전회와 같은 획기적 변환이었다. 마치 동양화의 '홍운탁월(烘雲托月)' 기법을 처음 알게 되었을 때와 같은 의식의 전환이랄까. 이 기법을 즐겨 쓰는 동양화에서는 달이라는 실체를 표현할 때조차도 달 자체를 그리려 하기보다는 주변의 달무리만 그려서 비어 있는 달이 저절로 드러나도록 한다. 이는 여백마저도 흰색으로 모두 메우는 서양화와는 매우 상반된 것이었다. 그것은 단지 기법의 차이에 그치는 것이 아니라 서양과 동양의 세계관 차이를 드러내 주는 것이라고 할 것이다. 달의 세부 묘사와 정밀 묘사에 긴 시간 치중하는 대신 즉흥적으로 그리고 직관적으로 일회성의 붓 터치 한 번만으로 구름을 획 감아 원상(圓相)을 만든다. 그렇게 생긴 둥근 달은 오히려 허(虛)가 되고 주변의 비어 있는 공간은 실(實)이 된다.

선가에서는 지월론(指月論)이라 하여 '달을 가리키면 달을 봐야지 손가락 끝은 왜 보고 있냐.'라고 하며 진리를 지시하는 언어에 매이지 말고 본질을 곧바로 볼 것을 강조한다. 여기서의 달은 진여 자체이다. 손가락은 『금강경(金剛經)』에서 말한 '뗏목의 비유'에서의 바로 그 뗏목이다. 즉 강을 건너면 버려야 할 것에 불과한 언어·문자이다. 달을 홍운탁월의 방식으로 비워두는 형태의 화법(畵法)이 탄생한 배경에는 진리의 세계를 '허(虛)'나 '공(空)'으로 파악할 수 있었던 깨침의 체계가 근저에 있었을 것이다. 언어로써 언어를 버리는 '이언견언(以言遣言)', 내지는 말을 하면서도 말에 떨어지지 않는 '불탈부점(不脫不黏)'의 선(禪)의 기경(機境) 또한 허사 '이(而)'로 표현될 수 있다.

한자에 있어서 허사의 사용은 그 자체가 진리의 한 현현 방식이었을 게 분명하다. '이(而)' 자를 사용하는 것은 달 자체를 그리지 않고 달무리를 그리는 것과 정확히 동일한 구조이다. 중용을 중용 자체로 드러내지 않고 '이' 자를 통해서 드러내는 언어의 패턴 자체가 탁월한 방편설법인 것이다. 달 자체를 아무리 잘 그려봐야 진짜 달이 아니듯이 중용을 실사로 아무리 잘 표현해도 의미의 전달에 있어서는 이미 왜곡이 존재한다. 그림을 그리는 데에 사용한 '홍운탁월'의 방식과 문장을 짓는 데 사용된 '허사'의 용법은 동궤를 걷는 동양 문화의 공통된 코드로 볼 수 있겠다.

허사의 의미망은 늘 곧장 드러나서 확 다가오는 뭔가가 없다. 순접인지 역접인지 애매하고 모호하다. 역순자재(逆順自在)한 '이(而)' 자의 그 애매모호함 때문에 대립이 통섭될 수 있다. 상호병렬적인 'A而B' 이거나 상호대립적인 'A而 ~ A' 이거나 '이'는 늘 시소라는 놀이기구의 중심과도 같이 일음일양(一陰一陽)하는 양변의 움직임에서 중심추와 저울대가 되어 권도(權道)를 행사한다. 역동적 평형운동을 통해 양변을 넘나들면서 조절하는 '이'에서 연기의 묘용이 발견된다. '이'가 시중(時中)하고 '이'가 외통수를 균형 잡아 시조지의(時措之宜)를 베푼다. 이를 '이(而) 자 연기(緣起)'[047]라고 명명해 두자.

서양의 경우엔 널뛰기나 시소보다 테니스 경기로 이를 유비했던 것이 떠오른다. 두 사람이 정확히 마주 보고 정(正)과 반(反)으로 나뉘어 코트를 사이에 두고 자신은 그대로 있으며 공을 서로 주고받는 가운데 주심이 합리성으로 판정하고 최대한 객관적으로 평가한다. 이는 헤겔이 말하듯 변증법적으로 지향(Aufheben)되는 것, 연관과 관계의 연기와 상호유기체적 인식보다는 모순과 투쟁이 더 두드러지는 것이 서구적 실사의 세계인데 이러한 그들에게 '이 자 연기'는 부족해 보인다.

풍우란은 '이 자 연기'를 '무극이태극(無極而太極)' 논의에도 다

---

047 이 책에서 사용하고 있는 '이(而) 관계성 사유'와 '이(而) 자 연기(緣起)'라는 명칭, 그리고 '이에 중용이 있다'는 명제는 1990년대부터 지속해 온 동양 학술에 대한 고민과 화두에 대한 나름의 자답(自答)으로 필자가 임의로 명명하고 사용한 것임을 밝혀둔다.

음과 같이 적용한다.

> '무극이태극(無極而太極)'은 무극(無極)의 기(氣)가 태극(太極)의 리(理)를 향하는 운동을 표시한 것으로 이 운동은 기가 리에 따라 자신의 규정성을 얻어서 구체 사물이 되는 과정으로 볼 수 있다. '무극이태극'이라 할 때의 '이(而)'의 개념은 무극과 태극의 관계와 작용을 표시하는 것으로, 이러한 관계와 작용의 실질 내용은 무극이 태극을 따르는 것이며, 기가 리를 따르는 것이다. 여기에서 이른바 '따른다'고 하는 것은 하나의 과정이며 운동으로, '이'의 개념은 바로 이런 운동 및 과정을 표시한 것이다. 그래서 풍우란은 "'무극이태극'에서의 '이'는 바로 도이다."라고 말하는 것이다.[048]

풍우란은 급기야 "'무극이태극'에서의 '이(而)'는 바로 도이다."라고 말하기에 이른다. 그만큼 '무극이태극'에서 '이'의 존재가 매우 중요한 역할을 한다고 본 것이다. 여기에서 '이'의 역할이 다른 그 어떤 문장에서보다 더 중요하게 부각되는 것은 사실이다. '이'의 중요성은 중국철학사에서 '이'의 함의를 둘러싸고 치열한 논쟁이 있었던 사실을 통해서도 확인할 수 있다.

---

048 鄭家棟 지음, 한국철학사상연구회 논전사분과 옮김, 앞의 책, 326쪽.

이 구절로 논쟁을 벌였던 육상산과 주자의 일화는 유명하다.[049] 육상산은 무극과 태극을 선후 관계로 파악하여 '무극으로부터 태극이 나왔다〔自無極而爲太極〕.'[050]라고 보았다. 반면 주자는 "하늘의 일은 소리도 없고 냄새도 없으나 실로 조화(造化)의 중추이며, 만물의 근본이 된다. 그러므로 무극이면서 태극이라고 한 것이니, 태극 밖에 따로 무극이 있는 것은 아니다."라고 하였다.[051]

주자는 '무극이태극' 구절을 고집하여 '이(而)' 자를 가볍게 읽을 것을 강조하면서 순서로 보지 않아야 하고 단지 한 구절이라 주장하였다.[052] 즉 태극과 무극의 관계를 선후의 순서로 보지 않고 단순한 '이 자 연기'로 보아 '이'의 중용이 실현된 구절로 본 것이다. 자칫 무극과 태극을 별개의 실체로 생각하여 상호모순 혹은 대립된 존재로 파악할 수 있으므로 무극과 태극이라는 실사를 허사 '이'

---

049 주자와 육상산 사이에 길게 진행되었던 태극논쟁은 뚜렷한 결론을 보지 못하고 상호 간의 의견 차이를 확인하는 차원에서 종료되었다. 주자가 "自無極而爲太極"에서 '자(自)'와 '위(爲)'를 의도적으로 삭제하였다는 모기령(毛奇齡), 후외려(候外廬), 장입문(張立文)의 주장과 이에 대한 반대 견해에 관해서는 다음 논문을 참조. 김병환, 「"自無極而爲太極"인가, "無極而太極"인가」, 『퇴계학보』 93호, 퇴계학연구원, 1997.

050 勞思光은 태극도설에서 사용된 '이(而)' 자를 분석하여 '이' 자가 선후의 순서를 의미하기에 무극이 태극에 선행하는 실체 개념이라고 하였다. 勞思光 著, 鄭仁在 譯, 『중국철학사(송명편)』, 탐구당, 1992, 421~439쪽.

051 주희 지음, 곽신환 외 옮김, 『태극해의』, 소명출판, 2009, 90쪽. "太極圖說解 : 上天之載, 無聲無臭, 而實造化之樞紐, 品彙之根柢也. 故曰無極而太極, 非太極之外復有無極也."

052 『朱子語類』 94卷, "無極而太極, 此而字輕, 無次序故也", "無極而太極, 只是一句."

자의 연기적 관계로 회통시킨 것이라고 할 수 있다. 주자의 제자 북계 진순(北溪 陳淳)이 "태극 밖에 따로 무극이 있는 것이 아니다〔非太極之外復有無極也〕."[053]라고 한 말 역시 이러한 의미를 강조한 것이다.

그런데 여기서 문제가 되는 것은 풍우란의 무극(無極)이 기(氣)라는 말이다. '무극이태극' 구절에서 '이(而)' 자를 중시하고 그 공능을 발견한 것에 대해서는 그 심안을 인정해 줄 수 있으나 그것을 무극인 기(氣)가 태극인 리(理)로 운동하는 과정으로 본 것에 대해서는 수긍하기 어렵다.

풍우란은 "내가 육경을 주석한다〔我注六經〕."에서부터 "육경이 나를 주석한다〔六經注我〕."의 과정을 거쳤다고들 하며, 철학사가에서 철학자에 이르고 철학 연구에서 철학 창작으로 이르렀다는 평가를 받는데[054] 이 대목에 있어서는 이기(理氣) 개념에 너무 집착하여 과도한 철학 창작으로 빠진 것이 아닌가 생각된다. 무극이 기라는 말은 확실히 과오를 범한 것으로 생각된다.

주자는 "태극은 리일 뿐이다〔太極只是皆理〕."[055]라고는 분명히 못을 박았지만 그 어느 곳에서도 무극이 기(氣)라는 말을 한 적은 없다. 주렴계(周濂溪) 이전에 유종원(柳宗元)과 소강절(邵康節)이 무극을 다른 의미 맥락에서 기로써 말한 적은 있었지만 '무극이태극'에

---

053 주희 지음, 곽신환 외 옮김, 앞의 책, 99쪽.

054 鄭家棟 지음, 한국철학사상연구회 논전사분과 옮김, 앞의 책, 295쪽.

055 주희 지음, 곽신환 외 옮김, 앞의 책, 94쪽.

대해서는 주렴계 이후부터는 오직 리(理)로써 말했다고 진순이 분명히 언급하고 있다.[056]

주자의 『근사록(近思錄)』도, 퇴계의 『성학십도(聖學十圖)』도 그 시작은 '무극이태극'이다. 즉 '무극이태극'은 송대(宋代) 성리학 이후엔 유가의 최초구(最初句)가 되었다. 최초구라는 말은 근본자리 혹은 본래면목 자리를 일컫는 선어(禪語)이다.

자석의 N극(적색)과 S극(청색)[057]의 가운데 부분에는 철 가루가 모이지 않는다. 바로 이곳이 곧 무극이면서 태극인 '무극이태극' 자리인 것이다. 여기에서 중요한 것은 무극과 태극을 리(理)와 기(氣) 같은 상대적인 별도의 실체로 파악하여 분석해서는 알 수 없다는 것이다. 이 자리는 입을 열면 그르치는 '개구즉착(開口卽錯)'의 세계임과 아울러 입을 열기도 전에 그르치는 '미개구착(未開口錯)'의 세계인 것이다. 무극과 태극 자체의 파악보다 더 중요한 것이 바로 무

---

056 주희 지음, 곽신환 외 옮김, 위의 책, 99쪽.

057 지구는 거대한 하나의 자석으로 중력과 자기장이 지배하고 있고 인간의 삶의 마당〔場, field〕은 이와 같은 음양이라는 시스템 안에서 펼쳐지고 있다. 음양의 양변(兩邊), 대대(待對), 분별(分別)적 사유는 남녀의 구분에 이르러는 더욱 고착되기 마련이다. 시비(是非)와 선악(善惡)에 있어서는 그나마 중용을 잘 유지할 수 있을지 모르나 남녀의 관념에 있어서는 남자이기도 하면서 여자이기도 하거나, 남자도 아니면서 여자도 아닌 유형의 인간을 만나기 어렵기 때문에 지구내적인 존재에게 있어서는 태극이나 무극의 '일(一)'이나 '공(空)'은 음양이나 건곤(乾坤)의 '이(二)'보다 깨닫기가 훨씬 난해하다. 제5장에서 다시 언급하겠지만 탄허 선사가 "태극을 깨닫는 것이 바로 각(覺)"이라고 했던 이유를 깊이 생각해 보아야 한다. 그러므로 중용 혹은 중도는 유교, 불교 모두 최상의 성인이 성취한 대도이자 도학군자가 기필코 도달하고자 하는 최상의 경지가 되는 것이다.

극과 태극이 '이(而)' 한 글자로 관계를 맺고 있고, 그 허사의 자리엔 철 가루가 모이지 않는다는 사실이다. 철 가루가 전혀 모이지 않은 것으로 보자면 '무극'이지만 그렇다고 하더라도 그것은 하나의 자석인 '태극'인 것이다. 그러므로 '이' 한 글자에 불리부잡(不離不雜)의 중용이 다 들어 있다고 해도 과언이 아니라는 것이다.

여기서 잠시 중용일구(中庸一句)들이 이 자 연기로 적립되어 있는 다음의 『중용』 27장을 한번 살펴보자.

> 君子 尊德性而道問學, 致廣大而盡精微, 極高明而道中庸, 溫故而知新, 敦厚以崇禮.
> 군자는 덕성을 높이고 학문을 말미암으니, 광대함을 지극히 하고 정미함을 다하며, 고명함을 다하고 중용을 따르며, 옛것을 잊지 않고 새로운 것을 알며, 후함을 돈독히 하고 예를 높이는 것이다.

주자는 여기에서 풍우란과는 달리 "존덕성이도문학(尊德性而道問學)"으로 『중용』 전체를 아우르고 있다. 그는 존덕성(尊德性)과 도문학(道問學)이 아래 다섯 구절의 강령이 된다고 했다.

『중용』은 "처음에는 한 이치를 말하였고 가운데에 흩어져 만사가 되었고 끝에는 다시 합하여 한 이치가 되었다고 했는데"[058] 그

---

058 『中庸章句集註』, "始言一理, 中散爲萬事, 末復合爲一理."

한 이치는 천명지성(天命之性)인 까닭에 처음부터 끝까지 '성(性)' 한 글자를 말한 것으로 보자면 '존덕성'이야말로 『중용』 전체의 대지로 보는 것이 바람직할 것이다.

주자는 "존덕성은 마음을 보존하여 도체의 큼을 다하는 것이요, 도문학은 지식을 지극히 하여 도체의 세세함을 다하는 것이다. 이 두 가지는 덕을 닦고 도를 모으는 큰 단서이다."[059]라고 했다. 또한 "'존덕성이도문학'의 한 구절은 아래에 있는 다섯 구절의 강령이니, 위의 단락은 모두가 대강의 공부이고 아래 단락은 모두 세밀한 공부이다. 치광대(致廣大)·극고명(極高明)·온고(溫故)·돈후(敦厚)는 '존덕성'이고, 진정미(盡精微)·도중용(道中庸)·지신(知新)·숭례(崇禮)는 바로 '도문학'이다."[060]라고 했다.

즉 주자는 "존덕성이도문학" 일구로 『중용』 전체를 통섭하고 있다. 이 역시 '이(而) 연기성 사유'의 좋은 본보기가 된다 하겠다.

'이일이분수(理一而分殊)' 역시 그러하다. '일이이(一而二), 이이일(二而一)' 또한 그러하다. 이일과 분수는 통체일태극(統體一太極)과 각구일태극(各具一太極)이 '이(而)' 한 글자로 상호 갈마들고 있는 관계를 맺고 있다. 이것은 실체적 사고가 아닌 연기적 사고라야 이해

---

059 『中庸章句集註』, "尊德性 所以存心而極乎道體之大也, 道問學 所以致知而盡乎道體之細也. 二者 修德凝道之大端也."

060 『中庸大全』, "朱子曰, 尊德性而道問學一句, 是綱領下五句, 上截 皆是大綱工夫, 下截 皆是細密工夫. 致廣大 極高明 溫故 敦厚 此是尊德性, 盡精微 道中庸 知新 崇禮 此是道問學." 김수길 역, 『집주완역 中庸 (上)』, 대유학당, 2008.

가능한 것이다.

"이로(理路)에 관계되지 않고 언전(言詮)에 떨어지지 않으면서〔不涉理路 不落言詮〕", "말 가운데 말이 없는 것을 활구라고 하는〔語中無語 名爲活句〕" 보이지 않는 은미(隱微)한 세계가 바로 '이 자 연기'의 세계이다. 세상의 모든 양변과 대대가 '이(而)' 자 앞에서 자기정체성을 내려놓고 용해될 때 소통과 화해와 같은 말들이 자칫 가지기 쉬운 실(實)의 의미 과잉의 위험을 뛰어넘어 허(虛)의 은미한 안락함이 확보되는 것이다.

유교의 핵심은 '중(中)'이며, '중'은 '이(而)' 한 글자에 포섭될 수 있다. 동양학은 '중'이자 '이'이다. 동양학은 '중'의 실학(實學)과 허학(虛學)이자 동시에 '이'의 실학과 허학이다. '이 관계성 사유'의 묘오견기(妙悟見機)의 직관과 별취(別趣), 그리고 허의 활구(活句)는 존재(Being)의 시대에서 생성(Becoming)의 시대로, 실체(實體)의 시대에서 연기(緣起)의 시대로의 축의 전환[061]을 반영하고 있다. 동양학의 핵심이 '중'에 있다고 했던 것은 바로 그 '실(實)'이 '허(虛)'의 연기를 바탕으로 하기 있기 때문에 치원(致遠)할 수 있는 것이다.

---

061 이와 관련한 서양에서의 연기적 세계관의 반영에 관한 내용은 문광, 「동양을 배우는 과정으로서의 서양사상사 : 조이너 메이시 저, 『불교와 일반시스템이론』 서평」, 『문학 사학 철학』 10호, 한국불교사연구소, 2007, 10쪽 참조.

3
『중용』 수장에 체요(體要)가 있다

이 책에서 대상으로 삼는 것은 『중용』의 수장으로 그 원문은 아래와 같이 짤막한 세 단락에 불과하다.

(1) 天命之謂性, 率性之謂道, 脩道之謂教.

(2) 道也者, 不可須臾離也, 可離非道也. 是故君子戒愼乎其所不睹, 恐懼乎其所不聞. 莫見乎隱, 莫顯乎微, 故君子 愼其獨也.

(3) 喜怒哀樂之未發謂之中, 發而皆中節謂之和. 中也者, 天下之大本也, 和也者, 天下之達道也. 致中和, 天地位焉, 萬物育焉.

지나간 긴 세월 동안 이 짧은 몇 구절을 토대로 얼마나 많은 주석과 담론들이 오갔는지 모른다. 이 간단한 언설 가운데 동양의 의상(意象)과 지취(志趣)가 모두 온축(蘊蓄)되어 있으니 『중용』 1장의 용어처럼 과연 지극히 '은미'[062]하다 할 만하다. 두유명은 『중용』에 들어 있는 사유 양식은 지금까지도 현대 중국의 다양한 철학적 사

---

062 『중용장구』 12장에서는 "君子之道, 費而隱."이라고도 표현했다.

유의 결정적 특성을 보여준다고 지적하며 다음과 같이 말한다.

> 크릴의 주장은 매우 흥미롭다. "선불교 신자들이 자신들의 교리가 일반 대중들에게는 공유되지 않는 붓다의 비밀스런 가르침이라고 주장하는 것처럼, 어떤 신유학자들은 『중용』이 공자의 비밀스런(esoteric) 가르침을 담고 있다고 주장한다." 비록 『중용』이 '비밀스럽다'는 크릴의 주장에 동의하기는 어렵더라도 『중용』의 천인합일(天人合一)에 대한 몇 가지 논의들은 그 성격상 '신비스럽다(mystical)'는 것을 나는 충분히 알고 있다.[063]

그렇다면 비밀스럽다거나 신비스럽다는 표현까지 듣는 『중용』 수구(首句)를 살펴보자.

(1) 하늘이 명한 것을 '성(性)'이라 하고, 성을 따르는 것을 '도(道)'라고 하고, 도를 닦는 것을 '교(教)'라고 한다〔天命之謂性, 率性之謂道, 修道之謂教〕.

이 유명한 그리고 이 중요한 구절에 대한 정확한 분석을 위해서 청대(清代) 학술을 대표하는 학자 가운데 한 명인 대진(戴震)의

063 뚜웨이밍 지음, 앞의 책, 251쪽.

『맹자자의소증(孟子字義疏證)』에서의 '지위(之謂)'와 '위지(謂之)'에 대한 명쾌한 변별을 소개한다.

> 옛사람의 말 중에서 '지위(之謂)'와 '위지(謂之)'는 차이가 있다. '지위'라는 말은 위에서 지칭한 것으로 아래를 해석한 것이다. 예를 들어 『중용』의 "하늘이 명한 것을 '성'이라 하고〔天命之謂性〕, 성을 따르는 것을 '도'라고 하고〔率性之謂道〕, 도를 닦는 것을 '교'라고 한다〔修道之謂教〕."는 말은 '성'·'도'·'교'를 위해서 말한 것이니, "'성'이란 것은 하늘이 명한 것을 말한다〔性也者 天命之謂〕, '도'라는 것은 성을 따르는 것을 말한다〔道也者 率性之謂〕, '교'라는 것은 도를 닦는 것을 말한다〔教也者 修道之謂〕."라고 하는 것과 같다. 『주역』에 "한 번 양이 되고 한 번 음이 되는 것을 '도'라고 한다〔一陰一陽之謂道〕."고 한 것은 천도를 위해서 말한 것이니, "'도'라는 것은 한 번 음이 되고 한 번 양이 되는 것을 말한다〔道也者 一陰一陽之謂〕."라고 하는 것과 같다.
>
> '위지'라는 말은 아래에서 지칭한 이름으로 위의 실제적 내용을 구별하는 것이다. 예를 들어 『중용』의 "성실함으로부터 밝아지는 것을 '성'이라고 하고〔自誠明謂之性〕, 밝음으로부터 성실하게 되는 것을 '교'라고 한다〔自明誠謂之教〕."는 말은 '성'과 '교'를 위해서 말한 것이 아니고, '성'과 '교'를 가지고 '성실함으로부터 밝아지는 것'과 '밝음으로부터 성실하게 되는 것'

두 가지를 구별한 것일 뿐이다. 『주역』의 "형이상자를 '도'라고 하고〔形而上者謂之道〕, 형이하자를 '기'라고 한다〔形而下者謂之器〕."는 본래 '도'와 '기'를 위해서 말한 것이 아니고 '도'와 '기'를 가지고 '형이상'과 '형이하'를 구별한 것일 뿐이다.[064]

대진의 위의 분석은 고문헌을 이해하는 데 매우 유익한 해석학적 지평을 열어준다. 즉 『중용』 수구인 '천명지위성(天命之謂性)'은 '성야자 천명지위(性也者 天命之謂)'의 도치 구문이며, 이는 곧 '성(性)'을 정의하는 문장이라는 뜻이다. 다시 말해서 'B之謂A' 구문은 A를 정의(definition)[065]하기 위한 구문이라는 것이다. 즉 '천명(天命)=성(性)'의

064　戴震 지음, 임옥균 옮김, 『孟子字義疏證·原善』, 홍익출판사, 1998, 76~77쪽. "古人言辞, 之謂謂之有異, 凡曰之謂, 以上所稱解下, 如中庸 天命之謂性, 率性之謂道, 修道之謂教, 此爲性·道·教言之, 若曰性也者 天命之謂也, 道也者 率性之謂也, 教也者 修道之謂也. 易一陰一陽之謂道, 則爲天道言之, 若曰道也者 一陰一陽之謂也. 凡曰謂之者, 以下所稱之名辨上之實, 如中庸 自誠明謂之性, 自明誠謂之教, 此非爲性教言之, 以性教區別自誠明自明誠二者耳. 易形而上者謂之道, 形而下者謂之器, 本非爲道器言之, 以道器區別其形而上形而下耳."

065　'정의(definition)'라는 표현은 서구적인 논리 구조 안에 동양을 넣어 보려는 끊임없는 물음들 속에서 도출되는 현대적 표현일 뿐이지 동양에서는 서구 논리학과 같은 형태로 정의를 내리는 방식의 대응은 잘 없는 것 같다. 대진(戴震)은 '稱之名辨上之實'이라 하였는데 그럼에도 필자가 '정의'라는 표현을 썼던 것은 특별한 강조의 용법임이 분명하기 때문이다. '천명지위성'은 정확한 개념이라기 하기에는 '성(性)'을 반드시 '천(天)'과의 관계성 속에서 개념화하고자 하는 의도이므로 개념이되 실체적 개념은 아닌 것으로 보이며, '성'을 '천'과 관계 지어 설명함으로써 외재의 '천'을 내면의 '성'으로 온전히 흡입하면서, 내면의 '성'을 외재의 '천'으로 확장시키는 상호 과정 역시 존재한다고 하겠다.

공식이 성립되게 만들어 주는 용법이 바로 '지위' 구문인 셈이다.

이와는 달리 'A謂之B'의 구문은 A에 위치한 내용을 구별하고 설명해 주기 위한 구문이라는 것이다. 『주역』의 유명한 구절인 "형이상자위지도, 형이하자위지기(形而上者謂之道, 形而下者謂之器)"는 도(道)와 기(器)를 정의하기 위한 문장이 아니라 도와 기를 설명하고 변별하기 위한 '형이상(形而上)'과 '형이하(形而下)'라는 말이 더 중요한 의미를 갖는다는 뜻이다.

그렇다면 『중용』의 첫 문장은 성(性)과 도(道)와 교(教)에 대해 정의를 내린 것이 된다. 유교와 관련된 사전을 편찬한다고 가정한다면 『중용』의 첫 문장은 바로 사전적 정의로 곧바로 인용될 수 있는 문장이 되는 것이다.

공자의 제자 자공(子貢)은 "선생님의 문장은 얻어들을 수 있지만 선생님께서 성(性)과 천도(天道)를 말씀하신 것은 얻어들을 수 없었다."[066]라고 했다. 공자에게 얻어들을 수 없다고 했던 '성(性)'과 '천도'에 대해서 정확히 정의 내려준 텍스트가 바로 『중용』이니 이 문헌이 유가에서 차지하는 위상이 얼마나 중요했을지는 더 이상의 설명이 필요치 않을 것이다.

『논어』의 구조는 '학(學)'에서 시작해서 '명(命)'으로 끝나는 구조를 가지고 있다. 군자가 나아가야 할 길은 나이 15세에 학에 뜻을

---

066 『論語·公冶長』, "夫子之文章, 可得而聞也, 夫子之言性與天道, 不可得而聞也."

두고 일평생 호학(好學)의 길을 중도지폐(中道之廢)하지 않고 일관되게 걸어서 50세가 되어서는 천명을 아는 것에 도달해야 한다는 것이다.[067] 그것을 다시 한번 강조한 말이 바로 『논어』의 대미를 장식하는 "명을 알지 못하면 군자라고 할 수 없다."[068]라는 언명이다. 『논어』를 편집한 공자 후학들의 메시지는 이처럼 분명하고 명백했다.

『중용』은 군자로서 마땅히 알아야 할 '천명'에 대해서 단도직입적으로 정의를 내리며 시작한다. 『중용』이 동양학의 핵심 경전으로 손꼽힐 수 있는 매력이 바로 여기에 있다. 공자가 강조한 '지천명(知天命)'은 곧 '지성(知性)'이며, 맹자가 강조했던 "마음을 다하고 성품을 안다〔盡其心 知其性〕."[069]는 것은 '지천명'이라는 의미 맥락은 『중용』 첫 구절의 '천명=성(性)'의 관계 규명을 통해 상호 발명(發明)되는 것이다.

이렇듯 『중용』에서 본격적으로 제기된 천명지성의 문제는 중화설과 결부되면서 동양철학의 주요한 논제로 자리 잡게 되고, 향후 선불교에서 말하는 불성론(佛性論)과 상호 착종되는 과정을 거치면서 후대의 무수한 담론을 형성하는 계기가 된다.

다음은 일용지간에 늘 각성할 것을 촉구하고 있는 『중용』의 두

---

067 『論語·爲政』, "子曰, 吾十有五而志于學, 三十而立, 四十而不惑, 五十而知天命, 六十而耳順, 七十而從心所欲, 不踰矩."

068 『論語·堯曰』, "子曰, 不知命, 無以爲君子也. 不知禮, 無以立也. 不知言, 無以知人也."

069 『孟子·盡心上』, "孟子曰, 盡其心者, 知其性也. 知其性, 則知天矣."

번째 구절이다.

(2) 도(道)라는 것은 잠시도 떠날 수 없는 것이니, 떠날 수 있다면 도가 아니다. 이런 까닭으로 군자는 그 보지 않는 바에도 계신(戒愼)하고 그 듣지 않는 바에도 공구(恐懼)하는 것이다. 숨어 있는 것보다 드러남이 없으며 은미한 것보다 나타남이 없으니 그러므로 군자는 그 홀로를 삼가는 것이다〔道也者, 不可須臾離也, 可離非道也. 是故 君子戒愼乎其所不睹, 恐懼乎其所不聞. 莫見乎隱, 莫顯乎微, 故君子 愼其獨也〕.[070]

두유명은 이 구절에 대해서 "길〔道〕과 우리의 평범한 생활이 분리될 수 없다는 사실을 강조하는 간단한 말투이다."라고만 설명하고 있다.[071] 한편으로는 타당한 말이지만 한편으로는 간단하기만 한 일이 아니다.

필자는 20대 10년 세월을 이 문장 때문에 번민하다가 출가까지 감행했다. 여기서 말하는 '도(道)'는 앞에서 분명 '솔성(率性)'을 이어받은 말이다. 즉 천명지성을 따르는〔循〕 것을 말한다. 찰나의 순간도 근본 성품을 따르지 않으면 안 된다는 이 엄한 가르침이 어

---

070 이 번역은 성백효 선생의 것을 참조하여 조금 바꾸었다. 성백효 역주, 『大學·中庸集註』, 전통문화연구회, 1993, 60쪽.

071 뚜웨이밍 지음, 앞의 책, 231쪽.

떻게 간단한 말투이겠는가? 조선조 선비들에게 계신공구(戒愼恐懼)와 신독공부(愼獨工夫)를 목숨같이 여기게 만든 그 장본인이 바로 이 문장이었으리라. 숨어 있는 것보다 더 드러나는 것이 없다는 이 말씀 앞에서 누가 숙연해지지 않을 수 있겠는가? 심지어는 다시금 "방 모퉁이에도 부끄럽지 않게 한다[不愧于屋漏]."[072]라는 표현으로 신독을 재차 강조하고 있다. 『대학(大學)』의 '수신위본(修身爲本)'이라는 말과 함께 동양의 공부론(工夫論)의 전모가 이 구절 속에 담겨 있다고 해도 과언이 아니다. 오늘날 발길 닿는 곳마다 CCTV와 대면해야 함은 바로 이 신독의 경공부(敬工夫)를 저버린 현대세계의 공업(共業)의 과보가 아닐까 생각된다. 유가의 수신(修身) 프로그램의 현대적 재정립이 절대적으로 필요한 원인도 여기에 있다.

'도는 잠시도 떠날 수 없다'는 것은 솔성, 즉 내가 늘 천명의 성을 따라야 한다는 언명으로 수도(修道)와 붙어 있는 말이다. '떠날 수 있으면 도가 아니다'는 것은 천명지성은 인간이면 누구나 본유(本有)한다는 것을 말하는 것으로 두유명의 말처럼 도가 우리네의 일상과 떨어져 있지 않다는 말이기도 하다. 성선설(性善說)의 근거도 바로 이런 구절이 될 것이다.

그러나 천명인 '성(性)'을 따라야 한다는 '솔성'과 본래 그 '성'을 애초에 지니고 있다는 '본유(本有)'의 양자 사이에는 상당히 곤혹스

---

072 『중용장구』 33장에서 『시경』 시를 인용하여 다음과 같이 신독의 경(敬)공부를 재차 강조하고 있다. "詩云, 相在爾室, 尙不愧于屋漏, 故君子 不動而敬, 不言而信."

런 괴리가 존재한다는 것을 고백하지 않을 수 없다. 불교식으로 말하자면 '여래장(如來藏)'이란 말이 있듯이 사람이면 누구나 불성(佛性)을 가지고 있긴 하지만 그 '성'을 모두 온전히 발현시키지 못해서 부처가 되지 못하는 현실이 엄연히 존재하는 것과 같은 이치이다. 선가의 비유처럼 내 근본 성품은 내가 가지고 있으니 내 맘을 내 맘대로 쓰는 일인 까닭에 쉽기로 말하자면 세수하다 코 만지는 것만큼이나 쉬운 일이지만, 어렵기로 말하자면 '도봉타월(棹棒打月)'이라 하여 몽둥이로 달을 때리는 격으로 쉽게 될 듯하면서도 잘 안 되는 어려움이 있다. 그러므로 '불가수유리(不可須臾離)'라는 말속에 존재하는 '솔성'의 당위는 깊은 성찰을 요구하는 무게감이 내재하는 것이다.

두유명이 간단한 말투라고 했을 때는 본유의 경우에 한정해서 하는 말이지만 어렵기로 말하자면 3아승지겁을 닦아도 본래 성품을 모두 다 발현시키지 못하는 수고로움까지도 함장된 언설임을 잊지 말아야 한다.

『중용』 텍스트 내부에서만 한정해서 보더라도 '순수해서 또한 그치지 않는다'의 순역불이(純亦不已)와 '지극하게 성실하여 쉼이 없다'는 지성무식(至誠無息)과 '스스로 굳세어 쉬지 않는다'는 자강불식(自强不息)과 성인의 덕이 '천지와 짝한다'는 배천(配天)과 같은 말들은 모두 이 '불가수유리'와 관련된 언구들로 볼 수 있다.[073] 『주역』의 항괘(恒卦) 역시 이와 밀접한 관련이 있음은 당연하다 하겠다.

---

073 憨山 述, 覺性 講解, 『中庸直指』, 統和叢書刊行會, 1998, 680~683쪽.

지욱 선사의 성수불이(性修不二) 사상에 입각해서 본다면 누구나 천명의 '성(性)'이 본래 갖추어진 것은 하늘의 도〔天之道〕로서 '성자(誠者)'에 해당하고, 그 성(性)을 따르는 솔성의 닦음인 '수(修)'의 차원에서는 인간의 도〔人之道〕인 '성지자(誠之者)'에 해당한다고 볼 수 있을 것이다.[074]

이 문장이 더욱 무게감을 갖는 이유는 뒤이어 등장하는 미발·이발의 치중화(致中和) 구절 때문이다. 잠시도 도를 떠나서는 안 된다는 언급에 이어 희로애락(喜怒哀樂)이 발하지 않는 중(中)과 발했다면 모두 절도에 들어맞는 화(和)를 통달해야 한다고 말하고 있다. 그래야만 천지가 자리를 잡고 만물이 생육할 수 있다고 하니 찰나의 순간에도 중화를 벗어나서는 안 된다는 엄중한 요청이다. 『중용』 1장만으로도 종신공부(終身工夫)의 대단(大緞)이 갖추어지는 셈이다. 이어 이 책의 논의 중심에 있는 다음의 주제 문장을 살펴본다.

(3) 희로애락이 발하지 않은 것을 '중(中)'이라 하고, 발하여 모두 절도에 맞는 것을 '화(和)'라고 한다. '중'은 천하의 대본(大本)이요, '화'는 천하의 달도(達道)이다. '중'과 '화'를 지극히 하면 천지가 제자리를 잡고 만물이 생육될 것이다〔喜怒哀樂之未發謂之中, 發而皆中節謂之和. 中也者, 天下之大本也, 和也者, 天下之達道

---

074 『중용장구』 20장에 보면 "誠者, 天之道, 誠之者, 人之道."라고 나오고 있다. 지욱 선사의 성수불이(性修不二)에 관해서는 금장태, 『불교의 유교경전 해석 : 憨山과 智旭의 四書禪解』, 서울대 출판부, 2006, 122~130쪽 참조.

也. 致中和, 天地位焉, 萬物育焉〕.

앞에서 대진이 제시한 훈고(訓詁)상의 '지위'와 '위지'의 차이점에 의거해서 보자면 '희로애락지미발(喜怒哀樂之未發)'이나 '발이개중절(發而皆中節)'은 '중(中)'과 '화(和)'의 정의는 아님을 알 수 있다. 그것은 '지위'가 아니라 '위지'로 문장이 연결되어 있기 때문이다.

'위지'의 용법이 아래에서 지칭한 이름으로 위의 실제적 내용을 변별하는 것〔以下所稱之名辨上之實〕이며 두 가지를 구별하는 것〔區別二者〕에 있기 때문에 '중(中)'과 '화(和)'보다 '희로애락지미발'과 '발이개중절'의 변별과 설명이 훨씬 더 중요한 의미를 가지게 되는 것이다. 그것은 마치 앞에서 언급한 것과 같이 '도(道)'와 '기(器)'보다 그것을 설명하고 변별하기 위한 '형이상'과 '형이하'라는 말이 더 중요한 의미를 갖는 것과 같은 이치이다.

『중용장구대전(中庸章句大全)』에도 "위지와 지위는 같지 않은 것이니 첫 절에 등장하는 세 번의 '지위'는 이러한 명칭이 있어서 실제로 명칭을 정한 것〔有是名稱而實之也〕이고, 두 번의 '위지'는 그 지위에 의거하여 지목해서 말한 것〔據其地位而木之也〕이다."라고 하였다.[075]

결국 '미발'과 '이발'의 분별에 강세가 놓인다는 뜻인데, 이 문제

---

075 명대(明代)의 퇴암 등림(退菴 鄧林)이 강의하고 그의 제자 두기원(杜起元)이 보충한 '비지보주(備旨補注)'에서 "謂之與之謂不同, 首節三之謂, 有是名稱而實之也, 此兩謂之, 據其地位而木之也."라 하였다. 여기에서 세 번의 '之謂'는 "天命之謂性, 率性之謂道, 脩道之謂教."를 가리키고, 두 번의 '謂之'는 "喜怒哀樂之未發謂之中, 發而皆中節謂之和."를 가리킨다. 김수길 역, 『집주완역 中庸 (上)』, 대유학당, 2008, 157쪽.

는 수세기 동안 유가 철학의 핵심 문제 가운데 하나를 차지해 왔다.[076] 이 중화논변 혹은 미발이발론은 참으로 지속적인 논쟁과 논변, 논란과 논점의 중심에 서 있었다.

미발과 이발 개념은 당(唐) 중기까지는 별다른 주목을 받지 못하다가 이고(李翺)가 『중용』을 기본 사상으로 삼아 『복성서(復性書)』를 지으면서부터 비로소 심성론에 도입되어 발전해 가기 시작했다.

송명유학의 심성론은 불교의 도전에 대한 응전으로서 그 해석의 방향과 발전은 불교의 자극으로부터 아주 많은 영향을 받았다고 볼 수 있다. 선도 생각하지 않고 악도 생각하지 않는〔不思善 不思惡〕 본래면목인 청정한 본성을 체인하는 것이 불교의 수행법이므로 이러한 삶의 경지와 수행의 방식을 유가의 입장에서 끌어안고자 했을 때 새롭게 대두되는 것이 바로 『중용』에 등장하는 '미발' 관념이었을 것이다.[077]

'미발'에 대한 유가에서의 방대한 새로운 해석은 필연적인 사태였을 것이다. 어쩌면 유가에서는 『중용』 1장의 중화 논의가 있어서 그 방대한 불가의 심성론을 감당할 수 있는 단초가 된다고 생각했을는지도 모른다. 주자가 사서(四書)에 『중용』을 포함시키고 『혹문(或問)』을 통해서 정초하고자 한 것은 바로 불교의 심성론과 수행관을 대자적(對自的)으로 생각하고 있었다는 단적인 증거가 될 수

---

076 뚜웨이밍 지음, 앞의 책, 233쪽.

077 陳來 지음, 전병욱 옮김, 『양명철학』, 예문서원, 2003, 118~119쪽.

있다. 송대 성리학의 심성론에서의 이발미발론이 불교의 영향을 받았다는 것은 진래(陳來)의 경우에서와 같이 거의 정설로 받아들여지고 있다.

중화설이 주자 철학의 형성에 있어 중요한 관건이 된다고 보기 시작한 것은 황종희(黃宗羲, 1610~1695)에서 유래된다. 그는 『송원학안(宋元學案)』의 『회옹학안(晦翁學案)』에서 중화설에 관련된 4개의 편지글을 발췌하여 싣고 있다.[078] 이후 중화설은 많은 연구자들에 의해 중시되어 왔다.

필자 역시 주자의 사상 형성에 있어 40세를 전후로 한 중화설의 정립이 그의 성리학 건립에 결정적인 역할을 했으며, 주자학(朱子學)의 전체 설계와 프레임이 새롭게 형성된 중화설에 의해서 구축된 것임을 인정한다. 중화설이 확정되는 중화신설이 40세에 정리됨으로 인해 향후 주자의 모든 철학적 담론이 이를 바탕으로 일관되게 전개되고 있기 때문이다. 그동안 이기론을 중심으로 연구해 오던 신유학 체계를 중화설, 특히 미발론을 중심으로 고찰해 보는 것은 불교와의 관련성, 나아가 보편적 인간의 심성에 대한 논의로의 활로를 여는 데 분명 가치가 있을 것으로 사료된다.

본 장 서두에서 동양학의 핵심이 '중(中)'에 있다고 하면서 '중'은 실제로 '중화'를 포괄하고 있음을 살폈다. 그것을 여기 미발·이발의 논의에 그대로 적용해 보자면 "미발이 이발을 포함하고 있

---

078 繆天綬 選註, 『宋元學案』, 臺灣 : 商務印書館, 1988, 263~269쪽.

다.”라고 볼 수 있다. 이 책에서 특별히 ‘미발’에 관심의 초점을 맞추고 있는 이유도 여기에 있다.

현대인들은 감정을 자유롭게 발산하는 데에서 주로 쾌(快)를 만끽해 왔다. 그동안의 억눌린 감정 운운하면서 다방면에서 자유롭고 직설적인 방법으로 정감을 거침없이 드러내는 것을 솔직하다고 인정해 왔던 것이다. 하지만 한편으로는 조심스럽게 이발의 시대에 미발의 운치를 추억하는 목소리 또한 곳곳에서 들려오기 시작한다. 실학(實學)의 시대에서 허학(虛學)의 시대로 귀거래(歸去來)하고자 하는 모션과 동궤(同軌)를 그리면서 말이다. 먹고 사는 문제인 현실 생활의 경세치용의 ‘실(實)’에 대한 관심 집중에서 ‘왜 사는가’와 관련된 인간 본연의 마음의 문제인 ‘허(虛)’에 대한 관심으로 서서히 시선이 분산되어 가고 있다. 이만하면 살만한데도 끊임없이 일어나는 복잡한 감정의 문제들, 내 마음을 나도 모르겠다는 ‘나’에 대한 질문들은 금발의 청안(靑眼)들을 좌복 위에 앉게 만들었고 한 마음 일어나지 않는 선정의 수련에 대한 관심과 질문을 쏟아내게 했다.

『중용』 1장에서 거론하고 있는 성(性)·도(道)·교(敎)와 계신공구(戒愼恐懼)의 신독(愼獨)과 미발·이발의 중화 문제는 인류가 ‘마음’을 가지고 사는 한 영원히 지속될 수밖에 없는 관건의 문제이다.

미발의 세계는 지혜의 세계이다. 제대로 눈을 뜨고 세상을 사는 방법이 여기에 담보되어 있다고 믿었던 선현들의 지적 궤적을 거슬러 올라가 보는 것은, 이미 세상에 나올 만한 것은 모두 나왔다고 외쳤던 후현대(後現代) 논의의 경구를 새삼 되새기지 않더라도 동양의 도학군자들이 늘 품었던 복기초(復其初)의 일상적 삶의 방식이었다.

유교의 골수는 이 담론에 거의 담겨 있다. 주자는 양구산(楊龜山)이 『중용』 제1장이 전서(全書)의 체요(體要)가 된다고 했던 말을 가져와 첫 장을 마무리 짓고 있다.[079] 하지만 어찌 『중용』 전체만의 체요라고 하겠는가. 『중용』 수장에는 동양학 전체의 체요가 담겨 있다. 아니, 감히 인류 문명 전체의 체요가 이 속에 고스란히 내재되어 있다고도 말할 수 있을 것이다.

선가에서는 수많은 성현의 말씀들 가운데에서도 낙처를 곧장 드러낸 최상승의 요의(了義) 설법을 찾아 들어가는 문(門)을 '경절문(徑截門)'이라 부르는데 이 『중용』 수장이야말로 유가의 체요를 담보한 경절문이라 할 만하다. 맹자의 '가운지장상(可運之掌上)'이라는

---

079 『中庸章句』, "이상은 제1장이다. 자사께서 전수한 바의 뜻을 기술하여 글을 지어, 맨 먼저 도의 본원이 하늘에서 나와 바뀔 수 없음과 그 실체가 자기 몸에 갖추어져 떠날 수 없음을 밝히셨고, 다음에 존양(存養)·성찰(省察)의 요점을 말씀하셨고, 맨 끝에 성신(聖神)의 공화(功化)의 지극함을 말씀하셨으니, 배우는 자들이 이에 대하여 자기 몸에 돌이켜 찾아서 스스로 터득하여 외물의 유혹의 사사로움을 버리고 본연의 선(善)을 충만하게 하고자 하신 것이니, 양구산(楊龜山)의 이른바 '한 편의 체요(體要)'라는 것이 이것이다. 이 아래 열 장은 자사가 부자(夫子)의 말씀을 인용하여 이 장의 뜻을 맺으신 것이다〔右第一章, 子思述所傳之意以立言, 首明道之本原出於天而不可易, 其實體備於己而不可離 次言存養省察之要, 終言聖神功化之極, 蓋欲學者於此, 反求諸身而自得之, 以去夫外誘之私而充其本然之善, 楊氏所謂一篇之體要是也. 其下十章 蓋子思引夫子之言, 以終此章之義〕."

레토릭을 잠시 빌려 오자면, 천하를 손바닥 위에서 굴릴 수 있는 체요가 바로 이 치중화에 달려 있는 것이다.

3장

❖

중국 선사의 중화 담론

I

이 책은 인간의 마음의 문제를 다루고 있다. 인간 마음의 본체〔體〕와 그 사용〔用〕, 그리고 마음 수련〔修心〕의 문제를 전면에 걸어 놓고, 심(心)-성(性)과 관련하여 유가에서의 마음에 대한 파악과 수신 문제, 그리고 불가에서의 마음에 대한 인식과 수련 문제를 고찰하는 것이다.

주자의 신유학(新儒學)을 흔히 '리학(理學)'이라고 부르지만 그 본령은 '심학(心學)'에 있다. 성즉리(性卽理)를 말한다 해도 결국 그 대상은 마음이기 때문이다. 정주리학(程朱理學)이라 하고 육왕심학(陸王心學)이라 칭하기에 '심학'은 양명학(陽明學) 계통의 전문 술어일 뿐이라고 생각하면 큰 오산이다. 그것은 주자를 잘못 보는 것이다. 성즉리가 옳으냐, 심즉리(心卽理)가 옳으냐의 세부적인 문제 이전에 양가 모두 '리(理)'를 논하고 있지만 그 '리'는 인간 '마음〔心〕'의 본성과 본체에 관한 '리'의 문제이므로 결국은 심학이란 더 큰 영역 안에 포섭될 수밖에 없다. 필자가 말하는 심학이란 주자의 리학과 양명의 심학이라는 각구일태극(各具一太極)을 통섭한 통체일태극(統體一太極)으로서의 심학을 말한다. 즉 주자나 양명이나 결국은 일심(一心)을 말하고 있을 뿐이라는 뜻이다.

여기에서 다룰 중국과 한국의 네 선사들은 이기(理氣)를 중심으로 『중용』 텍스트를 보지 않는다. 이기 없이도 얼마든지 『중용』

을 깊게 읽어낼 수 있고 본지를 잘 파악할 수 있음을 보여준다. 『중용』의 원문 내에 '이기'라는 용어는 등장하지 않는다. 『중용』에 대한 보다 나은 이해를 돕기 위한 필요에 의해서 이기론(理氣論)을 동원해 읽어볼 수는 있지만 반드시 그 이기의 터널을 건너야 『중용』이라는 목적지에 도달할 수 있는 외통수는 아니라는 것을 네 선사는 보여주고 있다.[080]

앞에서 필자는 동양학의 핵심을 '중(中)'으로 파악했고, 유가에서는 그 핵질이 『중용』 수장에 있다고 한 바 있다. 여기에서부터는 본격적으로 중국과 한국 선사들의 『중용』 독법을 살펴볼 것이다. '이기'의 코드가 아닌 '중화'의 코드를 통해 곧장 마음의 본령으로 직입(直入)해 들어가는 『중용』 읽기를 만나게 된다. 경문(經文)에 엄연히 존재하는 미발과 이발의 '중화' 담론을 통해 『중용』 전체를 '다시 보기'하는 선사들의 시각은 그동안 익숙해져 있던 프리즘이 아닌 방식을 제공하기에 『중용』을 새롭게 재인식하는 데 큰 안목

---

080 감산 선사와 지욱 선사는 명말의 고승들로 이들이 양명학으로부터 받은 영향을 간과할 수 없다. 원래 불교 교학이나 선불교가 주자보다는 양명에 가까울 수밖에 없는 것은 피할 수 없는 사실이다. 게다가 주자가 선불교를 의식해서 자신의 학문을 섬세하게 불교와 구별 짓고자 했던 것도 두 선사가 양명심학(陽明心學) 쪽과 근거리에 있게 된 큰 이유가 될 것이다. 양명학파의 분기에 따른 미발론(未發論)의 변화 양상 및 양명 후학들의 불교 비판에서 불교 융합으로의 변화에 관해서는 김제란의 다음 두 논문을 참조. 「명대 심학(心學)에 미친 불교의 영향 (1) - 陣白沙와 湛甘泉 사상을 중심으로」, 『한국불교학』 제39집, 한국불교학회, 2004. ; 「명대 유학에 미친 불교의 영향 (2) - 양명학과 양명 후학을 중심으로」, 『한국불교학』 제41집, 한국불교학회, 2005.

을 제공해 줄 것이다.

중국의 감산 덕청 선사와 우익 지욱 선사의 『중용』에 대한 주석서의 제목은 공히 『중용직지』이다. 두 선사는 그동안의 『중용』에 대한 이해가 마음에 들지 않았나 보다. 대지를 바로 가리키지 못하고 에둘러 빙 돌고 돌아 오히려 애매하게 되어 버린 핵심과 본령을 곧바로 직입해 들어가겠다는 의지가 보인다.

불립문자(不立文字), 교외별전(教外別傳), 직지인심(直指人心), 견성성불(見性成佛)은 선종을 표방하고 있는 대한불교조계종(大韓佛教曹溪宗)의 종지이다. '직지(直指)'는 복잡한 언어에 발목 잡힌 관념론자들의 머리에 벽력(霹靂, Vajra)[081]을 내리치겠다는 뜻이다. 직절명료(直截明瞭), 직설(直說), 직통(直通)의 길을 가겠다는 의지가 서명(書名)에 고스란히 드러난다.

감산 덕청과 우익 지욱 두 스님은 선사이기도 했지만 선(禪)과 교(教)의 모든 방면에 걸쳐 두루 조예가 깊었던 고승이었고, 나아가

---

081 현재 조계종의 소의경전(所依經典)인 『금강경(金剛經)』의 금강(金剛)은 벽력(霹靂), 벼락을 의미하는 바즈라(Vajra)를 번역한 것이다. 신중탱화의 정중앙에 위치한 동진보안보살이 들고 있는 팔만사천 근의 금강저(金剛杵)가 벼락을 형상화하고 있는 것을 보면 연관 관계를 알 수 있다. 『벽력경(霹靂經)』이라고도 불리는 『금강경』의 대지는 "파이집 현삼공(破二執 顯三空)"이다. 아집(我執)과 법집(法執)의 이집(二執)을 부수는 것이다. 아상(我相), 인상(人相) 등의 사상(四相)에 집착하는 그 집착을 깨뜨린다는 의미의 '파(破)' 자가 바로 금강-벽력의 바즈라의 상징이다. 지혜의 벼락이 내려쳐서 나의 잘못된 집착들을 깨뜨리고 깨달음으로 들어가는 것이다. 이것이 바로 직지인심(直指人心)을 종지로 삼는 조계종의 소의경전이 될 수 있는 이유이다.

유교·도교와 제자백가에 이르기까지 외연이 무척 넓어서 '선사(禪師)'라고만 호칭하는 데 문제가 있을 수도 있다. 그러나 이 책에서는 '선사'라고 칭하고자 한다. 그 첫 번째 이유는 바로 위에서 언급했듯이 이 책에서 논의하는 대상인 『중용직지』의 서명이 매우 선적(禪的)이기 때문이다. 또한 감산 선사를 선사라고 호칭하는 결정적 이유는 다음과 같은 그의 언명 때문이기도 하다.

"학문하는 데는 세 가지 요령이 있으니, 이른바 『춘추(春秋)』를 알지 못하면 세상을 겪어 갈 수 없고, 노장(老莊)에 정밀하지 않으면 세상을 잊어버릴 수 없고, 참선(參禪)을 하지 않으면 세상을 초탈할 수 없다. 이 세 가지 속에 세상을 경륜하고 세상을 초탈하는 학문이 갖추어 있다."[082]

그는 유교·도교와 병칭하면서 선(禪)으로 불교를 대표했고, 선을 통하지 않으면 세상을 초탈할〔出世〕 수 없다고 역설했으며, 선은 마음의 다른 이름〔禪乃心之異名〕[083]이라고까지 강조했으니 그의 내면에는 선사라는 자기 정체성이 확고하게 자리 잡고 있었음을 알

---

082 『감산노인몽유집(憨山老人夢遊集)』, 「학요(學要)」, "爲學有三要, 所謂不知春秋, 不能涉世, 不精老莊, 不能忘世, 不參禪, 不能出世, 此三者, 經世出世之學備矣." 금장태, 『불교의 유교경전 해석 : 憨山과 智旭의 四書禪解』, 176~177쪽에서 재인용.

083 금장태, 위의 책, 65쪽.

수 있다.[084]

지욱 선사의 경우 그를 선사라고 호칭하는 이유는 『주역』과 사서를 해석한 것이 선으로 유교에 들어가서 유자(儒者)를 유도해 선을 알게 하기 위한 '이선입유(以禪入儒)'와 '유이지선(儒以知禪)'[085]의 의도가 있음을 밝혔기 때문이다. 그는 『주역선해(周易禪解)』를 저술해서 『주역』을 선적(禪的)으로 이해시키고자 했으며, 그의 사서 주석에 대한 통칭 역시 『사서선해(四書禪解)』인 이유도 여기에 있었다.

불교와 유교가 전면적으로 만날 수 있는 교차로는 바로 '마음〔心〕'이라는 한 지점이다. 그 하나의 마음을 향해 서로 다른 곳에서 자신의 방법으로 달려오고 있다. 불교의 선사들이 『중용』이라는 유가의 경전을 읽으면서 어떻게 마음이라는 하나의 근본점을 찾아가고 있는가를 논하기 위해 '중화'는 아주 유용한 기표가 될 것이다.

---

084 감산 선사는 선종오가 가운데 임제종의 26대 법손인 운곡 회회(雲谷匯會) 선사로부터 법을 인가받았으며 그의 일생의 수행 방식은 선정(禪定) 수행에 치우쳐 있었다고 한다. 간화선을 수행할 만한 근기(根機)가 되지 않는 이에게 선정쌍수(禪淨雙修)의 일환으로 염불이나 여타 교학을 방편으로 가르쳤을 뿐이지 스님의 정체성은 유심(唯心)을 골수로 하는 선사에 두고 있었다. 夏淸瑕, 「감산 덕청의 선사상」, 『한국선학』 9호, 한국선학회, 2004. 2, 300~301쪽 참조.

085 방인, 「퓨전의 시대와 크로스오버의 철학 : 지욱의 『주역선해』를 읽고」, 『문학 사학 철학』 10호, 한국불교사연구소, 2007. 10, 217~218쪽.

1
감산 덕청의 중화일관론(中和一貫論)

명말(明末)의 고승 감산 덕청 선사는 살아서는 조계(曹溪)의 남화사(南華寺)를 중창하여 '조계중흥조사(曹溪中興祖師)'로 일컬어졌고 사후에는 그곳에서 육조 혜능 대사와 함께 썩지 않는 육신보살로 모셔져 지금껏 추앙받고 있다.

선(禪)과 정토(淨土)를 일치시켜 수행할 것을 주장하여 선정일치(禪淨一致), 선정쌍수(禪淨雙修)를 주도하였고 화엄학에도 조예가 깊었으며 유·도·불 삼교융화론을 적극적으로 표방하여 유교·도교와 관련된 저술들도 많이 남기고 있다.

감산 선사는 유·불·도와 제자백가에 정통했고, 그 저력을 바탕으로 『중용직지』와 『대학강목결의(大學綱目決疑)』, 『춘추좌씨심법(春秋左氏心法)』(서문만 남음)의 유교 경전 주석과 『관노장영향론(觀老莊影響論)』, 『도덕경해(道德經解)』, 『장자내편주(莊子內篇注)』의 노장 관련 주석을 남겼다.

---

086 감산 선사의 선사상과 관련한 연구 논문으로는 夏淸瑕, 「감산 덕청의 선사상」(『한국선학』 9호, 한국선학회, 2004. 2)이 있다. 학위논문을 소개하자면 다음과 같다. 오진탁, 「감산의 「莊子內篇解」에 대한 研究 : 莊子와 佛教의 思想的 關係를 중심으로」, 고려대 철학과 박사학위논문, 1993. ; 권기태,

현재 국내에서의 감산 선사에 대한 연구는 노장사상에 관련된 것과 노장사상과 불교와의 비교 내지 합일사상에 관한 연구가 주종을 이루고 있는데, 최근 몇 년간 학위논문이 잇달아 발표되면서 점점 연구가 활발해지는 양상을 보이고 있다.[086]

그러나 정작 유교 저술에 대한 연구는 매우 미진해 보인다. 금장태 선생의 연구서[087]가 홀로 독보건곤(獨步乾坤)하여 우뚝하니 선생의 선구적 연구에 경의를 표한다. 『중용직지』의 원문과 전문에 대한 번역, 그리고 이에 대한 자세한 강해(講解)를 수록한 탄허 선사의 전강제자 각성(覺性) 스님의 저술[088]은 후학들의 연구에 매우 좋은 자료적 가치를 제공해 주고 있다. 각성 스님은 감산 선사의 『중용직지』[089]

「『노자도덕경감산해』에 나타난 불교와 도가사상의 비교연구」, 동국대 불교학과 석사학위논문, 2007. ; 심재권, 「노장의 도에 대한 감산덕청의 무심론적 해석」, 연세대 철학과 박사학위논문, 2008. ; 임영효, 「감산의 삼교합일사상 연구 : 「관노장영향론」을 중심으로」, 영남대 동양철학과 박사학위논문, 2009. ; 손영숙, 「감산덕청의 노자 이해에 관한 연구」, 원광대 동양학대학원 석사학위논문, 2010.

그리고 감산 선사 저술에 대한 번역본으로는 탄허 선사의 강맥을 이은 제자인 송찬우의 『老子 - 그 불교적 이해』(세계사, 1990)와 『莊子禪解』(세계사, 1991)의 두 종이 있고, 감산 선사에 대한 연구로 일찌감치 박사학위를 받은 바 있는 오진탁의 『감산의 老子풀이』(서광사, 1990), 『감산의 莊子풀이』(서광사, 1990), 『감산의 中庸풀이』(서광사, 1991)의 세 종이 있다.

087 금장태의 『불교의 유교경전 해석 : 憨山과 智旭의 四書禪解』(서울대 출판부, 2006)는 감산 선사와 지욱 선사의 유교 경전 해석을 논한 저술이며, 『불교의 주역·노장 해석 : 智旭의 周易禪解와 憨山의 老莊禪解』(서울대 출판부, 2007)는 감산 선사와 지욱 선사의 노장과 『주역』에 대한 해석을 논한 저술이다.

088 憨山 述, 覺性 講解, 앞의 책.

089 『중용직지』의 저본으로는 금장태와 오진탁 두 사람 공히 中國子學名著集

가 역대 모든 『중용』 주석본 가운데 가장 뛰어나고 잘된 주석이라고 극찬하면서 감산 선사야말로 불교의 승려이지만 유교의 성인인 공자를 누구보다도 깊이 잘 이해한 지음자(知音者)라고 높게 평가한다.[090]

실제 감산 선사는 공자에 대해 "우리 선생님〔吾夫子〕만이 천하의 지극한 성인으로 천지와 같이 클 수 있다."[091]라고 하였다. 유·불의 간극을 느낄 수 없을 만큼 성인 공자의 경지를 깊이 긍정하고 그것에 매료되어 있음을 엿볼 수 있다. 아는 만큼, 좋아하는 만큼 더 깊이 이해할 수 있고 그 경지와 합일될 수 있는 것이다.

이러한 깊은 감응을 바탕으로 한 감산 선사의 『중용』에 대한 견해는 직지(直指)의 간결성으로 발현되는데 그의 『중용』 독법의 특징은 한마디로 '오직 중화', 혹은 '뼛속까지 성(性)'이라는 말로 요약될 수 있겠다. 필자는 감산 선사의 이러한 특질을 '중화일관론(中和一貫論)'이라 명명해 보았다. 『중용』 전체를 오로지 '중화' 일변도로 직절(直截)하여 설명하고 있기 때문이다.

成本〔106〕의 『중용휘함(中庸彙函)』에 수록된 판본을 활용했다고 했는데 필자는 이 판본을 구해볼 수 없었다. 오진탁의 『중용직지』의 번역본인 『감산의 中庸풀이』(서광사, 1991)는 한자 원문을 수록해 놓지 않았고, 금장태의 저술은 연구서이므로 전문(全文)이 공개되지 않았다. 따라서 이 책은 각성 스님의 번역·강해본인 『中庸直指』(統和叢書刊行會, 1998)의 한문본인 '蜀僧竹禪施書畵潤筆洋銀四十五圓敬刊 光緒十年(1884)春二月金陵刻'본을 저본으로 사용했음을 밝혀둔다.

090 각성 강해, 위의 책, 880쪽 서문 · 발간사 참조.

091 "唯吾夫子, 天下之至聖, 爲能如天地之大也." 각성 강해, 위의 책, 783쪽.

1) 중화 중심의 『중용』 독법

감산 선사의 『중용』 해석의 특징 가운데 가장 먼저 눈에 들어오는 것은 스님임에도 불구하고 불교적 용어를 전혀 쓰지 않는다는 데 있다. 저술인의 이름을 밝히지 않으면 승가의 일원이 아닌 유가의 선비가 쓴 책이라 해도 믿을 만큼 불교적 색채를 띠는 용어는 단 한 단어도 등장하지 않는다. 스님의 『중용』 해석의 장처가 여기에 있다. 애당초 불교와 유교라는 당파적 견해로 접근하지 않고 있다는 것이다. 일원(一源) 혹은 동원(同源)의 시선으로 성현의 말씀을 접하고 있기 때문에 오히려 더욱 객관적이고 중립적으로 읽을 수 있는 가능성도 담보될 수 있다.

감산 선사에게 『중용』에서 가장 중시된 주제는 '중화'의 실현 방법, 즉 '치중화'의 문제로 일관되게 나타난다. 이러한 관점은 전체 구조를 보는 방식에서부터 기존의 체제 이해 방식과 판이하게 달라지는 결과를 견인하는데, 주자와 비교해 볼 때 분장(分章)이 서로 다르고 각 장마다의 대지인 장지(章旨)를 매우 상이하게 파악하고 있다. 주자와는 달리 『중용』 전서(全書)를 '중화' 하나로 일이관지(一以貫之)해서 보았기 때문에 생긴 차이이다.

그렇다면 감산 선사의 『중용』 구성 체제 이해를 일목요연하게 볼 수 있는 12장(章)의 분장 형태와 장지를 살펴보자.

首章(01)	중용의 전체(全體)와 대용(大用)
2장(02~06)	중용의 도(道)를 행하는 표본
3장(07~10)	지행(知行)의 법(法)과 막현호은(莫見乎隱)을 밝힘
4장(11~12)	막현호미(莫顯乎微)와 천하의 대본(大本)을 밝힘
5장(13~15)	천하의 달도(達道)와 달효(達孝)를 밝힘
6장(16~19)	하학상달(下學上達)의 지성(至誠)과 치중화의 치자(致字)를 밝힘
7장(20)	치중화의 위천지(位天地), 육만물(育萬物)을 밝힘
8장(21~23)	지성(至誠)이 치곡(致曲)으로 이룸을 밝힘
9장(24)	문왕(文王)의 덕(德)이 천지(天地)와 같음을 밝힘
10장(25~27)	옛 성인(聖人) 잇고 천지에 짝한 공자의 덕을 암설(暗說)
11장(28~30)	공자의 덕이 배천(配天)함을 명언(明言)함
12장(31)	전장(前章)을 총결하여 성인의 덕이 은미한 성덕에 있음을 밝힘

주자는 『중용』을 총 31장으로 나누고 그것을 다시 6대절(大節)로 나누지만, 감산 선사는 『중용』을 총 31장으로 나누고 그것을 다시 연관 구조에 따라 12장[092]으로 나누고 있다. 이 감산 선사의 12

---

092 여기에서 인용한 장지(章旨)는 감산 선사의 장지를 바탕으로 분장하여 번역·강해를 시도한 각성 스님 책의 것을 따랐다. 금장태는 감산 선사의 『중용』 분장을 총 11장으로 보아 이는 마치 주자가 『대학』을 경(經) 1장과 전

장 분장 체제를 주자 6대절과 비교해 보자.

■ 『중용』의 구조 비교[093]

주자의 6대절	감산의 12章
(1) 首章: 中和	〈1〉: 中和
(2) 2~11장: 中庸	〈2〉: 中庸之道
(3) 12~19장: **費隱**	〈3〉~〈5〉(14) : 知行·**致中和**
(4) 20~26장: **誠**	〈5〉(15)~〈9〉: **致中和**·聖人之德
(5) 27~32장: 大德小德	〈10〉~〈11〉: 孔子之德·聖人之德
(6) 33장: 首章之義	〈12〉: 首章之義·聖人之德

이 도표를 잘 보면 주자의 『중용』 독법과 감산 선사의 『중용』 독법의 차별성이 확연히 드러남을 알 수 있다. 즉 주자는 3대절인 '비은(費隱)'과 4대절인 '성(誠)'을 특별하게 따로 독립시켜서 설명하

(傳) 10장의 체제로 분장한 것에 대비될 수 있다고 했다(금장태, 『불교의 유교경전 해석 : 憨山과 智旭의 四書禪解』, 109쪽). 하지만 상세히 전문(全文)을 고찰해 본 결과 감산 선사의 31장 체계 안에서 24장('至誠無息'에서 '純亦不已'까지 - 주자의 26장에 해당)을 별도의 장으로 분장시키지 않고 누락시킨 오류를 범하는 바람에 총 12장 체계를 11장 체계로 설명하고 말았다. 이로 인해 8장의 장지인 '지성(至誠)이 치곡(致曲)으로 이룸을 밝힘〔明由致曲而至誠〕'이 장지에서 누락되었기에 위에서 바로잡고 총 12장의 분장 체계로 재구성하였다.

093 금장태, 위의 책, 72쪽의 도표를 기본 골격으로 활용했으나 위의 오류를 바로잡아 12장의 구조로 변환시켰으며, 주자 33장 체계와 비교할 수 있게 감산의 31장 체계에서의 장을 옆에 첨부하였다.

고 있으나 감산 선사의 경우엔 '비은'과 '성(誠)'을 1·2대절을 그대로 이은 '치중화'로 보고 있는 것이다.

주자의 『중용장구』에 익숙해져 있는 사람들은 고개를 갸우뚱할 수 있는 상황이 발생했다. 보통 『중용』을 논하게 되면 전반부의 주제는 '중용' 내지 '중화'이고, 후반부의 주제는 '성(誠)'으로 알고 있는 것이 일반적이다. 그러나 스님의 체계 분석은 전반부나 후반부나 모두 '치중화'의 문제로 일관되어 있다. 주자의 『중용장구』는 전반부·후반부의 전개가 변환되지만, 감산 선사의 『중용직지』는 제1장인 '치중화'에 온통 몰입되어 있다. 중간 부분에 자리 잡은 성(誠)으로 분산되지 않고 일관되게 '치중화'로 집중되고 있다. 이것이 바로 필자가 감산 선사의 『중용』 독법을 '중화일관론'이라 명명한 이유이다.

'비은'과 '성(誠)'의 '치중화'와의 관계성 문제는 뒤에서 다시 상세히 살펴보기로 하고 『중용』의 전체 체계를 '치중화'의 문제로 읽어낸 감산 선사가 수장의 주요 개념들을 어떻게 파악하고 있는지부터 먼저 살펴보기로 한다.

먼저 '중(中)'과 '용(庸)'에 대한 감산 선사의 해설은 다음과 같다.

> '중(中)'은 사람 사람의 본성의 전체〔人人本性之全體〕이다. 이 본성으로 말미암아 하늘과 땅이 이로써 세워졌으며 만물이 이로써 변화·발전했다. 성인과 범부가 함께 품부받았으며 넓고 크고 정밀하고 미묘하여 유독 하나요 둘이 없으니 이른바 오직 정

미하고 오직 하나이며 큰 중이요 지극히 바른 것이다. 한 물건도 이 성(性) 밖에 벗어날 수 없는 까닭에 '중'이라고 말한다.[094] '용(庸)'은 평상(平常)이니 곧 성덕(性德)의 작용〔性德之用〕이다. 말하자면 이 광대한 본성 그 전체가 변하여 만물의 영(靈)이 되었으니 그가 곧 사람의 도리인 일상생활에 있어서 하나의 사물과 하나의 법이 본성으로부터 나오지 않은 것이 없다. 그러므로 우리의 일상생활에서 행하는 모든 일이 이 성(性)의 전체대용(全體大用)이 나타나 밝게 드러나는 자리이다. 그래서 온전한 '중(中)'이 '용'에 있고 '용' 그대로가 온전한 '중'인 것이요 '용'을 떠난 밖에 따로 '중'이 있지 않다.[095]

요약하자면, '중(中)'은 바로 사람 사람의 본성(本性)의 전체(全體)이며, '용(庸)'은 성덕(性德)의 대용(大用)이니, 중용(中庸)은 본성의 체용(體用)이라는 말이다. 감산 선사는 철저히 '중즉성(中卽性)'에 입각해서 중과 용을 모두 성(性)의 체용 문제로 보고 있다.

---

094 감산 선사의 『중용직지』 한문 원문은 찾아보기가 그다지 용이하지 않은 까닭에 인용한 한문의 원문을 가급적 그대로 각주에 부기하여 곧바로 참고할 수 있도록 한다. "中者, 人人本性之全體也. 此性天地以之建立, 萬物以之化理, 聖凡同稟, 廣大精微, 獨一無二, 所謂惟精惟一, 大中至正, 無一物 出此性外者, 故云中也." 각성 강해, 앞의 책, 12쪽.

095 "庸者, 平常也, 乃性德之用也. 謂此廣大之性, 全體化作萬物之靈, 卽在人道日用平常之間, 無一事一法, 不從性中流出者. 故吾人日用行事之間, 皆是性之全體大用, 顯明昭著處. 以全中在庸, 卽庸全中, 非離庸外, 別有中也." 각성 강해, 위의 책, 16~19쪽.

주자 스타일의 '치우치지 않거나 과불급이 없는 것〔不偏不依無過不及〕' 같은 주석은 찾아볼 수 없다. 중도 성(性)이요, 용도 성(性)일 뿐이다. 필자가 앞에서 단도직입적으로 감산 선사의 『중용』 독법이 "뼛속까지 성(性)"이라 했던 이유가 여기에 있다.

수구(首句)인 '천명지위성(天命之謂性)'에 대해서도 '천명지성(天命之性)'은 '천연지성(天然之性)'이며 성(性)과 명(命)은 둘이 아닌 성명불이(性命不二)의 관계에 있기 때문에 "천명은 곧 천성〔天命卽是天性〕"이라 말한다.[096] 주자는 성(性)이란 하늘이 명령을 내려 인간이 품부받는 것이라고 했지만 감산 선사는 내 본성 자체가 그대로 명(命)이어서 누가 명령을 하고 누가 명령을 받고 하는 것이 아니라고 본다. 이것이 감산 선사가 제시하는 천명은 곧 '천성(天性)'이자 '천연지성'이라는 '성명불이론(性命不二論)'이다.

본성 차원에서는 하늘이 나의 밖에 외재하는 것이 아니라 나의 본성 속에서 그대로 본유(本有)하고 있는 의미로 보아야 『중용』 전체의 '하늘〔天〕'을 제대로 보는 것이라는 뜻이다. "천명이 곧 천성"이라는 이 해석은 주체와 객체, 즉 불교식으로 말하자면 능(能)과 소(所)가 그 자리에서 당하(當下)에 하나로 녹아들게 만드는 묘력(妙力)이 있는 해석법이다. 불교 용어 하나도 쓰지 않고 화엄에서 말하

---

096 "天命之謂性者, 言吾人之性, 天然屬我, 不假外求. 而我得之而爲命, 所謂天然之性, 而爲天然之命者也. 蓋天然之性, 賦在形殼之中, 是故人之有生, 與形爲主者命, 與命爲主者性. 性命不二, 故但言天命, 卽是天性也. 故曰天命之謂性." 각성 강해, 위의 책, 25쪽.

는 '법성(法性)'이나 선가에서 말하는 '자성(自性)', 대승에서 말하는 '여래장'사상을 그대로 직지(直指)하고 있어서 대가의 공력이 십분 발휘되고 있음을 알 수 있다.

따라서 '솔성지위도(率性之謂道)'[097]와 '수도지위교(脩道之謂教)'도 모두 '성(性)'의 문제일 뿐인 것으로 본다. 즉『중용』전체를 본성(本性)을 어떻게 발현시킬까 하는 '솔성'의 문제로 파악하고 있는 것이다. 솔성을 해 나가는 과정이 곧 수도(脩道)의 과정이므로 솔성을 잘하면 성인이 되는 것이고 그렇지 못하고 솔성의 바탕이 부족한 솔정(率情) 일변도로 살게 되면 범부로 살 수밖에 없는 것이다. 따라서 스님은 솔성과 존덕성(尊德性)의 관계에 관해서도 "성인이 성인이 된 까닭은 반드시 솔성의 도로 말미암아 이르게 된 것이니 그러므로 말하기를 군자는 덕성을 높이고 학문을 따른다〔尊德性而道問學〕고 했다."[098]라고 보았다.

상고(上古) 시대 사람들은 순수하게 솔성했기 때문에 요순 같은 무위(無爲)의 정치가 가능했지만[099] 중고(中古)로 내려오면서 솔

---

097 "率性之謂道者, 謂吾人旣稟天然之性, 而爲命 故有生於天地之間而爲人. 旣以此性 爲形命之主, 是則自有闕生以來, 凡有食息起居, 折旋俯仰, 動作云爲, 乃至拈匙擧筯, 咳唾掉臂 無一事不是性之作用, 何況君臣父子夫婦朋友, 乃人倫之大事, 豈又離此性外耶. 蓋此性本來光光明明, 故謂之明, 乾乾淨淨 無有絲毫雜染 故謂之精, 不與萬物爲侶 故謂之一, 本來無第二妄念 故謂之至誠." 각성 강해, 위의 책, 28쪽.

098 "聖人所以爲聖人者, 必由率性之道而至, 故曰君子尊德性而道問學." 각성 강해, 위의 책, 715쪽.

099 "上古之人, 性醇德全, 無有一毫外慕 且不知有身之爲愛, 豈有貪愛外面聲

성하지 않고 솔정하기 때문에 모든 폐단이 발생했다고 한다. '성진위정(性眞僞情)'이라 하여 성(性)은 참된 것이고 정(情)은 허위로 가기 쉬운 것인데, 본성을 점점 따르지 않음으로 인해서 정 또한 점점 허위적인 것으로 변해 가는 폐단이 발생했다고 하여 본성을 따를 것을 극력 강조한다.[100] 즉 올바른 정의 발현은 반드시 성(性)을 바탕으로 한 솔성과 수도의 바탕 위에서 가능한 것으로 강조하고 있는 것이다.

그러므로 "도라는 것은 잠시도 떠날 수 없다〔道也者, 不可須臾離也〕."라는 구절에 대해서도 그는 "도라는 것은 본성에서 잠시도 떠날 수 없다〔道也者, 不可須臾離於性也〕."라고 간단명료하게 주해한다. '불가수유리(不可須臾離)' 뒤에 고작 '어성(於性)' 두 글자 집어넣는 것으로 주석을 완성하는데 여기에서도 성(性)과의 관계성을 집요하게 강조하고 있으면서 1장의 본지(本旨)가 그대로 드러나 보일 수 있게 해 주었다.[101] 철저하게 알면 굳이 화려한 수사나 긴 첨언을 보태지 않고도 이처럼 명쾌한 주석의 매력을 선보일 수 있음을 여실

色貨利之事. 是故不爲一身愛外物, 則不被外物染習, 雜亂其性, 故所以上古之君如此, 而上古之民亦如此. 故無爲之風及天德之涫, 熙熙皞皞, 俱在大道化育之中, 所以不用敎也." 각성 강해, 위의 책, 39쪽.

100 "及至中古, 人心漸鑿, 知身可愛, 故愛物以養身, 旣以一己爲我, 則我與物對, 物我旣二, 則性不一, 性被物染則不精, 不精則不一, 故凡所作爲, 不率性而率情矣. 情則有所偏, 故大中至正之道隱, 其於日用當行君臣父子之間, 所有忠孝和信, 皆不盡出於性眞, 而多出於情僞矣. 情僞出則百弊生, 弊生而情愈僞, 情愈僞而去性愈遠." 각성 강해, 위의 책, 46쪽.

101 각성 강해, 위의 책, 60쪽.

히 보여주고 있다.

"군자는 보지 못하는 바를 경계하고 삼가며 듣지 못하는 바를 두려워한다. 숨어 있는 것보다 드러남이 없으며 은미한 것보다 나타남이 없으니 그러므로 군자는 그 홀로를 삼가는 것이다〔君子戒愼乎其所不睹, 恐懼乎其所不聞. 莫見乎隱, 莫顯乎微, 故君子 愼其獨也〕."라는 구절에 대해서도 감산 선사는 매우 독창적인 해석을 내린다.

이 문장에 대해서 기존의 유학자들은 보지 못하고 듣지 못한다는 말을 '남들은 알지 못하지만 자기만이 아는 상황〔人不知, 己所獨知之地〕'에서도 계신공구할 것을 강조한 문장으로 읽고 있는데, 스님이 볼 때는 그 뜻이 아니라 내가 비록 보고 듣고 있어도 보지 못하고 듣지 못하는 것이 있으니 그것이 바로 '성(性)'이라고 주장하였다.[102] 즉 남들이 보지 않고 듣지 못할 때에 삼가고 외경해야 한다는 나와 남과의 상대적인 개념이 아니라 보고 들어도 알기 어려운 자기 내면의 절대적인 본성의 문제에 관해서 늘 외경하고 삼가야 한다는 뜻으로 독해하고 있는 것이다. 체면이나 위신 같은 문제와는 전혀 상관없는 참나의 진실성을 나의 내면 깊은 곳으로부터 묻고 있는 구절로 읽어내고 있다.

나의 천성(天性), 본성(本性)을 온전히 모두 드러내는 일은 쉬운

---

102 "從來說者 皆言不睹不聞, 乃人不知, 己所獨知之地, 若如此謂之道, 豈不睹不聞處是道, 而正睹正聞, 便不是道耶. 且旣有恐懼, 便不是性矣. …… 雖見雖聞, 而有不見不聞者存焉, 是乃本吾性德全體大用之中庸也." 각성 강해, 위의 책, 64·70쪽.

일이 아니다. 누구에게나 태어나면서부터 본래 보유하고 있는 본각(本覺)의 진여이지만 보아도 잘 보지 못하고 들어도 잘 들리지 않음이 있는 불각(不覺)의 현실이 목전에 현현한다. 다시금 내면 깊이 삼가고 외경하는 정성을 쏟아서 본성을 시각(始覺)하라는 언명으로 위의 구절을 보고 있는 것이다.

'신기독(愼其獨)'의 '독(獨)' 역시 주자가 주석한 것처럼 "남들이 알지 못하고 자신만이 아는" '독거은미(獨居隱微)'한 때를 말하는 것이 아니라, 본성인 성(性)의 본체〔體〕와 작용〔用〕이 하나가 되고 둘이 되지 않아서 온전히 일체를 이루는 체용불이(體用不二)로서의 전일한 자리인 '독'으로 보고 있다.[103]

남과 함께 있을 때나 없을 때나 삼가고 나 혼자 있을 때에 신중하고 삼간다 하더라도 나의 본성이 드러나지 않으면 도에서 잠시라도 떨어질 수 없다고 했던 언명을 구족시키지 못한다고 보았다. 그렇기 때문에 남과의 반연 자체가 문제되는 것이 아니라 나 홀로 있더라도 이 천성을 따르고 있느냐 아니냐를 늘 신중하게 살피고 계신공구해야 한다는 뜻으로 읽었다. 나의 본성을 혼연일체인 하나로 보존하고 쓸 줄 아는 것이 바로 신독(愼獨)의 의미라고 본 것

---

103 '독거은미(獨居隱微)'라는 표현은 지욱 선사가 주자의 '독(獨)'에 대한 주석을 파악한 말이다. "體用不二, 惟一精眞, 故謂之獨, …… 君子愼其獨, 此乃不與物對爲獨, 殆非獨居隱微之中也. 旣以絶待爲獨, 而上云不睹不聞, 卽是此獨字. 豈是獨居隱微之間耶." 각성 강해, 위의 책, 97쪽.

이다.[104] 즉 남이 보고, 남이 듣지 않는 혼자 있는 상황에서도 마치 누군가 보고 있다 생각하고 신독하라는 차원을 넘어서 혼자 있어도 엄격히 위의(威儀)를 갖추고 신중한다 해도 내면이 전일한 본성을 잃고 마음속에 한 생각이라도 망념에 젖어 있다면 이것은 솔성과 수도와는 거리가 멀다는 엄중한 경고로 읽고 있는 것이다. 참으로 '성(性)' 한 글자에 투철하게 일관하여 문장 하나하나를 꿰뚫어 나가고 있음을 알 수 있다.

이어서 논의의 핵심이 되는 미발과 이발의 중화에 대한 주제 문장인 "희로애락이 발하지 않은 것을 '중(中)'이라 하고, 발하여 모두 절도에 들어맞는 것을 '화(和)'라고 한다〔喜怒哀樂之未發謂之中, 發而皆中節謂之和〕."에 대해서 살펴보자. 스님은 이 구절을 일관되게 '복성공부(復性工夫)'[105]로 간단명료하게 정리한 뒤 다음과 같이 덧

---

104 『중용장구대전(中庸章句大全)』의 세주(細注)에 보면 남송(南宋)의 성리학자 잠실 진씨(潛室陳氏, 陳埴)는 지욱 선사의 견해와 비슷하게도 계신공구를 '자신도 보지 못하고 듣지 못하는 때'라고 아래와 같이 풀이하고 있다. "잠실 진씨가 말하기를, 계신공구와 근독은 바로 두 가지 상황이니, 계신공구는 자기가 보지 못하고 듣지 못하는 때이고, 근독은 뭇 사람들이 보지 못하고 듣지 못하는 곳이다〔潛室陳氏曰, 戒愼恐懼與謹獨, 是兩項地頭, 戒愼恐懼, 是自家不睹不聞之時, 謹獨, 是重人不睹不聞之際〕." 김수길 역, 『집주완역 中庸 (上)』, 대유학당, 2008, 135쪽. 이와 관련하여 자신도 알지 못하는 의식 상태를 무의식 내지 잠재의식으로 보아 유식학의 제8식인 아뢰야식과의 개념과 유사하게 본 다음의 논문이 있다. 권선향, 「성리학에 나타난 불교적 요소 - 『중용』의 해석에 나타난 알리야식을 중심으로」, 『한국불교학』 제60집, 한국불교학회, 2011. 8 참조.

105 "上二節, 乃復性之工夫, 純熟以得乎中, 所謂體也. 此乃又從體以發用, 卽所謂庸也." 각성 강해, 앞의 책, 103쪽.

붙인다.

> 희로애락이라는 것은 보통 사람의 평상의 '정(情)'이요, 성인도 또한 있으니 그것은 이른바 '용(庸)'이라고 한다. 또한 '정'이 '성(性)'에서 나옴에 보통 사람들은 다만 희로애락의 '정'이 있는 것만 알고 희로애락에 속하지 않는 '성'이 있는 것을 알지 못한다. 그 '성'을 알지 못하기 때문에 일상적으로 '정'에 따라 각각 치우친 바에 따라서 '중'이 되지 못하고 사물에 느낀 바를 따라가게 되어 그 '정'이 밖으로 나타난 것이 모두 사물과 더불어 경쟁하여 서로 마찰이 되고 서로 이리저리 휩쓸려서 '중화'가 되지 못한다. 그러므로 어버이를 섬기거나 임금을 섬기는 것이 다 '정'에서 나오고 '성'을 받들지를 못한다. '정'이라는 것은 말단이니 어찌 능히 천하의 대본을 세울 수 있겠는가.[106]

즉 중화의 문제가 겉으로는 '희로애락'을 다루고 있어서 얼핏 보면 '정(情)'의 문제인 것으로 보이지만 사실은 그 내면에 고이 간

---

106 "喜怒哀樂者, 凡民之恒情, 聖人亦有之. 所謂庸也. 且情出於性, 而凡民但知有喜怒哀樂之情, 而不知有不屬喜怒哀樂之性. 以不知性, 故日用率情, 各隨所偏而不中, 至於因物所感, 其情發於外者, 皆與物競, 相刃相靡而不和, 故於事親事君, 皆出於情, 而不尊性. 情者, 末也, 豈能立天下之大本乎." 각성 강해, 위의 책, 108쪽.

직되어 있는 '성(性)'을 회복하는 '복성(復性)'의 문제일 뿐이라고 강조한다. '정'이 발하게 될 때 근본자리에 있는 '성(性)'을 회복하는 '복성' 공부를 거쳐서 발하게 된다면 모두가 절도에 맞게 되어 '중'이 되지만, '성(性)'을 회복하는 '복성' 공부를 바탕으로 하지 않으면 절중(節中)하지 못한 불화(不和)가 되어 마찰하고 이리저리 휩쓸리고 외물에 끄달리게 된다는 것이다. 내면의 중심에 '성(性)'을 잘 간직해야 감정으로 표출될 때 절도에 맞게 조절되어 '화(和)'하여 천지만물을 화육할 수 있게 된다는 것이다.

결국 희로애락의 감정의 이발은 발(發)하는 데 문제의 관건이 있는 것이 아니라 미발할 때 본성을 회복하고 있는 '복성' 공부가 갖추어져 있느냐가 문제의 관건이라는 말이다. 일관되게 '성(性)'을 강조하는 것은 곧 미발의 중(中)을 강조하는 것과 정확하게 같은 것임을 보여주어 위에서부터 줄곧 이어져 온 논점을 놓치지 않고 있다.

부연하자면 미발과 이발의 중화 문제는 관건이 '정(情)'에 있지 않고 복성(復性)이냐 불복성(不復性)이냐의 '성(性)' 문제로 일원화되고 있는 것이다. 그러므로 감산 선사에게 있어서 『중용』이라는 텍스트는 오직 성(性)이요, 오직 중화를 말한 것밖에 달리 설하는 것이 없다 하겠다.

이런 대목을 보고 있자면 마치 선종의 조사어록을 읽고 있는 것 같은 느낌을 받을 수 있지만 누차 언급하지만 어디에도 불교 용어는 단 한 글자도 사용치 않고 의미 구조로만 서로 완전히 회통시키고 있다. 스님의 부연을 좀 더 살펴보기로 한다.

성인의 정(情)은 정이 아닌 데서 나오므로 정이 발현하면 성(性)이 더욱 뚜렷해진다. 성이 정에 깃들어 있으므로 마음이 얽매임이 없고 마음에 얽매임이 없으므로 중(中)이 되지 않음이 없다. 그러므로 희로애락이 발하지 않은 것을 '중'이라 한다. 성이 사물에 깃들어 있으므로 사물과 나를 잊으며 좋아하고 싫어함이 끊어진다. 좋아하고 싫어함이 끊어지므로 옳고 그름을 가림이 공정하며, 옳고 그름을 가림이 공정하니 인심은 화락하다. 그러므로 발동하여 절도에 맞는 것을 '화(和)'라고 한다.[107]

기쁨과 노한 감정이 나오기 전에는 본래 하나의 사욕의 가림도 없으며 기쁨과 노한 감정이 싹틈에 이르러 비록 가만히 잠복하고 숨어 있어서 볼 수 없으나 그 사실은 성체(性體)가 이미 어두워 흐려졌으며 악이 이미 가장 밝게 나타난다. 그러므로 한 생각의 사욕이 곧 우리 성품의 병이 되는 것이 사람의 눈에 눈병이 난 것과 같다. 그 보는 바가 밝지 못하기 때문에 마음에 부끄러움이 있다. 그러므로 군자가 자기 몸을 닦는 가장 중요한 학문은 모름지기 희로애락이 나오기 전을 향하여 생각 생각에 살펴서 그 감정이 망령되이 싹틈을 용납

107 "聖人之情, 出於不情, 故情之所發而性愈彰, 以性寓情故心無繫着. 心無繫着, 故無往而非中, 故曰喜怒哀樂之未發, 謂之中, 以性寓物, 故物我忘而好惡絶, 好惡絶故, 是非公, 是非公則人心樂, 故曰發而中節謂之和." 각성 강해, 위의 책, 115~116쪽.

하지 아니하여 이와 같이 경계하고 근신하고 두려워하고 두려워하기를 간절하게 할 것이니 이것이 이른바 "안으로 살펴서 병이 되지 않음에 스스로 마음에 부끄러운 일이 없다〔內省不疚, 而自無愧心之事〕."는 것이다. 그러므로 "뜻에 싫어함이 없다〔無惡於志〕."고 말했다.[108]

위의 부연 설명에서도 나타나듯이 결국 스님에게 있어서는 '천명지위성(天命之謂性)'과 '희로애락지미발 위지중(喜怒哀樂之未發 謂之中)'은 같은 이야기를 하고 있는 다른 수사(修辭)에 불과한 것이다. 감정의 미발시에 성(性)을 살피고 돌아보아 부끄럽고 망령됨이 없게 하는 내성(內省)만이 성체(性體)를 잘 보존할 수 있는 방법이다.

다른 곳에서는 "희로애락이 성(性)에서 나타난 부(符)〔喜怒哀樂, 性之符也〕"라는 표현까지 쓰고 있다.[109] 여기에서 '부'란 영험(靈驗), 부험(符驗), 실효(實效)를 말한 것이니 감정을 보면 그 사람의 천명, 천성, 중(中), 미발의 상태를 징험할 수 있다는 말일 것이다.

---

108 "喜怒之情, 未發之先, 本無一私之弊也, 及乎喜怒之情初萌, 然雖幽潛隱伏而不可見, 其實性體已昏, 而惡已甚昭著矣. 是故一念之私, 卽爲吾性之病, 如人目之有眚也. 以其所見者不明, 於心則有愧怍矣. 是故君子切已之學, 須向喜怒哀樂未發之前, 念念省察, 而不容其妄有所萌, 如此戒愼恐懼之切, 此所謂內省不疚, 而自無愧心之事矣, 故曰無惡於志." 각성 강해, 위의 책, 837~838쪽.

109 각성 강해, 위의 책, 467쪽.

이처럼 철저히 '중즉성(中卽性)'의 입장에 서 있음을 확인할 수 있다. '성(性)'과 '중화'가 하나로 관통하고 있기 때문에 인간의 도리〔人道〕는 오직 '솔성'과 '치중화'를 일관되게 수도(修道)해 나가는 것일 뿐임을 강조하게 되는 것이다. 앞의 장지에서 주자가 '비은'과 '성(誠)'을 별도로 특화했던 것을 스님은 '치중화'의 내재적 구조로 일관되게 보고 있는 이유가 바로 여기에 있다.

2) 치중화의 치(致)가 성(誠)

감산 선사가 유교의 『중용』에서 가장 중요시된 주제로 파악한 것은 '중화'의 실현 방법, 즉 '치중화'의 문제였다. '치중화'하게 되면 천지가 여기에서 자리를 잡고〔天地位焉〕, 만물이 여기에서 생육된다〔萬物育焉〕는 구절에 대해 필자는 제2장에서 맹자의 '가운지장상(可運之掌上)'의 레토릭으로 설명한 바 있다. 그런데 이에 대해 감산 선사는 도교 경전인 『황제음부경(黃帝陰符經)』에서 우주가 손안에 있다는 의미의 '우주재호수(宇宙在乎手)' 수사를 끌어와 설명하고 있다.[110] 그렇다면 '치중화'를 천도(天道)와 인도(人道)를 통해 어떻게

---

110 "言能致中和, 則天地位萬物育, 而況天下國家乎. 且天地萬物, 皆五性之化育, 以吾性有喜老哀樂, 故天地有四時風雨之序. 由情之不節, 故陰陽錯而四時謬, 由性之流行, 故天地位而萬物育, 此則宇宙在乎手, 萬化生乎身, 盡性之全功也." 각성 강해, 위의 책, 121~124쪽.

설명하고 있는지 살펴볼 필요가 있다.

> 천연한 본성의 덕인 중(中)은 본체이지만 그 작용이 민생의 일용 사이에 발현된 것을 말하는 것이므로 '용(庸)'이라 한다. 이것은 오로지 성덕(性德)으로 말한 것이요 지어내거나 행하기를 빌릴 것이 없으니 '천도'이다.
> 지금 중화라고 하는 것은 성인이 성덕을 높이면서 학문과 공부로 말미암아 성(性)을 회복하는 극진한 자리에까지 이르는 것이니 이미 그 본체를 얻었고 이제 본체로부터 작용을 일으켜 운수에 상응하여 세상에 나서는 것이다. 이른바 '하늘의 명을 이어 사람의 기준을 세워 임금과 스승을 삼는다'는 것이다. 그러므로 백성들을 위하여 천하의 대본을 세우고 천하의 대도를 행하니 이른바 하늘과 인간의 경계를 융화하여 꿰뚫은 것이므로 '화(和)'라고 하니 이는 곧 인도이다(融貫天人之際, 故謂之和, 乃人道也).[111]

'중용'이 '성(性)'이 구현되는 양상으로서 '천도'라고 한다면, '중

111 "言天然性德之中, 體而用, 發於民生日用之間者. 故謂之庸, 此乃專以性德而言, 不假作爲, 乃天道也. 今言中和者, 乃聖人尊性德而由學問工夫, 做到復性之極處. 已得其體, 今從體起用, 應運出世, 所謂繼天之命, 立人之極, 而爲君爲師. 故爲生民立天下之大本, 行天下之大道, 所謂融貫天人之際, 故謂之和, 乃人道也." 감산 강해, 위의 책, 103쪽.

화'는 '성(性)'을 회복하도록 이끌어 가는 실천 방법인 복성(復性)의 '인도'라 말하고 있다. 즉 '중용'은 천도요 '중화'는 인도라 보고 있는 것이다. 이는 매우 독특한 해석이라 생각된다. 스님은 먼저 '중용'을 성(性)의 체와 용으로 규정하고, 이것이 곧 성덕(性德)이며 그대로 천도라고 주장한다. 그리고 그것을 현실화하여 천인 사이를 융관(融貫)시키는 인간의 도리가 바로 '중화'라고 설파하고 있다. 그렇다면 『중용』에서의 전체 주제는 인도로서의 중화의 실현, 즉 '치중화'임이 확연해진 셈이다. 중용의 '용(庸)'과 중화의 '화(和)'의 한 글자 차이로 인해 천도와 인도의 구분이 생기는 것이니 '화'라는 한 글자에 묘처(妙處)가 있는 까닭에 아래와 같이 반복해서 '화'라는 한 글자를 거듭 설명하고 있다.

> "오직 천하의 지극한 정성〔至誠〕이라야 오직 능히 변화시킨다" 고 했으니 이것이 곧 중화를 능히 이루면 천지가 제자리에 서고 만물이 화육되는 까닭이다. 이 하나의 '화(和)' 자는 이 천지의 온전한 공(功)이며, 성인의 온전한 덕(德)이다〔此一和字, 乃天地之全功, 聖人之全德〕. 어찌 경솔하고 쉽게 지나칠 수 있겠는가.[112]

지극한 성실〔至誠〕이라야 천지(天地)를 잡게 하고 만물(萬物)을

---

112 "故曰, 唯天下至誠, 唯能化, 此所以能致中和, 則天地位焉, 萬物育焉. 此一和字, 乃天地之全功, 聖人之全德. 豈可輕易放過." 각성 강해, 위의 책, 134쪽.

기를 수 있으니 이러한 인도인 중화를 실현시킬 수 있는 이가 곧 성인이라고 말하고 있다. 그렇기에 '화(和)' 한 글자에 천지의 공과 성인의 덕이 온전히 함장되어 있다고 한다. 중용을 발현시키는 결정적 역할을 하는 것이 '화' 한 글자에 달려 있으니 결국 '화'와 '불화(不和)' 여부에 온 천지 만물의 화육과 생명이 죄다 매달려 있는 것이다.

'화(和)'는 마음의 용심(用心)이다. 본성자리를 그대로 잘 간직하고 있다가 절묘하게 발현시키는 것이 '화'이다. 성(性)과 중(中)을 어떻게 펼쳐내는가 하는 것이 '화'였으니 여기에 천지와 만물의 생명과 화육이 달려 있다는 결론은 '일체유심조' 도리와 조금도 다를 바가 없는 것이다.

여기서 한 걸음 더 나아가 감산 선사는 '화(和)'에 관해서 설명하면서, "만약에 화 자를 살펴 체득하면 곧 성인의 치곡(致曲)의 묘(妙)를 알 것이다〔若省得和字, 則知聖人致曲之妙〕."라고도 했고, "이것〔'화'를 말함〕은 곧 성인이 날마다 보고 듣는 곳에서 공부를 하여 진성(盡性)의 극치를 이루는 것이다〔此乃聖人, 於日用見聞處, 做工夫, 以致盡性之極〕."[113]라고 하여 '화'를 인도를 완성해내는 성인의 치곡과 치진성(致盡性)이라는 말로 설명했다. 여기서 '치곡', '치진성'이라고 한 '치(致)'라는 한 글자와 '치중화'라고 했을 때의 '치(致)' 자에 섬세한 주의를 기울일 필요가 있다. 다음은 '치' 자의 의미에 대한 스님의 매우 획기적인 설명이다.

---

113 각성 강해, 위의 책, 124~125쪽.

자기를 완성하고 만물을 성숙시키는 공부가 다 이 하나의 '성(誠)' 자로부터 공부하게 되는 것이다. 그러므로 아래 글에 알고 행하는 차례가 곧 자기를 완성함이요 천하와 국가를 다스리는 데 구경(九經)이 있다는 것은 곧 만물을 성숙시키는 것이다. 더 지극히 말한다면 천지와 더불어 같아짐에 이르는 것이 모두 이 '성(誠)' 자를 크게 밝혀서 이룰 뿐이다. '순임금은 그 대효'라는 말로부터 여기에 이르기까지 수장(首章)의 중화가 천하의 대본과 달도가 된 뜻을 밝혀서 이미 마쳤다. 이 하나의 '성(誠)' 자는 곧 수장에서의 '치중화'의 '치(致)' 자를 나타내어 밝힌 것이다〔此一誠字, 乃發明首章, 致中和之致字也〕.[114]

맨 마지막 문장을 보면, '성(誠)' 자 한 글자가 『중용』 제1장에서의 '치중화'의 '치(致)' 자를 발명해 주고 있다고 했다. 이 문장이야말로 바로 감산 선사의 『중용직지』 전체에서 가장 특색 있고 개성 강한 해석으로 보인다.

'성(誠)'을 보는 시각 역시 '치중화'로 보고 있다는 이야기로 '성실함〔誠〕'을 '성(性)'의 체용을 발현하는 중화의 실현〔致〕을 위한 근

---

114 "成己成物之工夫, 皆從此一誠字, 做將去. 故下文知行之次, 乃成己也, 爲天下國家有九經, 乃成物也. 極而言之, 以至可以與天地參, 皆發明此一誠字而已. 蓋從舜其大孝以來至此, 以明首章, 中和爲天下大本達道之意已竟, 此一誠字, 乃發明首章, 致中和之致字也." 각성 강해, 위의 책, 497쪽.

본조건 내지 방법으로 내포시키고 있는 것이다.[115] 앞서 '중용'은 천도이며 '중화'는 인도라고 했던 것과 관련시키자면 "성실한 자는 하늘의 도요, 성실히 하려는 자는 사람의 도〔誠者 天之道也, 誠之者 人之道也〕"[116]이므로 성실히 하려는 자〔誠之者〕는 인간의 도인 '중화'를 실현하기 위해 성실을 실천하는 것으로 보는 것이다.

『중용』에서 '성(誠)'을 대표하는 문구인 '지성무식(至誠無息)'과 '불성무물(不誠無物)' 모두 '치중화'의 '치(致)' 자를 발명해 주고 있다고 말한다.

> 하나라는 것은 성(性)의 체이니 성(性)은 진실하여 허망함이 없기에 '성(誠)'이라고 말한다. 이것은 이른바 "나의 도는 하나로 꿰뚫었다."고 한 것이 바로 이것이다. 이 '성(誠)'이 곧 성품을 따르는 신표이다〔誠卽率性之信〕.[117]

이처럼 '성(誠)'은 '솔성'의 신표가 되고 '중화'의 실현 방법이 된다. 감산 선사는 『중용』 전체를 미발과 이발의 실천 문제 단 한 가지만으로 단순화시켜 보고 있는 것이다. 이것이 필자가 중화 담론을 거론하고 미발의 문제에 천착하면서 감산 선사를 이 책의 논의

---

115 금장태, 『불교의 유교경전 해석 : 憨山과 智旭의 四書禪解』, 110쪽.

116 주자의 『중용장구』에 의하면 20장에 해당한다.

117 "一者, 性之體也, 性眞無妄, 故謂之誠. 此所謂吾道一以貫之者此耳, 此誠卽率性之信也." 각성 강해, 앞의 책, 490쪽.

에서 다루게 된 가장 큰 이유이다. 감산 선사는『중용』전체를 미발·이발인 중화의 단일 문제로 일이관지한다. 미발·이발은 무엇인가? 한 생각 일어났다 사라지는 문제일 뿐인 것이다. 현재의 일념(一念)일 뿐이다. 의상 대사가「법성게」에서 '일념즉시무량겁(一念即是無量劫)'[118]이라 한 바 있다. 일념의 발(發)과 미발이 천지, 만물의 영겁 세월을 결정하는 어마어마한 사태의 전체이다. 지금 이 한 순간의 생각, 지금 이 순간의 감정의 발현이 어떻게 되느냐에 따라서 우주적 사태가 좌지우지된다는 것을 감산 선사는 유가의『중용』을 통해서 설파하고 있다.

성실(誠實)은 바로 지금 내 마음의 미발·이발인 중화의 찰나적 계기들의 시간적 집합을 통해서만 힘을 발휘할 수 있다. 성실성을 쌓아 가는 것은 솔성을 바탕으로 한 찰나 일념들의 모음으로만 가능하기 때문이다. 그래서 스님은 '성(誠)'이라는 주제 대신에 '치중화'라는 주제로 관통하여 인도를 직지(直指)하고 있는 것이다.『중용』전체의 주제를 '치중화'에 집중한다는 것은 제1장으로 모든 주제를 총섭하고 있다는 이야기이다. 제1장의 종결이 "중화를 이루게 되면 천지가 자리를 바로 잡고 만물이 생육된다〔致中和, 天地位焉, 萬物育焉〕."는 것이므로 한 마음의 올바른 실현이 곧 온 세계의 생명력의 근원이 되고 세상을 창조하는 근본이 된다고 보아 불교의 유

---

118 『法界圖記叢髓錄』에는 "一念者, 約事念說也."라고 되어 있어서 일념(一念)이란 억념(憶念)의 뜻이 아니라 사실로서의 염(念)을 기준으로 한 설명이다. 김지견 역,『一乘法界圖合詩一印』, 초롱, 1997, 47~48쪽.

심(唯心)사상과 회통시키고 있다. 내 마음이 청정하면 온 불국토가 청정하다고 했던 『유마경(維摩經)』의 '심정즉불토정(心淨則佛土淨)'[119]의 정신세계나 『벽암록(碧巖錄)』의 한 송이 꽃이 피니 세계가 일어난다고 했던 '일화개 세계기(一花開 世界起)'[120]의 화엄세계와 다를 바가 없는 것이다.

그래서 감산 선사는 유가의 성인은 '성(性)'의 덕이 실현되고 '중화'를 이룬 인격, 즉 인도를 완성한 인물로 본다. 『중용』에 등장하는 성인인 순(舜), 문왕(文王), 무왕(武王), 주공(周公), 공자는 모두가 '중화'를 이룬 인격, 즉 '치중화'한 인물들이라는 것이다. 『중용』 후반부의 장지를 '성인지덕(聖人之德)', '공자지덕(孔子之德)'으로 본 것도 모두 치중화와 연결지어진 것이다. 감산 선사는 이러한 유가의 모든 성인 가운데 가장 중요하게 생각하는 성인으로 공자를 들고 있다. 맹자가 말한 집대성(集大成)의 설법을 이어받아 공자가 모든 성인의 대성(大成)을 모은 만세(萬世)의 사표(師表)가 된다고 한 것이다.[121]

또한 '성(誠)' 자 한 글자가 '치중화'의 '치(致)' 자 한 글자를 발

---

119 『維摩詰所說經』의 「佛國品第一」 참조.

120 『벽암록』 제19칙의 '俱胝只竪一指'의 수시(垂示)에 나오는 말이다. "垂示云, 一塵擧大地收, 一花開世界起, 只如塵未擧花未開." 불광대장경편수위원회, 『佛光大藏經·碧巖錄』, 臺灣 : 佛光出版社, 1994, 103쪽.

121 "孔子所以繼往聖開來學, 繼天立極, 而集諸聖之大成, 所以爲萬世師表者, 蓋其德之盛, 眞有不可以言語形容者, 皆由至誠工夫而至." 각성 강해, 앞의 책, 809쪽.

명하고 있다고 했으니 이를 좀 더 살펴볼 필요가 있겠다.

주자는 치중화의 '치(致)'를 '미루어 지극히 한다'는 의미의 '추이극지(推而極之)'로 보았다.[122] 이룰 치(致) 자는 이룬다, 성공한다는 뜻으로 그 극치에 이르는 것인데, 그 용례들을 보면 '치중화(致中和)', '치곡(致曲)', '치지(致知)', '치광대(致廣大)' 등으로 다양하며 이 '치' 자는 아주 절묘하게 사용되는 글자이다.[123]

그런데 주자와 감산 선사가 결정적으로 갈라지는 곳이 바로 '치곡'에 대한 해설에서이다.

> 그 다음은 한쪽으로 지극히 함이니, 한쪽으로 지극히 하면 능히 성실할 수 있다. 성실하면 드러나고, 드러나면 더욱 드러나고, 더욱 드러나면 밝아지고, 밝아지면 감동시키고, 감동시키면 변하고, 변하면 화할 수 있으니, 오직 천하에 지극히 성실한 분이어야 능히 화할 수 있다〔其次 致曲, 曲能有誠, 誠則形, 形則著, 著則明, 明則動, 動則變, 變則化, 唯天下至誠, 爲能化〕.[124]

위의 번역은 주자의 주석에 입각한 성백효의 번역이다. '치곡'을 '한쪽으로 지극히 함'으로 번역하고 있는 것을 알 수 있다. 그 이

122 성백효 역주, 『大學·中庸集註』, 61~62쪽.

123 각성 강해, 앞의 책, 491쪽.

124 성백효 역주, 『大學·中庸集註』, 97쪽.

유는 주자가 '치(致)' 자를 '추치야(推致也)'로, '곡(曲)' 자를 '일편야(一偏也)'라고 주석하고 있기 때문이다.[125]

주자의 이 해석에 따르면 '한쪽으로 지극히 한다'의 의미인 '치곡'은 성인에 못 미치는 것으로 오직 성인만이 그 성(性)의 전체를 들어 다하는 것이요, 그 다음〔其次〕인 치곡은 반드시 선(善)한 단서가 발현되는 한쪽으로부터 미루어 지극히 하여 각각 그 극진함에 나아가는 것이 된다.

하지만 감산 선사는 주자가 '곡(曲)'의 의미를 '일편(一偏)'으로 해석한 것과 달리 '곡진(曲盡)', '위곡(委曲)'의 의미로 보고 있다. 즉 널리 응해서 두루 맞는 보편타당함을 말할 때 쓰는 '범응곡당(泛應曲當)'이라는 말로 풀어서 '곡' 자가 곧 '성(誠)' 자이므로 '치곡'은 곧 '치성(致誠)'으로 볼 수 있다고 한 것이다.[126]

스님의 '치곡' 해설에 따르면 여기에서의 '곡(曲)'은 『주역·계사전』에 나오는 '만물을 두루 다 이루어서 유실함이 없다〔曲成萬物而不遺〕.'의 '곡'이라 한다. '곡'은 두루 다 이루다, 지극(至極)하다는 뜻을 가진 '곡진(曲盡)', '위곡(委曲)'을 말하는 것으로 만물을 두루 다 이루어서 버리지 않는다는 의미이니 위곡하게 두루한 것〔委曲周帀〕의 뜻임을 밝히고 있다.[127]

---

125 성백효 역주, 위의 책, 97~98쪽.

126 각성 강해, 앞의 책, 646쪽.

127 "曲, 乃曲成萬物而不遺之曲, 謂委曲周帀之意." 각성 강해, 위의 책, 644~645쪽.

성인과 기차(其次)를 나누는 주자와 달리 감산 선사는 본성자리인 '성(性)'에 있어서는 성인과 범부의 차별이 없음을 말하고 있으며, 곡진하게 자신의 성품을 다한다면 범부가 곧 성인이 되고 치중화의 인도를 다하는 덕성을 갖춘 인물이 된다고 본 것이다. 이 역시 철저하게 '성일원론(性一元論)', '중화일관론(中和一貫論)'적 시각을 지속적으로 제시한 것으로 볼 수 있을 것이다.

주자는 전체를 6대절로 나눈 『중용장구』에서 제3대절의 장지를 '비은'[128]으로 보았으나 감산 선사는 이 역시 '치중화'로 보고 있음을 앞에서 밝힌 바 있다. 다음은 '비은'에 대한 스님의 해설이다.

> '은(隱)'이란 그것이 절대로 보이지 못하고 듣지도 못하는 것을 '은'이라고 말한 것이 아니다. 대개 지극히 넓고 지극히 큰 도의 자리가 지극히 가까운 사이에 있으나 오직 그날마다 쓰면서도 보지를 못함으로 '은'이라 말한 것이니 그러므로 군자의 도는 쓰면서도 은밀하다고 말한다.
> '비(費)'란 지극히 그 광대하고 밝고 밝은 뜻이니 말하자면 그 가장 최고로 광대하고 고명한 성덕(性德)이 평상에 날마다 쓰는, 즉 보고 듣고 알고 느끼는 지극히 가까운 사이에 붙어 있어서 사물마다 있지 아니함이 없고 때마다 그러하지 아니

128 『중용장구』 12장에 "君子之道, 費而隱."이 나온다.

함이 없다.[129]

날마다 쓰면서도 보지 못하므로 '은(隱)'이라 한다고 했다. 결국 '성(性)'을 다르게 풀이한 말이라는 이야기다. 즉 비은 역시 비(費)는 화(和)요, 은(隱)은 중(中)이므로 비은은 결국 중화의 속성을 표현한 말이 되기 때문에 비은을 따로 주제로 삼지 않고 '치중화'의 문제로 풀면 된다는 것이다. 불교적인 시각을 끌어오자면 비은은 '색즉시공 공즉시색(色卽是空 空卽是色)'이라 할 때의 '색공(色空)'의 체용 문제로 보고 있는 것이다. 이처럼 결국은 모든 문제가 '중화'의 문제로 귀결되어 있다.

감산 선사는 "상천(上天)의 일은 소리도 없고 냄새도 없다〔上天之載 無聲無臭〕"[130]는 『중용』의 마지막 시에 대해서도 '진성(盡性)'과 '진심(盡心)'을 강조한 말로 풀면서 '성(性)'으로 관통하여 끝을 맺고 있다.[131]

---

129 "隱者, 非是絶然不見不聞, 謂之隱, 蓋以至廣至大, 而在至近之間, 惟其日用而不見, 故謂之隱耳. 故曰, 君子之道 費而隱. 費者, 謂極其廣大昭明之意, 言其最極廣大高明之性德, 而寓於尋常日用, 見聞知覺, 至近之間, 無時不有, 無時不然." 각성 강해, 위의 책, 258쪽.

130 각성 스님이 '상천(上天)'에 대해서 풀이한 내용을 여기에 소개한다. 각성 스님은 '상천'이 위에 있는 푸른 하늘을 가리킨 것이 아니라 본래의 마음자리를 말한다고 보았다. 상천은 심왕(心王), 본심왕(本心王), 불성(佛性), 천성(天性), 진리, 상제(上帝), 성천(性天), 제일의천(第一義天), 중도제일의제(中道第一義諦), 천중천(天中天=부처님), 상승(上乘), 최상승(最上乘) 등의 말과 같다고 풀이하고 있다. 각성 강해, 위의 책, 697·825쪽 참조.

131 감산 선사의 『중용직지』의 최종 문장은 "學者, 宜盡心焉."이다. 각성 강해,

3) 양명(陽明) 치양지(致良知)의 치(致)와의 만남

지금껏 살펴보았듯이, 감산 선사 『중용직지』의 중용 이해는 '성(性)'과 '중화'를 중심에 놓고 이를 '치중화'로 실현해내는 구조로 관통해 보는 일원론(一元論)적 전일함에 그 핵심이 있다. 이는 감산 선사 자신의 선(禪)사상과 정확하게 동일한 패턴이다. 그는 '일심(一心)'의 선사상을 중추로 삼아 화엄, 천태, 유식의 모든 종파를 통섭하고 선교일원(禪教一元)과 성상일치(性相一致)를 주장했다. 이를 유·도·불로 확대하여 삼교일원(三教一元)의 원융사상을 형성하였고 이러한 그의 '진심일원론(眞心一元論)'[132]적 유심(唯心)사상은 유교의 심성론과 불교의 심성론이 근본에 있어서는 동일하다는 융회적 관점으로 나타났다.

하지만 여기서 잠시 『중용직지』 이외의 다른 저술에서 유교와 불교와의 차이점에 관해 언급한 내용들을 살펴볼 필요가 있다.

스님은 유·불이 심성론(心性論)의 체용 구조는 유사하나 정(情)에서 성(性)으로 돌아가는 길에 상호 간의 차이가 있다고 보았다. 그의 견해에 따르면 유교에서는 정에서 성으로 이르는 길을 각고의 노력이 필요하지만 단박에 도달할 수 없는 "아주 긴 습(習)"의 점

위의 책, 854쪽.

132 夏淸瑕, 「감산 덕청의 선사상」, 『한국선학』 9호, 한국선학회, 2004, 280~289쪽 참조.

수(漸修) 과정으로 보고 있다. 그 이유는 유가가 세속의 정과 인욕을 긍정한 까닭에 도(道)로부터 멀어지기 때문이라는 것이다. 다시 말해 유가는 생멸(生滅)을 근본으로 인정하기에 범부에 가까워질 수밖에 없고 본래 성품을 회복하는 공부에 그만큼 힘이 많이 들게 된다는 것이다. 반면에 불가는 불생멸(不生滅)을 근본에 두고 애욕과 부귀공명의 속세를 멀리함으로 인해서 불성(佛性)에 곧장 들어갈 수 있는 돈오(頓悟)의 길이 열려 있다고 보았다.[133] 즉 유·불의 수행의 특징을 점(漸)과 돈(頓)의 차이로 요약하고 있다.

앞에서 살폈듯이 『중용직지』 저술 내부에서 감산 선사는 불교적 술어를 전혀 사용하지 않았을 뿐만 아니라 유교의 성인 공자를 만세의 사표로 극도로 숭앙하여 유·불 상호 간의 우열을 가리지 않았다.

하지만 노장사상(老莊思想)을 해석할 때엔 인승(人乘)·천승(天乘)·성문승(聲聞乘)·연각승(緣覺乘)·보살승(菩薩乘)의 오승(五乘)으로 구분하여 공자를 인승의 성인이라 하고, 노자를 천승의 성인이라 하여 오승을 뛰어넘은 최상승(最上乘)의 부처보다 몇 단계 아래에 있는 존재로 보아 불교우위론을 전제로 한 삼교융화론을 전개했다.[134]

---

133 夏淸瑕, 위의 논문, 295~296쪽 참조.

134 「관노장영향론(觀老莊影響論)」, "五乘之法, 皆是佛法,…… 由是證知孔子, 人乘之聖也, 故奉天以治人, 老子, 天乘之聖也, 故清淨無欲, 離人而入天, 聲聞緣覺, 超人天之聖也, 故高超三界, 遠越四生, 棄人天而不入, 菩薩, 超

또한 유가의 『대학』에서 마음을 고요하게 하고 안정시키는 '정정(靜定-靜而后能靜)'의 공부를 유식학(唯識學)에 적용하여 전6식(前六識)의 분별하는 사사롭고 망령된 생각을 끊어 제7식으로 귀착되는 자리를 삼은 것으로 보았다. 이에 비해 노자는 '무위(無爲)'를 근본의 극치로 삼았으니 공자보다 한걸음 더 나아가 제7식의 생멸하는 기틀을 굴복시키고 제8식의 정밀하고 맑은 본체를 인식한 것으로 보았다.[135] 즉 유식학에서 보면 공자는 전6식을 끊고 제7식을 지향했으며, 노자는 제7식까지도 굴복시키고 제8식을 인식하는 데까지 나아가 공자보다 한 단계 높은 것으로 지향을 보여주었다는 것이다. 유가와 도가가 모두 제8아뢰야식까지 넘어서는 불교에 비하면 아래 단계임을 분명히 하여 불교포섭일체설(佛教包攝一切說)의 바탕 아래 그의 삼교회통론이 성립되고 있음을 알 수 있다.[136]

하지만 『중용직지』만을 놓고 보면 미발 자체에 대한 스님의 구체적인 언급이 보이지 않아 유식(唯識)의 심식설(心識說)로 단정하여 말하기는 어렵다. 『대학』의 '정정(靜定)' 공부가 제6식을 끊고 제7식을 지향한 것이라 했지만 『중용』의 미발 논의에도 이를 동일하게 적용하여 미발이 제7식을 지향한 것이라 말할 수 있을지는 의문

二乘之聖也, 出人天而入人天, 故往來三界, 救度四生, 出眞而入俗, 佛則超聖凡之聖也, 故能聖能凡, 在天而天, 在人而人, 乃至異類分形, 無往而不入." 憨山, 『憨山老人夢遊集 下』, 北京圖書館出版社, 2005, 334쪽.

135 금장태, 『불교의 주역·노장 해석 : 智旭의 周易禪解와 憨山의 老莊禪解』, 서울대 출판부, 2007, 173쪽.

136 금장태, 위의 책, 174쪽.

인 것이다.[137] 오히려 『중용』의 미발의 중(中)은 제8식에 가까운 것으로 보는 것이 스님의 견해에 가깝게 느껴진다.

감산 선사에게 있어서 『중용』의 미발이발론과 중화 담론은 '문제(problem)'이기는 하나 '문제적(problematic)'이지는 않다. 다시 말해서 미발의 중(中)은 본성〔性〕을 발현시키는 치중화의 주제를 위한 매우 중요한 문제(problem)인 것은 분명하지만 이 미발에 대해서 주자 당사자와 그 주위의 각 학파들처럼 갖가지 의문과 문제의식을 품고 문제화하진 않았다는 것이다. 미발심체(未發心體)에 대한 논쟁과 논변의 흔적이 전혀 보이지 않는다는 것은 감산 선사가 미발의 문제를 매우 단순하게 보고 있다는 증거이다. 그에게 있어서 본성〔性〕과 중은 의심과 의문을 품고 분석할 대상이 아니라 불교의 본성자리와 그대로 동일하게 볼 수 있는 명백한 자리일 뿐이었다. 단지 성실함〔誠〕으로 이루어 나가는〔致〕 것에 그 핵심이 있고 '치중화'가 된다면 천지 만물을 생육하고 제자리를 잡게 하는 점에 있어서 불교 성인, 유교 성인의 차별이 없다고 본 것이다.

즉 미발은 그대로 중(中)이며 이는 곧 성(性)의 본체이므로 미발에 대한 외부적 논의를 안으로 들여오지 않는 대신에 『중용』의 중요한 주제들을 일사불란하게 이 '중화'에 수렴함으로써 미발〔中〕과

---

137 제8식과 돈오의 관계에 대한 스님의 구체적인 분석이 없는 것은 아니다. 『팔식규구통설(八識規矩通說)』과 같은 전문적인 유식학 관련 저술에서 논의한 것이 있으니 이는 제5장의 성철 선사 부분에서 그 일단을 관규(管窺)해 볼 것이다.

이발〔和〕의 성취〔致〕를 강조했다. 미발과 이발의 중화는 근본자리로 변함이 없고 그것을 수행을 통해서 어떻게 실현〔致〕시키는가에 유·도·불의 차이가 존재할 따름이라고 생각했던 것으로 보인다.

그러므로 스님의 『중용』 해석은 역대 그 어떤 『중용』 해석보다 성(性)에 철저했고 중화에 충실했다고 할 수 있다. 적어도 이 본성자리에 있어서는 유·도·불이 다를 것이 없다고 보았다. 비교 우위에 있어서 궁극적으로 수행 방법의 측면에서는 유가의 점수적(漸修的) 수행이 불가의 돈오적(頓悟的) 수행보다 더디고 『대학』에서 밝힌 육사(六事) 가운데 정정(靜定)의 방법론이 무의식 심층의 번뇌까지 모두 멸진(滅盡)시키지 못한다고 보았다. 하지만 미발의 중(中)과 본성〔性〕에 있어서는 삼교성인(三教聖人)에게 차별이 있을 수 없다고 본 것이다.

주자보다 400년 뒤의 시대를 살았던 스님이 주자가 중화와 성(誠)을 양분해서 본 것을 수정하여 치중화 하나로 융합시켜 '(致=誠)+中和'의 일관론(一貫論)으로 관통한 이유는 본성〔性〕에 대한 더욱 철저한 인식이 필요하다고 판단했기 때문일 것이다. 주자가 아무리 심통성정(心統性情)을 체용일원(體用一元)으로 합일하여 보고자 한다고 해도 여전히 성(性)을 객관적인 심체(心體)로 보아 미발과 이발이 치중공부(致中工夫)와 치화공부(致和工夫)로 분리되는 느낌을 지우기는 힘들다. 이런 면에서 감산 선사는 이것을 하나의 중화로 합일시켜 '치(致)'에 몰입할 것을 강조한 것이다.

이런 측면에서 보자면 감산 선사의 미발론(未發論)은 주자의 미발론보다는 왕양명(王陽明, 1472~1529)의 미발론에 더욱 근접해 있음을 알 수 있다. 양명은 미발·이발의 '본체'가 있다는 것은 인정했지만 미발·이발의 '공부'가 따로 있다는 것은 승인하지 않았다.[138]

『전습록(傳習錄)』에 보면 천하의 대본(大本)으로서의 미발지중을 사람들이 모두 갖추고 있는가의 문제에 관해, 양명은 어떤 때엔 "중화는 사람들마다 원래 지니고 있다〔中和是人人原有的〕.", 혹은 "양지는 곧 미발지중이고, 확연대공이며 적연부동의 본체로서 사람들마다 똑같이 갖추고 있다〔良知卽是未發之中. 卽是廓然大公, 寂然不動之本體, 人人之所同具者也〕."라고 말하기도 했지만, 어느 때엔 "미발지중을 보통 사람들이 모두 지니고 있다고 말할 수는 없다."라고 말하기도 했다. 전자는 본체의 층위에서 말한 것으로 이때 갖추었다는 것은 선천적으로 양지(良知)인 미발지중을 본래부터 구비했다는 의미이며, 후자는 공부(工夫)와 경계(境界)의 층위에서 말한 것으로 후천적인 실천과 공부를 통해 양지 본체를 온전히 보존해야 한다는 의미이다. 결국 여기서 양명은 본체로서의 미발지중과 경계로서의 미발지중을 구분하고 있음을 알 수 있다. '경계의 중(中)'은 선험적으로 가지고 있는 본체의 중이 사욕에 의해 가려지지 않도록 일정한 수양을 거쳐야 비로소 도달할 수 있는 것으로 본다.[139] 정이천(程伊

---

138 陳來 지음, 전병욱 옮김, 앞의 책, 129쪽.

139 왕양명 지음, 정인재·한정길 역주, 『傳習錄 1』, 청계, 2001, 190쪽 '해설' 부분 참조.

川)의 구중설(求中說) 비판과 이연평(李延平)의 미발기상체험의 상호 모순에 대한 양명의 견해는 다음과 같았다.

> 육징(陸澄)이 물었다. "이천은 '희로애락이 발하기 전에 중(中)을 구하는 것은 합당치 않다'고 했으나 연평은 오히려 배우는 이에게 발하기 전의 기상(氣象)을 보라고 가르쳤는데 어떻습니까?" 양명은 답했다. "모두 다 옳다. 이천은 사람들이 미발지전에 중을 구하여 중을 하나의 사물로 간주할까 걱정하였다. 이것은 내가 이전에 '기운이 안정될 때를 중으로 여긴다'고 한 말과 같다. 그러므로 이것은 사람들에게 다만 함양하고 성찰하는 데서 공부하도록 한 것이다. 연평은 사람들이 착수처를 얻지 못할까 염려하여 사람들에게 시시각각으로 감정이 발하기 이전의 기상을 구하게 한 것이다. 그는 사람이 눈을 똑바로 떠서 오직 이것만을 보게 하였고 귀를 기울여 오직 이것만을 듣게 한 것이다. 바로 '보이지 않는 것에도 경계하고 삼가며 들리지 않는 것에도 두려워하라'는 공부이다. 모두 다 옛사람들이 사람들을 인도하기 위하여 어쩔 수 없이 한 말이다."[140]

---

140 "75조목 : 問, 伊川謂, 不當於喜怒哀樂未發之前求中. 延平卻教學者看未發之前氣象何如. 先生曰, 皆是也. 伊川恐人於未發之前討箇中, 把中做一物看, 如吾向所謂認氣定時做中. 故令只於涵養省察上用功. 延平恐人未便有下手處. 故令人時時刻刻求未發前氣象, 使人正目而視惟此, 傾耳

왕양명의 치양지(致良知) 학설은 내외(內外)의 통일, 동정(動靜)의 통일, 지행(知行)의 통일이라는 미발지중의 체용일원의 원칙에 철저하다. 본체〔體〕와 작용〔用〕이 늘 하나가 되는 것에 초점이 맞춰져 있다. 리(理)가 앞서고 기(氣)가 뒤인 이선기후(理先氣後)나 미발이 앞에 오고 이발이 뒤에 오는 시간적 선후의 문제가 아닌 것으로 본다. 선천양지(先天良知)가 미발지중에 있으나 미발지중을 유지하지 못하는 데에 문제가 있는 것으로 본다. 양명은 주자의 미발, 이발의 중화론이 체용일원을 표방하고는 있지만 결국 체용을 이원화하는 동정이원(動靜二元)의 공부수행론으로 변질됐다고 비판한다. 치중공부와 치화공부로 분리된 치중화를 치양지(致良知)의 공부로 일원화하여 합일하고자 한 것이다.[141]

이런 면에서 감산 선사의 치중화론(致中和論)은 양명의 치양지론(致良知論)과 매우 유사하다. 양명의 치양지는 불교의 『대승기신론』에서 말한 본각(本覺)과도 아주 흡사하다고 볼 수 있다. 그는 '양지(良知)'를 '천성명각(天性明覺)', '소명영각(昭明靈覺)', '천식영근(天

而聽惟此. 即是戒愼不睹, 恐懼不聞的工夫, 皆古人不得已誘人之言也." 왕양명 지음, 정인재 · 한정길 역주, 위의 책, 232쪽.

141 양명이 주자의 『중용』 해석을 이원론적 중용 해석으로 보고, 치양지(致良知)의 일심설(一心說)을 바탕으로 성(性) · 도(道) · 교(敎)를 일원적으로 체계화하며, 중화를 양지체용(良知體用)의 일원 체계로 본 것에 대해서는 다음의 논문을 참조. 김세정, 「왕양명의 생명중심의 일원론적 『중용』 해석」, 『동서철학연구』 제22호, 한국동서철학회, 2001.

植靈根)' 등으로 부르고 있다.[142] 하늘이 인간에게 선천적으로 심어 준 신령스런 근원이며 밝고 밝은 지각이라는 의미이니 결국 『중용』 수장의 '성(性)'과 같은 의미이면서 대승불교의 여래장, 본각(本覺)과 매우 유사한 설명 방식이다.

양명의 미발론은 주자의 성즉리 이론이 마음의 자율성을 제한한 것으로 보고 주자의 이러한 한계를 비판하고 극복하려는 목적에서 나온 것이다. 주자는 마음[心]과 본성[性]을 엄격하게 나누었기 때문에 공부론에서도 마음이 미발 상태에서는 본성을 간직하는 존양(存養)공부가, 이발 상태에서는 드러난 현상을 잘 살피는 성찰(省察)공부가 필요하다며 2종의 공부를 제시한 것이다. 양자를 전후·내외·동정으로 나누어 치중공부와 치화공부로 나누어 설명한 것은 결국 주자가 마음[心]과 본성[性]을 엄격히 분리한 것 때문인데 이것은 사람들의 양지양능(良知良能)을 믿고 맡기기보다는 인심(人心)의 사욕(私欲)을 경계하는 데 초점이 더 맞춰졌기 때문으로 보인다. 반면 양명이 누구나 다 알 수 있다는 의미의 '양지'라는 말을 강조한 것은 사람의 본성에 대한 믿음과 수행에 대한 격려와 신뢰가 바탕에 있었기 때문에 가능했던 것이다. 따라서 양명은 체용일원의 입장에서 미발의 심체(心體)인 양지가 바로 이발의 심용(心用)인 현상 속에서 그대로 작용하고 있으므로 굳이 중(中)과 화(和)를

---

142 정인재, 「왕양명의 양지체용에 의한 미발론」, 『철학연구』 38집, 고려대 철학연구소, 2009. 9, 142~143쪽.

존양과 성찰로 나누어 공부할 필요가 없다고 주장한다.

이처럼 양명의 중화설은 치양지 하나로 요약되기에 주자에 비해 간단하고 쉬우며 직접 호소하는 측면을 가지고 있었다. 감산 선사가 살았던 명말의 만력(萬曆) 연간에는 여전히 양명학의 후속 학파들이 선풍적 인기를 구가하고 있었으니 이 또한 그만한 이유가 있었던 것이다.

양명은 37세 때 용장(龍場)에서의 오도(悟道)를 체험하면서부터 "성인의 도는 내 성(性) 안에 자족되어 있으므로 사물을 통해 리(理)를 구하던 태도가 잘못이었음을 비로소 알게 되었다."고 하였다.[143] 그때부터 양명은 '외물'과 '외물의 리'라는 문제를 자신의 철학으로부터 단호하게 잘라내고 더 이상 논의하지 않고 오직 '양지'를 체득할 것을 극력 주장했다.[144]

그리고 자신 스스로 『논어·자로』와 『맹자·진심 하』에서 언급된 중행(中行)-광(狂)-견(狷)-향원(鄕願)의 인간 유형에서 광자(狂者)가 되겠노라고 선언한다.

> 나 자신도 이전에는 향원(鄕願)과 같은 면이 있었다는 점을 인정하지 않을 수 없다. 그러나 이제 양지를 믿게 되고는 옳은 것은 옳게, 그른 것은 그르게 마음에 비치는 그대로 실천할 뿐

---

143 陳來 지음, 전병욱 옮김, 앞의 책, 50쪽.

144 陳來 지음, 전병욱 옮김, 위의 책, 51쪽.

> 어떤 것을 꾸미고자 하는 마음이 없다. 나는 이제야말로 광자(狂者)의 마음을 가지게 되었다. 세상 사람들이 모두 언행이 일치될 수 없는 쓸데없는 이상이라고 비난해도 좋다.[145]

'내 양지로 살펴서 그르면 공자의 말이라고 해도 옳다고 할 수 없다'[146]는 양명의 말은 '오로지 참된 성(性)에 도달하는 것을 목적으로 할 뿐, 악명을 세상에 남기게 되는 것도 돌아보지 않는다.'라는 양명학 좌파의 '광(狂)'을 낳게 되고, 심지어 '광이야말로 성학(聖學)에 들어가는 진정한 길이자 출발점으로까지 강조되었다.[147]

양명의 양지설(良知說)이 내포한 삼교일치적 단서를 발전시킨 것은 양명학의 좌파 계열의 두 제자인 왕심제(王心齊 : 王艮, 1483~1540)와 왕용계(王龍溪: 王畿, 1498~1583)였다. 태주학파(泰州學派)를 연 왕심제는 "도(道)는 하나일 뿐이다. 중(中)이요, 양지(良知)요, 성(性)이요, 일(一)이다. 이 이치를 알면 현현성성(現現成成)하며, 자자재재(自自在在)하게 된다."[148]라고 하여 양명의 치양지를 승계했다.

---

145 "312조목 : 我在南都已前, 尙有些子鄕願的意思在. 我今信得這良知, 眞是眞非. 信手行去, 更不著些覆藏. 我今纔做得箇狂者的胸次. 使天下之人都說我行不掩言也罷." 왕양명 지음, 정인재·한정길 역주, 『傳習錄 2』, 청계, 2001, 802쪽.

146 시마다 겐지 지음, 김석근·이근우 옮김, 『주자학과 양명학』, 까치, 1986, 198쪽.

147 시마다 겐지 지음, 김석근·이근우 옮김, 위의 책, 199쪽.

148 『王心齊全書』 권3, 「語錄」. 조영록, 「왕양명과 명말의 불교 - 삼교합일설을 중심으로」, 『동양사학연구』 44집, 동양사학회, 1993, 140쪽 재인용.

양지설은 이와 같이 유·도·불 삼교일치의 주장으로 나아가기에 매우 용이한 학설임을 쉽게 짐작할 수 있다. 왕용계는 '양지야말로 삼교의 핵심'[149]이라고 역설했다. 일생 동안 왕용계의 사상에 기울어 있었던 이탁오(李卓吾, 1527~1602)는 불교를 매우 독실히 신봉했음을 자신도 공언했고 저술에서도 분명하게 밝혔다. 이탁오는 미발에 대해 삼교회통론적 시각에서 다음과 같은 일성(一聲)을 남겼다.

> 삼교(三教)의 성인이 각기 다르다고 한다면 되겠는가? …… 지일성(地一聲)은 도가의 가르치고 학문하는 화두(話頭)이며, 미생지전(未生之前)은 석가의 가르치고 학문하는 화두이며, 미발지중(未發之中)은 우리 유학의 가르치고 학문하는 화두이니 같은가? 다른가? 오직 진실하게 자기 성명(性命)을 위하는 자만이 묵묵히 스스로 알 것이다.[150]

유가 『중용』에서 말하는 미발의 중(中)이 불가의 근본자리인 부모미생전(父母未生前)의 본래면목과 조금도 다르지 않은 성명(性命)임을 이탁오는 역설하고 있다.

양명의 삼교합일사상은 그의 치양지설(致良知說)에서 시작하

149 『龍溪王先生全集』, 「復陽堂會語」, "先師良知之學, 乃三教之靈樞." 시마다 겐지 지음, 김석근·이근우 옮김, 앞의 책, 184쪽 재인용.

150 『續焚書』, 「答馬歷山書」. 조영록, 앞의 논문, 145쪽 재인용.

여 유교의 명교(名教)를 비교적 중시하지 않는 양명학 좌파들에 의해 발전적으로 전개되었고, 이렇게 심학화(心學化)된 유교와 유가적 교양을 기초로 한 불교관이 융회되어 발전하다가 명말 만력 연간에 사대고승에게서 일시에 꽃을 피운다. 감산 선사의 탑명(塔銘)에는 관지도(管志道, 1538~1608), 나근계(羅近溪, 1515~1588) 등의 상당수의 양명학자의 이름이 올라[151] 있어서 양명학파와 감산 선사와의 상호 교류를 유추할 수 있게 해 준다.

감산 선사의 중화설을 보면 주자나 양명에 대한 언급은 일체 없다. 그리고 불교 교학의 흔적도 전혀 드러내지 않았다. 그러나 '성(性)'에 철저했고 '중화'를 굳이 '중(中)'과 '화(和)'로 나누어 설명하려 하지 않고 '치중화'에 합일시켜 하나의 문제로 집중해서 설명했던 것을 보면 확실히 양명과 지근거리에 있었다는 것을 알 수 있다. 이는 양명이 용장에서의 오도의 체험을 바탕으로 천명인 본성(本性)을 맹자의 '양지'로 보아 치중(致中), 치화(致和)의 양면공부로 나누지 않고 치양지 하나로 합일시켰던 것과 거의 유사해 보인다. 양명에 따르면 중은 양지의 본체〔體〕이며, 화는 양지의 작용〔用〕이다.[152] 이러한 전체대용(全體大用)의 입장에서 치중과 치화는 치양지

151 荒目見悟의 『憨山德清の生涯とその思想』, 163쪽에는 管志道, 周汝登, 陶望齡, 王時傀, 鄒南皐, 羅近溪 등의 양명학자들의 이름이 탑명에 기록되어 있다고 한다. 조영록, 위의 논문, 156쪽 재인용.

152 "155조목 : 體卽良知之體, 用卽良知之用." 왕양명 지음, 정인재·한정길 역주, 『傳習錄 1』, 468쪽.

로 일원화된다.

양명의 핵심사상인 '치양지'의 '치(致)' 자와 감산 선사가 주제로 삼았던 '치중화'의 '치(致)' 자가 여기에서 만나 서로 상통하게 되는 것이다. 스님이 중용 후반부의 '성(誠)'을 '치' 자 하나로 수렴한 것은, 마치 양명이 미발지중이 있으면 곧 중절지화(中節之和)가 따라 있게 된다[153]는 '치양지'의 일사로 풀어낸 '치중화'의 일원적 체계와 흡사한 패턴이다. 한마디로 복잡하지 않고 단순하다. 스님이 '뼛속까지 성(性)과 중화'였다면 양명은 '오로지 양지'였던 것이다.

감산 선사의 '치중화론(致中和論)'을 왕양명의 '치양지론(致良知論)'과 함께 다룬 논의는 아직 찾아볼 수 없다. 하지만 감산 선사의 '치중화론'을 왕양명의 '치양지론'과 함께 논의할 수 있는 가장 큰 근거는 중화일원론(中和一元論)을 강조하기 위한 '치(致)'의 특별한 의미 부여에서 계발받은 바 크다. 양명이 치중화라는 용어가 치중, 치화로 분할되는 것을 꺼려 중화 자체를 양지로 대체해 치양지의 일원론으로 만든 것과 동일한 고민의 흔적을 발견할 수 있었다.

이상으로 감산 선사의 중화일관론적인 중화 담론을 살펴보았다. 미발의 중(中)과 관련한 한층 더 전문적인 논의는 유식학의 심식설(心識說)을 본격적으로 『중용』 해석에 동원하여 분석한 우익 지욱 선사의 다음 논의에서 살펴보기로 한다.

---

153 "45조목 : 蓋體用一源, 有是體, 卽有是用, 有未發之中, 卽有發而皆中節之和." 왕양명 지음, 정인재·한정길 역주, 위의 책, 189쪽.

2
우익 지욱의 유맥귀불론(儒脈歸佛論)

우익 지욱 선사는 운서 주굉(雲棲袾宏, 1535~1615), 자백 진가(紫柏眞可, 1543~1603), 감산 덕청과 더불어 명말사대사로 일컬어지는 인물이다. 그는 유·불·도 삼교의 근원이 같다고 보는 '삼교동원론(三教同源論)'을 주창하는 사상적 특징을 보여 주며, 불교 제종파 역시 회통시켜 성(性)·상(相)의 조화, 선(禪)·교(教)의 조화, 천태·유식의 융통, 천태·선종의 절충, 율(律)·교(教)·선(禪)·밀(密)을 회통하는 사상적 경향을 띠면서[154] 62부 230여 권의 방대한 저술을 남겼다.

어려서 육상산과 왕양명의 심학(心學)에 심취하여 불가와 도가를 비판하는 논문을 수십 편 썼으나 운서 주굉 스님의 『자지록(自知錄)』과 『죽창수필(竹窗隨筆)』을 읽고 크게 반성하여 그간 썼던 벽불(闢佛) 관계 논문들을 모두 불태웠다고 한다.[155]

20세에 『논어』를 읽고 공안(孔顏)의 심법을 깨달았다고 하며 24세 때는 당시 불교계에서 가장 유명했던 감산 선사를 꿈에 세 번씩이나 만났다고 한다. 지욱 선사는 감산 선사의 저술에도 매우 심

---

154 금장태, 『불교의 주역·노장 해석 : 智旭의 周易禪解와 憨山의 老莊禪解』, 3쪽.

155 智旭 著, 陳德述 註釋, 『周易·四書禪解』, 北京 : 團結出版社, 1996, 307쪽.

취해 있었으나 감산 선사가 머물고 있던 조계(曹溪)가 멀어 찾아 모시지 못하고 항주(杭州)에서 감산 선사의 제자인 설령(雪嶺) 스님을 은사로 출가하여 손상좌가 되었다. 출가 이듬해 감산 선사는 원적에 들었다고 한다. 출가하자마자 유식학 강의를 들었으며, 20대 후반 병을 얻은 이래 천태학과 정토의 염불과 참선을 병행하여 수행한 결과 결국 병이 나았다고 한다.

지욱 선사가 살던 중국 명말 때에는 선종과 정토종(淨土宗)이 유행했으나 불교계 전체는 피폐하고 쇠미해져 있었다. 당시 불교계에 대해 문제의식을 갖고 있던 지욱 선사는 계율을 널리 펴겠다는 뜻을 세우고 『범망경(梵網經)』을 주해하고자 하였다. 그런데 『범망경』에 대해 다양한 종파의 견해가 있었기에 어떤 종파의 견해를 중심으로 할 것인지에 대해 불전에서 제비를 뽑았다고 한다. 우익 지욱 자신의 견해를 포함해서 현수 법장(賢首法藏)의 화엄종(華嚴宗), 천태 지의(天台智顗)의 천태종(天台宗), 자은 규기(慈恩窺基)의 법상종(法相宗) 등 총 네 가지 견해를 놓고 제비를 뽑았는데 번번이 천태종이 나온 까닭에 천태학을 중심으로 교학 연찬에 몰입했다고 한다.[156] 그의 중용 해석에 특히 천태교판과 천태교학이 많이 등장하는 것은 바로 이러한 연유가 있었던 것이다.

불교에는 크게 성종(性宗)과 상종(相宗)이 있다. 성종은 천태종,

---

156 지욱 선사 저, 박태섭 역주, 『周易禪解』(불광출판사, 2010)의 8~9쪽 '지욱 스님의 생애'를 정리·요약한 것임.

화엄종, 선종 등으로 진여연기(眞如緣起)를 주장하며 '일심(一心)'을 제법을 만든 본원으로 설명한다. 상종은 법상유식종(法相唯識宗)을 대표로 하고 아뢰야연기를 주장하며 '식(識)'이 제법을 만든 본원이라고 설명하고 있다. 하지만 지욱 선사는 성상이종(性相二宗)이 물과 파도와 같이 나뉠 수 없음을 강조하여 성상융회(性相融會)를 주창하였다.

지욱 선사는 선(禪)과 교(教)에 관해서도 선은 무언지교(無言之教)요, 교는 유언지선(有言之禪)이라 하여 선의 천칠백 공안(公案)과 교의 3승 12분교를 회통코자 하였다.[157] 또한 선종과 정토종을 융합하여 선과 염불을 함께 닦을 것을 주장하여 살아서는 불성을 깨치고 죽어서는 불국토에 태어난다는 '생견불성 사생불국(生見佛性 死生佛國)'의 선정쌍수(禪淨雙修)를 강조했다.[158]

유·불·도 삼교에 있어서도 삼교 모두 '자심(自心)'을 근원으로 삼는 것이므로 삼교동원(三教同源)이며, 삼교성인들의 공통적인 근본 임무는 본심(本心)에 어둡지 않도록 교화하는 '불매본심(不昧本心)'이었을 뿐임을 강조했다. 유가와 불가는 동일한 심성지학(心性之學)을 근본으로 하는 유불일가(儒佛一家)임을 역설하였다.[159]

---

157 智旭 著, 陳德述 註釋, 앞의 책, 307~308쪽 陳德述의 서언(序言)을 요약·번역하였다.

158 중국 근대의 정토사상의 선지식 인광(印光, 1861~1940) 스님이 쓴 『사서우익해(四書藕益解)』의 「중각서(重刻序)」(1919년)에서 인용하였다. 智旭 著, 陳德述 註釋, 위의 책, 321쪽.

159 智旭 著, 陳德述 註釋, 위의 책, 308~309쪽.

지욱 선사는 유·불 조화론적 인식을 바탕으로 유가의 사서와 『주역』을 불교적 입장에서 주석하여 선해(禪解)했다. 그는 제자를 가르치는 과정에서 제자가 불교의 진리를 깨우치지 못하자 불교의 근원적 진리를 드러내는 데 도움이 되게 하기 위해 유가 사서의 해석을 시작했다고 한다.[160]

그는 선해를 통해서 선가(禪家)에서는 유가의 입장을 이해하게 하고, 유가에서는 선(禪)을 알게 하고자 하는 '이선입유(以禪入儒)'와 '유이지선(儒以知禪)'의 양가 회통을 구현하고자 했다.[161] 이는 양가의 상이함을 인정하면서도 양가가 대상으로 삼는 법계(法界)는 하나일 수밖에 없다는 그의 신념이 작용한 것으로 보아야 한다.[162] 47세 때 『주역선해』를 시작으로 49세 때 『논어점정(論語點睛)』, 『맹자택유(孟子擇乳)』(일실됨), 『중용직지』, 『대학직지(大學直指)』의 속칭 사서선해(四書禪解)[163]를 저술했다. 그 가운데 이 책의 논의 중심에 있

160 금장태, 『불교의 유교경전 해석 : 憨山과 智旭의 四書禪解』, 3쪽.

161 방인, 「퓨전의 시대와 크로스오버의 철학 : 지욱의 주역선해를 읽고」, 『문학 사학 철학』 10호, 한국불교사연구소, 2007. 10, 217~218쪽.

162 지욱 선사의 일진법계(一眞法界)에 대한 신념이 기독교에는 적용되지 않았다. 그는 기독교에 대해서는 『천학초징(天學初徵)』, 『천학재징(天學再徵)』 등의 저술을 써서 배격하고 있다(방인, 위의 논문, 225쪽 참조). 이는 제5장 제2절에서 논할 한국의 탄허 선사의 기독교에 대한 포용적·회통적 관점과는 차이를 보이고 있어 구분할 필요가 있다.

163 이 책에서 사용하는 저본은 智旭 著, 『周易·四書禪解』(成都 : 巴蜀書社, 2004)와 智旭 著, 陳德述 註釋, 『周易·四書禪解』(北京 : 團結出版社, 1996)의 2종인데 북경본은 陳德述의 주석이 있어서 참고하기에 용이하다. 국내에서 출판된 지욱 선사의 저술은 탄허 선사가 번역한 『현토역주(周易禪

는 『중용직지』는 마음의 근원을 곧바로 가리킨 '직지심원(直指心源)'의 저작이자 영산사수(靈山泗水)의 심법(心法)을 회통한 역작이라 하겠다.[164] 명대 불교의 커다란 특징은 유·불·도 삼교일치론의 확산에 있었는데 이런 측면에서 보자면 지욱 선사의 삼교회통론의 업적은 명대 불교의 괄목할 만한 성취로 꼽힐 수 있다는 평가를 받을 만하다.[165]

최근 들어 국내에서도 지욱 선사에 대한 학위논문들이 본격적으로 나오고 있으며 연구 성과도 점차 증가하는 추세에 있으니 매우 고무적인 일이라 하겠다.[166]

解)』(전3권, 교림, 1996)과 박태섭 역주, 『주역선해』(불광출판사, 2010)의 2종이 있으나 『사서선해(四書禪解)』의 번역본은 찾아볼 수 없다. 원서(原書)의 명칭은 『사서우익해(四書蕅益解)』이지만 대부분의 저술에서 편의상 통칭 『사서선해』로 사용하고 있으므로 이 책에서도 『사서선해』라는 명칭을 그대로 사용하고자 한다.

164 智旭 著, 陳德述 註釋, 앞의 책, 320~321쪽의 인광 스님의 표현을 그대로 가져온 것이다.

165 프랑스의 저명한 중국학자인 뽈 드미예비에가 『중국불교사 개론』에서 지욱 선사를 평한 내용이라 한다. 지욱 선사 저, 박태섭 역주, 앞의 책, 10쪽에서 재인용.

166 번역본으로는 智旭 대사 저, 송찬우 역, 『金剛經破空論』(세계사, 1992)이 있고, 단행본으로는 금장태의 『불교의 유교경전 해석 : 憨山과 智旭의 四書禪解』(서울대 출판부, 2006)와 『불교의 주역·노장 해석 : 智旭의 周易禪解와 憨山의 老莊禪解』(서울대 출판부, 2007)가 있다. 학위논문으로는 길봉준(청화), 「「주역선해」에 내재된 불교사상과 유교사상 연구」(동방대학원대학교 박사학위논문, 2010. 2)와 임헌상의 「우익지욱의 정토사상 연구 : 「아미타경요해」를 중심으로」(동국대 불교학과 석사학위논문, 2010. 2)와 홍종숙의 「지욱의 『주역선해』 번역 연구 : 건곤괘를 중심으로」(원광대 동양철학과 석사학위논문, 2006. 2)가 있다. 학술논문은 다음과 같다. 길봉준(청화), 「『周

1) 제6식의 중(中)과 제8식의 성(性)

지욱 선사는 『중용직지』의 시작부터 다음과 같은 선언으로 미발의 중(中)에 대해 단도직입적으로 설명하고 있다.

> '중(中)'이라는 한 글자는 이름은 같으나 실제는 다르다. 『중용』에서 희로애락이 미발한 것을 '중'이라고 한 것이 '정(情)'을 따라 이것을 풀이한 것이라면 다만 '독두의식(獨頭意識)' 방면의 일일 뿐이다. 『노자(老子)』(5장)에서 "중을 지키는 것만 못하다"고 한 것은 제7식〔말나식〕의 본체와 대략 비슷한 것인데도 후세의 현학(玄學)에서 몸 안에 있는 것으로 국한시킨 것은 또한 노자의 본뜻이 아니다.[167]

지욱 선사가 유가 『중용』에서의 미발의 중(中)을 유식학에서 말하는 제6식 가운데에서도 '독두의식(獨頭意識)'[168]이라고 꼬집어

易禪解』에 內在된 華嚴·天台思想에 대한 研究」, 『白岳論叢』 제2집, 동방대학원대학교 출판부, 2009. ; 최일범, 「『주역선해(周易禪解)』 연구 : 성수불이론(性修不二論)을 중심으로」, 『儒教思想研究』 제29집, 한국유교학회, 2007. ; 최일범, 「『周易禪解』의 철학사상에 관한 연구」, 『伽山學報』 제11호, 가산불교문화연구원, 2003.

167 "中之一字, 名同實異, 此書以喜怒哀樂未發爲中, 若隨情解之, 只是獨頭意識邊事耳. 老子不如守中, 似約第七識體, 後世玄學, 局在形軀, 又非老子本旨矣." 智旭 著, 『周易·四書禪解』, 成都 : 巴蜀書社, 2004, 325쪽.

168 금장태는 "只是獨頭意識邊事耳."라는 구절을 "다만 오로지 '의식' 쪽의 일

해석한 것은 매우 획기적인 언명에 해당하므로 이 '독두의식'에 대해서 잠시 『가산불교대사림(伽山佛教大辭林)』의 설명을 살펴보자.

> 중국 법상종에서 주장하는 사종의식(四鍾意識)인 명료의식(明了意識), 정중의식(定中意識), 독산의식(獨散意識), 몽중의식(夢中意識) 중 명료의식을 제외한 나머지 세 가지 의식을 통틀어 독두의식이라 한다. 이 세 가지 의식은 공통적으로 전5식과 함께 일어나는 것이 아니라 오로지 의식만이 홀로 일어나는 것이므로 독두의식이라 한다. 『종경록』 권49에 "독두의식에는 세 가지가 있다. 첫째는 산위의 독두의식이니 삼량(三量 : 現量·比量·聖言量)에 통한다. 많은 경우 이것은 비량이 아니다. 만약 현량을 반연한다면 이것은 오식(五識)을 얻어 독산의식을 끌어 일으킨다. 첫 찰나에서 전 찰나의 오식을 대상으로 하여 전 찰나의 오식의 인식대상이 그 자성을 얻는 것을 현량이라 이름한다. 둘째로 선정 중의 독두의식이니 이것은 다만 현량이다. 셋째로 꿈속의 독두의식이니 이것은 삼량의 어느 것에도 속하지 않는다. 만약 견분뿐이라면 삼량에 속하

일 뿐이다."라고 번역했다. '의식(意識)'은 제6식이므로 크게 틀린 말은 아니라 할지라도 제6식의 '의식' 가운데 독두의식(獨頭意識)과 같이 매우 다양한 층차가 있다는 것은 간과했던 것 같다. 금장태, 『불교의 유교경전 해석 : 憨山과 智旭의 四書禪解』, 122쪽.

지 않고 내적으로 견분과 상분이 있다면 이것은 현량이다."[169]

유식학에서 말하는 제6식 내부에는 안(眼)·이(耳)·비(鼻)·설(舌)·신(身)의 전5식(前五識)을 동반하는 오구의식(五俱意識)과 전5식을 동반하지 않고 독립적으로 일어나는 불구의식(不俱意識)이 있다. 독두의식은 불구의식에 속한다. 이 독두의식에는 정중독두의식(定中獨頭意識), 독산독두의식(獨散獨頭意識), 몽중독두의식(夢中獨頭意識)의 세 가지가 있다. 정중독두의식은 선정 중에서의 독두의식을 말한다. 독산독두의식은 외부세계와 관계없이 일어나는 산만한 환상이나 착각 같은 것을 말한다. 몽중독두의식은 말 그대로 꿈속에서 작용하는 의식으로 깨어 있는 의식과 구별된다. 여기에서 정중독두의식이 선정 속에서의 독두의식이므로 미발 논의와 가장 관련성이 깊어 보여 관심을 끌긴 하지만 이 역시 무의식 깊은 곳으로 들어간 선정이 아닌 제6식이라는 분별식 내부에서의 의식이라는

---

169 가산 지관 편저, 『伽山佛敎大辭林』 卷5, 가산불교문화연구원, 2003, 62~63쪽. 독두의식에 관해서 『번역명의집』 권6에는 다음과 같이 설명하고 있다. "제6의식에는 다섯 가지가 있다. 첫째로는 선정 중의 독두의식이니 선정 중의 대상을 인식하는 것이다. 선정의 대상에는 이(理)도 있고 사(事)도 있다. 사 중에는 극략색(極略色)과 극형색(極逈色) 그리고 선정의 자재로움에서 생하는 법처의 모든 색이 포함된다. 둘째로 산위의 독두의식이니 수(受)로부터 일어난 색과 변계로부터 일어난 모든 법처의 색을 인식하는 것이다. 허공의 꽃이나 거울 속에 비친 모습, 그림을 보고 일어나는 생각과 같다. 모두 법처에 포함된다. 셋째는 꿈속의 독두의식이니 꿈속의 대상을 인식하는 것이다.……" 위에서 말한 현량(現量)은 지각을 통해 얻는 인식이며, 비량(比量)은 추론을 통해서 얻는 인식이며, 비량(非量)은 그릇된 인식을 말한다.

한계가 있어서 선가에서 말하는 깊은 선정과는 크게 차이가 있다.

그렇다면 지욱 선사가 희로애락의 미발인 '중(中)'을 독두의식으로 보았다는 것은 안·이·비·설·신의 전5식을 수반하지 않는 의식 정도로만 본 것이니 그다지 높은 경지로 보지 않고 있다는 반증이 된다. 유가의 미발을 불가의 선정과 대응시키려는 의도 자체를 무색하게 만드는 것으로 유가의 '중'은 고작 제6식의 의식(意識) 내부에서의 얕은 선정 정도에 불과한 것으로 선을 그은 것이다. 유가의 미발은 의식 차원을 넘어선 무의식 차원의 제7말나식과 제8아뢰야식의 미세망념을 제거할 수 있는 수준의 깊은 선정과는 거리가 멀다는 단언으로 읽어도 무방하겠다.

앞의 절에서 보았듯이 감산 선사는 미발의 중(中)이 곧 천명의 성(性)과 같다고 말한 바 있다. 그렇다면 미발의 중을 제6식의 독두의식이라고 본 지욱 선사는 천명의 성을 과연 어떻게 보았을지 의문이 생기지 않을 수 없다. 여기에서 지욱 선사의 '천명지위성(天命之謂性)'에 대한 언급을 살펴보자.

> 생하지도 않고 멸하지도 않은 이치를 이름하여 '천(天)'이라 하고, 허망하여 생멸하는 근원을 이름하여 '명(命)'이라 한다. 생하고 멸하는 것과 생하지도 않고 멸하지도 않는 것이 조화하고 결합하여 아뢰야식(阿賴耶識)을 이루니 만법(萬法)의 근본이 되는 까닭에 '성(性)'이라고 한다.[170]

---

170 "不生不滅之理, 名之爲天, 虛妄生滅之原, 名之爲命. 生滅與不生滅和合,

감산 선사가 불교적 술어를 전혀 사용하지 않은 것과는 극명한 대조를 이루는 완벽한 불교적 해석이다. 지욱 선사 역시 감산 선사와 동일하게 천명을 하늘이 명령을 내린다는 내외, 주객의 개념으로 설명하지 않았다. 불생불멸(不生不滅)의 이치를 '천(天)'으로 보고 생멸(生滅)의 본원을 '명(命)'으로 보았다. 불생불멸하는 본체의 진여문(眞如門)이 생멸하는 현실의 생멸문(生滅門)과 만나 화합하여 의식으로는 파악하기 힘든 깊은 제8식의 아뢰야식을 이룬 것을 '성(性)'이라 하였다. 즉 '성(性)'은 제8아뢰야식인 것이다.

> 맹렬하게 희로애락이 일어나는 때에 희로애락이 이르지 않는 자리를 이름하여 '중(中)'이라 하는 것이지 희로애락이 없는 때를 미발이라고 하는 것은 아니다. 이 법계를 따라 흐르지 않음이 없는 까닭에 대본(大本)이라 하고, 이 법계로 되돌아오지 않음이 없는 까닭에 달도(達道)라고 한다. '중'이 비록 '성(性)'이기는 하지만 모름지기 번뇌를 벗어난 출전진여(出纏眞如)라야 바야흐로 그 오묘함을 드러낸다. 발하여 절도에 맞다는 것은 전적으로 '신독(愼獨)'을 따라 나오는 것이며 전적으로 수행으로써 성(性)과 합하는 것〔以修合性〕이니 만약 조금이라도 성(性)과 부합되지 않는다면 '화(和)'라고 이름할 수 없

而成阿賴耶識, 遂爲萬法之本, 故謂之性." 智旭 著, 陳德述 註釋, 앞의 책, 465쪽.

다.[171]

여기에서 주목할 말은 "중(中)이 비록 성(性)이기는 하지만〔中雖是性〕 모름지기 번뇌를 벗어난 출전진여(出纏眞如)라야 바야흐로 그 오묘함을 드러낸다."라는 말이다. 즉 일반적으로 '중'을 '성'이라고 말하기는 하지만 무조건 그러한 것이 아니라 전제가 있으니, 중생들이 번뇌를 여전히 간직하고 있는 재전진여(在纏眞如)가 아니라 여래가 보여준 모든 번뇌를 벗어난 출전진여[172]라야 '중즉성(中卽性)'이 성립한다는 말이다.

이 말의 내면적 의미를 잘 곱씹어야 한다. 제6식인 독두의식인 '중(中)'에서 번뇌가 모두 소멸되어 제8식인 아뢰야식의 최종 번뇌를 멸진했을 때 비로소 '성(性)'이 될 수 있다는 뜻이다. 이렇게 보아야 바로 다음 문장에서 '성(性)'과 부합하지 않으면 '화(和)'라고 말할 수 없다고 했던 구절과 서로 상통할 수 있다. 여기에서 '중'과 '화'가 '성(性)'과 합치되기 위한 조건으로 제시되고 있는 것이 바로 '신독(愼獨)'과 '수도(修道)'이다. 수도를 통해서 본성과 합한다는 '이수합성(以修合性)'이라는 이 언명은 지욱 선사가 『중용직지』에서 밝

---

171 "纔然喜怒哀樂時, 喜怒哀樂不到之地, 名之爲中, 非以無喜怒哀樂時爲未發也. 無不從此法界流, 故爲大本, 無不還歸此法界, 故爲達道. 中雖是性, 須約出纏眞如, 方顯其妙. 發而中節, 全從愼獨中來, 全是以修合性, 若稍不與性合, 便不名和." 智旭 著, 陳德述 註釋, 위의 책, 467쪽.

172 여기서 말하는 '출전진여(出纏眞如)'는 '무구진여(無垢眞如)'라고도 하고, 이와 반대되는 개념인 재전진여(在纏眞如)는 '유구진여(有垢眞如)'라고도 한다.

히고자 하는 중심 주제에 해당하는 언급이다.

지욱 선사는 성(性)과 중(中)을 무조건적으로 동일한 것으로 보지는 않는다는 점에서 감산 선사와 현격한 대조를 이룬다. 위에서 밝힌 바와 같이 희로애락이 전혀 없는 것을 '중'이라 말하는 것이 아니라 희로애락의 정(情)이 일어남에도 불구하고 그것에 끄달리지 않는 것을 '중'으로 보고 있다. 이것은 바로 독두의식을 염두에 두고 말한 것이다. 전5식의 감정이 일어나도 그 감정과 동반하지 않고 독두(獨頭)하는 것이 '중(中)'인데 이것이 '성(性)'과 합치하는 데까지 이르기 위해서는 신독과 수행이 전제되어야 하며 그것을 통해 번뇌가 소멸되어 진정한 진여와 합치되었을 때 비로소 '중즉성(中卽性)'이 되는 것이라고 풀이할 수 있다.

감산 선사가 미발의 '중(中)'이 곧 천명의 '성(性)'임을 명확히 인식하여 우주 법계를 이것으로 관통시키는 정견(正見)을 먼저 갖춘 다음에 솔성의 성실(誠實)로 중화를 실현하는 '치중화'로 나아갔던 방식과는 조금 다른 방식이다. 미발의 '중'은 천명의 '성(性)'에 비해 아직 번뇌가 가시지 않아 완성되지 않은 상태이므로 적극적인 수도를 통해서 '성(性)'과 합치되도록 노력해야 한다는 것이 지욱 선사 『중용』 독법의 핵심이다. 그렇다면 자연스럽게 유가 『중용』의 핵심이 되는 '중'은 불가의 그것보다 뒤처지는 경지로 설명되고 있음을 알 수 있다. 『중용직지』의 처음을 여는 서두에서 다음과 같이 밝힌 바 있다.

장교(藏敎)에서는 진리를 설명하면서 단견(斷見)과 상견(常見)을 떠나는 것을 또한 '중도(中道)'라 이름한다. 통교(通敎)에서는 사물 그 자체를 진리로 보아 유(有)와 무(無)가 둘이 아닌 것을 역시 '중(中)'이라 이름한다. 별교(別敎)에서는 중도와 불성(佛性)이 이름과 의미는 부합하지만 과지(果地)에 멀리 있어 초심(初心)과는 떨어져 있다. 오직 원교(圓敎)의 사람만이 일체법이 마음의 자성임을 알아서 중도 아님이 없는 것이다. 어찌 세간의 '중' 자로 이 최상승의 진리〔極乘〕를 함부로 어지럽힐 수 있겠는가. 그러나 이미 방편을 열어 진실을 드러내고자 하는 뜻〔開權顯實〕을 가졌다면 세상을 다스리는 언어는 모두 실상(實相)을 따르기에 모름지기 원만하고 지극한 오묘한 종지로써 이 문장을 이해하게 하여 유교의 도맥이 불교의 바다에 함께 돌아오게〔儒者道脈同歸佛海〕 해야 할 것이다.[173]

'중(中)'을 이야기한다고 해서 모두 같은 경지의 '중'이 아니라 그 깊이의 차이가 엄연히 존재한다는 것을 말하고자 지욱 선사는 천태학에 깊이 천착했던 천태학자답게 천태교학에서 말하는 장교

---

173 "藏敎所詮眞理, 離斷離常, 亦名中道. 通敎卽物而眞, 有無不二, 亦名爲中. 別敎中道佛性, 有名有義, 而遠在果地. 初心絶分, 惟圓人知一切法, 卽心自性, 無非中道. 豈得漫以世間中字, 濫此極乘. 然旣秉開顯之旨, 則治世語言, 皆順實相, 故須以圓極妙宗, 來會此文, 俾儒者道脈同歸佛海." 智旭 著, 陳德述 註釋, 앞의 책, 465쪽.

(藏教), 통교(通教), 별교(別教), 원교(圓教)의 화법사교(化法四教)를 활용하고 있다.[174]

천태 지의 대사의 천태교학을 이해하기 위해서는 공가중 삼관(空假中 三觀), 오시교판(五時教判), 화의사교(化儀四教), 화법사교(化法四教)를 이해해야 하는데 이 가운데 장(藏)·통(通)·별(別)·원(圓)의 화법사교는 부처님의 49년 설법 내용 전체를 얕은 곳으로부터 깊은 곳으로 순차적으로 배열한 것으로 석가 일대 교설을 분류한 교판(教判)이다.[175]

유가의 중(中)과 불가의 중(中)을 구분하는 지욱 선사의 교판적(教判的) 설법을 이해하기 위해서 천태교학의 교과서라고 불리는 고려시대 제관법사(諦觀法師)의 『천태사교의』의 화법사교를 바탕으로 정리하면 다음과 같다.[176]

> 첫째, 장교(藏教)는 아함부경전을 비롯하여 소승의 논서와 율전을 가리키므로 장교는 바로 소승교설임을 알 수 있다.
>
> 둘째, 통교(通教)는 삼승(三乘)의 공반야(共般若)라고 하는 것처럼 성문·연각·보살이 함께하는 반야 교설로서 방등부와

---

174 지욱 선사 천태교판의 사상적 특징에 대해서는 다음 논문을 참조. 지창규, 「명청대 우익지욱의 천태교판 - 『教觀綱宗』을 중심으로」, 제35회 춘계전국불교학술대회, 한국불교학회, 2001.

175 지창규, 『천태사상론』, 법화학림, 2008, 187쪽.

176 지창규, 위의 책, 204~205쪽.

반야부에 있는 반야교설임을 알 수 있다.

셋째, 별교(別敎)는 "여러 대승경전에서 보살이 많은 겁을 지내면서 수행하는 것과 수행계위의 차례가 서로 융섭하지 못함을 밝히고 있는 것이 별교의 모습이다."고 하는 것으로 별교의 차제(次第)적, 격력(隔歷)적 성격을 알 수 있고, 그 구체적인 교설은 『화엄경』의 41위, 『영락경』의 52위, 『금광명경』의 10지와 불과(佛果), 『승천왕경』의 10지, 『열반경』의 5행 등임을 알 수 있다.

넷째, 원교(圓敎)는 "여러 대승경론에서 부처님의 경계를 말씀하는 가운데, 삼승의 계위차례와 함께하지 않은 것은 모두 이 경에 속한다."고 하는 것으로 원교의 원융적 성격을 알 수 있고 그 구체적인 교설은 『법화경』의 개시오입(開示悟入)을 비롯하여 『화엄경』의 초발심시변성정각(初發心時便成正覺), 『유마경』의 불이법문(不二法門) 등임을 알 수 있다.

지욱 선사는 이 장·통·별·원의 화법사교를 『중용』의 '중(中)'에 적용시켜 불가의 '중(中)'은 원교(圓敎)에 해당하고 유가의 '중(中)'은 여기에 미치지 못하는 것으로 정리하고 있다. 유가의 '중'은 제6식의 독두의식 경계에 불과하고 불가의 '중'은 제8식인 아뢰야식을 넘어선 구경각임을 교판적 체계로 설명하고 있는 것이다. "세간의 '중'으로 구경의 극승(極乘)을 함부로 어지럽힐 수 없다."는 말에서 불교우위론적 시각을 명확히 확인할 수 있다.

그러나 천태교학의 화법사교의 매력은 사교(四教)의 층차적인 우위의 서열만 매기는 것을 넘어서서 원통(圓通)으로 회통하고 있는 점이다. 즉 장교(藏教)의 아함부경전이 소승경전이라서 원교(圓教)의 법화·화엄에 비해 깊이가 얕은 것은 사실이나 장교의 경전을 통해서도 충분히 깨침을 얻을 수 있다고 말하는 것이다. 장·통·별의 삼교(三教)만 존재했다면 수준의 층차와 수행의 차제 단계에 따라야 하므로 돈오가 불가능하겠지만 마지막 원교가 있음으로 해서 모든 부처님의 경전은 원상(圓相)으로 원만회통되어 있기 때문에 하나를 깨치면 전체를 깨칠 수 있다는 돈법(頓法)의 문이 열려 있는 것이다. 이 이치는 『벽암록』에서 말한 "마치 실을 끊을 때와 같아서 한 군데만 잘라도 실타래 전체가 잘라지는 것과 같고, 실을 물들이는 것과 같아서 한 가닥의 실에만 물을 들여도 전체 실타래가 물드는 것과 같다."[177]라는 원돈(圓頓)의 세계를 말하는 것이다. 비록 장·통·별·원의 차이가 있다 하여도 어디에서든 깨쳐서 단박에 터지는 공부에 있어서는 점차와 차제가 없으므로 하나로 회통될 수 있다는 말이다.

그러므로 『중용』의 '중(中)'자리를 놓고 볼 때 유가의 '중(中)'은 제6식 경계이고, 노장의 '중(中)'은 제7식 경계에 불과하지만, 불가의 '중(中)'이 제8아뢰야식을 뛰어넘은 원교의 궁극자리에 앉아 있음으로 해서 장·통·별 삼교에 해당하는 유가와 도가 역시 구경의

---

177 『벽암록』 제19칙의 원오 극근 선사가 수시(垂示)에서 한 말이다. "如斬一綟絲, 一斬一切斬, 如染一綟絲, 一染一切染." 불광대장경편수위원회, 앞의 책, 103쪽.

바다에 이를 수 있는 길이 열려 있다고 설파하게 된 것이다. 이것을 천태교학에서 방편을 열어 진실을 드러내는 방법인 "개권현실(開權顯實)"이라 한다. 즉 유가에서 말하는 『중용』의 '중'자리도 구경각인 중도에 이를 수 있는 하나의 좋은 방편이 될 수 있기 때문에 근기에 맞게 이 방편〔權〕을 활용하면 진리의 실상〔實〕을 충분히 열 수 있다는 말이다.

지욱 선사는 유가의 『중용』이라는 방편을 열어 불가의 궁극적 깨침의 자리인 중도를 드러내고자 한 속내를 "유교의 도맥이 불교의 바다에 함께 돌아오게 하고자 한다〔儒者道脈同歸佛海〕."고 표현한 바 있다. 필자는 이 문장에서 단장취의(斷章取義)하여 지욱 선사의 중화 담론의 특질을 "유맥귀불론(儒脈歸佛論)"이라 명명해 보았다.[178]

이 말은 결국 개권현실의 차원에서 유가 경전을 해석한다는 뜻이다. 『사서선해』의 자서(自序)에서 스님 자신이 "쐐기를 이용해서 쐐기를 빼낸다〔用楔出楔〕."는 표현을 썼던 것도 바로 이와 관련된 의미인 것이다.[179]

---

178 여기에서의 '유맥귀불론(儒脈歸佛論)'이라는 명칭은 명 말기의 양명학의 후학들 가운데 유교 중심적 삼교 합일을 강조했던 태주학파(泰州學派) 등의 '삼교귀유론(三教歸儒論)'과 대조·유비하기 위해서 필자가 염두에 두고 쓴 표현이다. '삼교귀유론'의 또 다른 대표적 인물로 양명학과는 크게 관계가 없으면서도 삼교 합일의 독자적 이론을 세워 삼교선생(三教先生), 내지 삼교교주(三教教主)로 불리운 임조은(林兆恩, 1517~1598)이 있다. 이와 관련해서는 다음 논문을 참조. 조영록, 「왕양명과 명말의 불교 - 삼교합일설을 중심으로」, 『동양사학연구』 44집, 동양사학회, 1993.

179 智旭 著, 陳德述 註釋, 앞의 책, 309쪽.

우리는 앞서 『중용직지』 서문에서 '개권현실'의 방법론으로 유교의 도맥이 불교의 바다에 들어오게 하겠다던 스님의 심중을 확인했다. 이러한 근본 취지는 수미일관하게 전개되어 『중용직지』의 맨 마지막 문장에서도 아래와 같이 이어진다.

> 이는 모두 『법화경』의 〔방편을〕 열어 〔진실을〕 드러내는 종지를 활용한 것으로 방편의 문장을 가져와서 진실한 뜻을 이룬 것이니 세간의 유학(儒學)이 근본에 있어서는 원종(圓宗)과 다를 바가 없다고 말할 수는 없다. 유학의 대효(大孝)와 지효(至孝)를 살펴보면 부모를 제도하여 부처를 이루게 하지는 못하는 것이요, 본성을 다하는 극치로 천지와 동참하는 것을 지나가지 못하니 육합(六合)의 안에 국한되는 것이 분명하다. 읽는 이가 어찌 자신의 영역에 집착하면서 유·도·불 삼교가 구경에는 같은 것이라고 방만하게 말하겠는가. 만약 구경에 같고자 하여 이러한 '방편을 열어 진실을 드러냄〔開權顯實〕'과 '자취를 열어 근본을 드러냄〔開迹顯本〕'을 떠난다면 필히 『법화경』을 공부하는 것으로 귀결될 것이다. 그렇지 않으면 누가 능히 열어 보여줌〔開顯〕이 실상을 위배하지 않게 할 수 있겠는가. 생각하고 생각해야 될 것이다.[180]

---

180 "此用法華開顯之旨, 來會權文, 令成實義, 不可謂世間儒學本與圓宗無別也. 觀彼大孝至孝, 未曾度親成佛, 盡性之極, 不過與天地參, 則局在六合之內, 明矣. 讀者奈何堅執門庭, 漫云三教究竟同耶. 若欲令究竟同, 除是

자신의 영역에 집착하여 유·도·불 삼교가 구경에는 같은 것이라고 방만하게 말해서는 안 됨을 강하게 지적하면서 방편을 통해 근본을 드러내는 '개권현실(開權顯實)'과 '개적현본(開迹顯本)'의 천태학의 방법론을 통해서 유가·도가의 경서를 보지 않는다면 『법화경』을 다시 공부하러 돌아가야 한다고 말한다. 유교·도교·불교를 교판적 우열 판단에 입각해서 철저하게 서열을 나누어 설명하고 있으며 이러한 토대 위에서만 진실상을 드러내는 방편으로 수용이 가능하다는 제한적 포용론을 표방하고 있다.

결국 『중용직지』의 저술 목적은 제8식 경계인 불가 중도의 '성(性)'을 드러내기 위하여 제6식 경계인 유가 '중(中)'의 방편을 여는 데 있었던 것이다. 제8식의 '성(性)'과 제6식의 '중' 사이에 존재하는 간극을 메우는 방법은 오직 수도(修道)의 교(敎)에 달려 있을 뿐이라는 것이 지욱 선사가 제시한 강력한 수행지상주의적 메시지이다. 하지만 제8식의 '성(性)'은 유·도·불 삼교가 공유하는 만고불변의 진여실상이므로 각 가의 수행 방편으로도 얼마든지 여기에 도달할 수 있다고 본다. 오직 수행만이 실상(實相)을 열어줄 수 있는 유일한 방법임을 강조한 데서 보듯이 지욱 선사 『중용직지』의 포커스는 '수도'에 맞춰져 있다고 하겠다.

開權顯實, 開迹顯本, 則又必歸功法華. 否則誰與能開顯, 令實相不相違背. 思之思之." 智旭 著, 陳德述 註釋, 위의 책, 494쪽.

2) 수도 중심의 성수불이(性修不二)

지욱 선사의 『중용직지』의 구조는 독자적 분절을 하지 않아서 대부분 주자의 『중용장구』의 체계와 일치하고 있다. 단지 그는 『중용』 전체를 5단으로 나누는 특색이 있을 뿐이다. 5단 체계의 핵심을 적어보면 다음과 같다.

〔1〕 성수인과(性修因果)

〔2〕 시비득실(是非得失)

〔3〕 수행방양(修行榜樣)

〔4〕 명도합성(明道合誠)

〔5〕 시종오지(始終奧旨)

보통 『중용』 수장의 장지는 주자와 감산 선사에서 보았듯이 '중화'를 말하는 데 이의가 없으나 지욱 선사는 이를 '성수인과(性修因果)'로 제시하였다. 이것이 바로 지욱 선사가 『중용』을 보는 가장 큰 특징이라 할 만한 '성수불이'의 수도 중심의 관점을 명징하게 보여주는 사례라 할 수 있다. 또한 지욱 선사는 『중용』 전서(全書)를 통틀어 '교(教)' 자 한 글자가 가장 요긴한 글자이며 '수도지교(修道之教)'가 핵심이라고 역설한 바 있다.[181] 이와 관련해서는 금장태의

---

181 "要緊只在教之一字. 全部中庸, 皆修道之教也, 故曰自明誠謂之教." 智旭

다음 설명이 매우 적실하여 그대로 인용해 본다.

> 당나라 때 천태종의 형계 담연(荊溪 湛然)은 『법화현의석첨(法華玄義釋籤)』에서 '10불이문(十不二門)'을 제시하면서 '수성불이문(修性不二門)'을 제시하였다. 지욱 선사는 이러한 천태학적 불교 교리를 『중용』 수장의 천명지성(天命之性)과 수도지교(修道之敎)에 그대로 적용하여 '본성〔性〕'과 '수행〔修〕'이 상호 근거하는 체용적 일원성을 밝히고 있다. 그가 천명지성을 발현하기 위해서 수도지교를 강조하는 것이 이러한 성수불이(性修不二)적 사상을 유불조화에 활용한 실례이다.[182]

감산 선사가 '성(性)'과 '중화'를 두 축으로 삼았던 것과 달리 지욱 선사는 '성(性)'과 '수도'를 두 축으로 제시했다. 즉 '성(性)'의 본체를 밝히는 데 초점을 맞추는 것이 아니라 '성(性)'이 드러나게 하기 위한 '수(修)'의 문제에 지욱 선사의 모든 관심이 귀결되어 있다. 앞에서 살폈듯이 '성(性)'과 '중(中)'을 완전히 같게 보는 감산 선사의 경우엔 '중화'를 실현하여 '성(性)'을 밝히는 데 초점이 맞춰져 있었다. 그런데 유식학적 심식설을 끌어와 '성(性)'과 '중'을 분별하는

著, 陳德述 註釋, 위의 책, 466쪽.

182 금장태, 『불교의 주역·노장 해석 : 智旭의 周易禪解와 憨山의 老莊禪解』, 92쪽.

지욱 선사의 경우엔 '성(性)'을 발현시키고자 수도지교의 수행 문제에 전적으로 집중하게 되는 것이다. 그런 까닭에 지욱 선사의 경우엔 '치중화'할 때 천지가 제자리를 잡고 만물이 여기에서 생육한다는 '천지위언 만물육언(天地位焉 萬物育焉)'에 대해서도 객관적인 현실세계 속에서 이루어지는 '치(致)'가 아닌 주관적인 내면세계 속에서 이루어지는 '치'로 다르게 보아 "누가 마음밖에 천지와 만물이 실제로 존재한다고 말하는가. 천지와 만물은 모두 마음속의 그림자일 따름이다."[183]라고 하였다.

> 군자는 번뇌를 버리고 깨달음과 합하는 까닭에 곧바로 '중용'이라 말하고, 구계(九界 : 십법계에서 부처만 제외)의 모든 중생은 깨달음을 버리고 번뇌와 합하는 까닭에 '역수(逆修 : 수행에 반역)'한다고 한다. '시중(時中)'의 '시(時)'는 단지 집착이 없다는 뜻으로 자신을 이롭게 할 때엔 좋은 방편으로 마음을 편하게 하고, 타인을 이롭게 할 때엔 사실단(四悉壇)으로 만물을 순화시킨다. 소인도 역시 수행을 통해 과덕(果德)을 증득하고자 하여 스스로 중용한다 생각하지만 신독(愼獨)에서 착수할 줄 모르니 바로 거리낌 없는 데 이르게 되어 곧 닦고 익힘이 착란되어 마치 모래를 쪄서 좋은 반찬을 만들고자 하는

183 "誰謂心外實有天地萬物哉. 天地萬物, 皆心中影耳." 智旭 著, 陳德述 註釋, 앞의 책, 467쪽.

것과 같이 된다.[184]

군자와 소인의 구별도 단지 수도의 여부에 달려 있을 뿐인 것이다. 위의 설명을 바탕으로 간단히 표를 그려보면 다음과 같다.

■ 수(修) - 역수(逆修)에 따라 구분되는 군자 - 소인

군자(君子)	중용(中庸)	합각(合覺)	수(修)
소인(小人)	반중용(反中庸)	배각(背覺)	역수(逆修)

"성자(誠者)는 하늘의 도요, 성지자(誠之者)는 사람의 도"라는 구절에 대해서도 다음과 같이 말하고 있다.

> 이것은 '천도(天道)'와 '인도(人道)'를 함께 베풀어 놓은 것이 아니라, '인도'가 하늘에 합치하는 것에 무게를 실은 것일 뿐이다. 말하자면 힘쓰지 않고 생각하지 않는 것은 천연(天然)의 성인(聖人)이라 하겠지만 세간에는 결코 천연의 성인이 없으니 반드시 선을 택하여 굳게 지켜야[擇善固執] 한다. 단지 닦음[修]이 극치에 이르고자 하다 보면 자연스레 본성(本性)

---

184 "君子背塵合覺, 故直曰中庸. 九界皆是背覺合塵, 名爲逆修, 故皆名反中庸. 時字只是無執着意, 自利則善巧安心, 利他則四悉順物. 小人亦要修因證果, 亦自以爲中庸, 但不知從愼獨處下手, 便至于無忌憚, 便是錯亂修習, 猶如煮砂, 欲成嘉饌." 智旭 著, 陳德述 註釋, 위의 책, 468쪽.

을 확철히 증득하게 될 것이다.[185]

'성(誠)'을 언급하는 낙처가 천도의 '성실〔誠者〕'을 말하고자 하는 데 있는 것이 아니라 인도의 '성실함〔誠之者〕'을 강조하려는 데 있기 때문에 이는 결국 수도의 중요성을 역설한 구절이라는 의미로 귀결시켰다. 이러한 수도 중심적 『중용』 독법[186]은 앞서 감산 선사가 '성(誠)'을 특화시키지 않고 치중화의 '치(致)'에 귀속시켰던 것과는 사뭇 다른 방식을 보여 주게 되는 이유가 되었다. 즉 수도라는 절대적인 인간의 과제 상황을 실현시켜 줄 최상의 방법은 오직 '성실함〔誠之〕'이라는 인간의 실천에 달려 있는 것으로 일관되게 보고 있는 것이다.

이처럼 수도로서의 '성(誠)'의 의미를 강조하는 관점에 따라 "'성(誠)'이라는 글자는 하나의 성실이지 두 가지의 성실이 없으니 이것은 곧 진여의 본성을 말하는 것"이라고도 역설했다.[187] 우리 유

---

185 "此非以天道人道幷陳, 乃歸重于人道合天耳. 謂除非不勉·不思, 方是天然聖人. 世間決無天然之聖, 必須擇善固執, 只要修到極則, 自然徹證本性矣." 智旭 著, 陳德述 註釋, 위의 책, 481쪽.

186 명말청초의 왕부지(王夫之) 역시 『중용』의 최초 세 구절 가운데 '수도지위교(修道之謂教)'에 이르러서야 비로소 중용이 온전히 드러난다고 하여 '교(教)'를 『중용』의 핵심으로 보았다. 이와 관련해서는 다음 논문을 참조. 임옥균, 「왕부지의 『중용』 해석 (1)」, 『동양철학연구』 제48집, 동양철학연구회, 2006.

187 귀신장(鬼神章)에 대한 주석에서 "誠字, 雙就感應上論, 一誠無二誠, 卽是眞如之性."이라 하였다. 智旭 著, 陳德述 註釋, 위의 책, 475쪽.

한한 인간에게 있어서는 '성(誠) 그 자체〔誠者〕'의 중요성보다는 '수도'를 통해 '성(性)'의 본체를 확철히 증득하여 실현해내고자 하는 '성실한 노력〔誠之者〕'이 중요하다고 보았기 때문이다. 그리하여 『중용』 후반부에 지속적으로 등장하는 유가의 성인들은 모두 성실을 성취한 성지자(誠之者)들로 치환된다. 지극한 성인인 '지성(至聖)'은 지극한 성실인 '지성(至誠)'과 동일어로 보고 있는 것이다.[188] 『중용』 체계를 5단으로 나눈 지욱 선사가 네 번째 단락을 '명도합성(明道合誠)'이라 하여 '성(誠)'을 통한 수도의 완성으로 일관되게 보고 있는 것과 일치한다.

감산 선사는 중화를 실현〔致〕한 인물을 성인이라 하였고, 지욱 선사는 지성(至誠)의 수도를 완성한 인물을 성인이라 하였다. 감산 선사가 '성(誠)' 자는 '치(致)' 자를 발명하는 것이라 하였으니 결국 두 선사가 같은 말을 하고 있는 것은 사실이나 "중화 중심"으로 보느냐 "수도 중심"으로 보느냐 하는 차별성은 엄밀히 존재하고 있다고 볼 수 있겠다.

이와 같이 중화 중심적 관점과 수도 중심적 관점이 유별되는 가장 큰 분기는 '성즉중(性卽中)' 일변도로 볼 것이냐, 아니면 '성즉중'일 때도 있고 '성즉중'이 아닐 때도 있는 것으로 볼 것이냐의 차이에 있다. '성즉중' 일변도로 보는 감산 선사의 관점은 성(性)이 중

188 "旣是至聖, 則已究竟盡性, 亦名至誠." 智旭 著, 陳德述 註釋, 위의 책, 492쪽.

화로 그대로 발현되는 것만 신경 쓰면 되므로 선가(禪家)로 유비하여 말하자면 혜능에서 마조(馬祖)로 내려오는 조사선(祖師禪)의 닦음 없는 닦음인 '무수지수(無修之修)'의 다소 낙관적인 시각과 유사하다고 할 수 있다.[189] 그런 반면에 '성즉중' 일변도로만 보기 어렵다는 지욱 선사의 관점은 선가에서 한 치의 남김도 없이 철저하게 수행해야 한다는 '용맹정진(勇猛精進)'의 정진파(精進派)의 시각과 유사하다고 할 수 있다.[190] 물론 지욱 선사의 수도방법론이 점수적 방법론만 있는 것은 아니다. 돈오적 방법도 존재한다. 일체의 통합적 깨달음을 '원해(圓解)'라는 측면에서 함께 제시하고 흡수함으로써 점수적 방법과 돈오적 방법의 양면적 인식이 가능하다고 밝히고 있다.[191] 이는 천태교학의 화법사교의 장·통·별·원에서 원교(圓敎)에 도달하면 원돈문(圓頓門)을 통해 돈오적 방법에서 점수적 방법을 흡수할 수 있기 때문이다. 하지만 돈오의 방법은 불교적 의미에서 유교의 수도를 방편적으로 흡수한다는 교판적 개권현실의 일환으로서의 의미가 더 강한 것이요, 『중용』 자체가 제시하는 수행의 방

189 중국 선종 조사선의 무수지수(無修之修)는 차제(次第) 수행과 점수(漸修)적 수행에 대한 돈오(頓悟) 계열에서의 일대 불학 혁명이었다. 이와 관련해서는 董群 저, 김진무·노선환 공역, 『祖師禪』(운주사, 2002)의 「제6장 무수지수(無修之修)의 수행론」(207~258쪽)을 참조 바람.

190 다음 장에서 논의하게 되겠지만 한국의 성철 선사는 유가의 『중용』에서 말하는 '성즉중'을 매우 비관적으로 보는 대표적인 인물로 극도의 수행 중심적 견해를 견지한다. 반대로 탄허 선사는 '성즉중'의 시각에 있어서 감산 선사보다도 한층 더 낙관적이고 포용적인 견해를 제시한다.

191 금장태, 『불교의 유교경전 해석 : 憨山과 智旭의 四書禪解』, 148~149쪽.

법론은 성(誠)의 쉼 없는 점수적 방법론이 우세하다고 볼 수 있다.

지금부터는 '성수불이'를 중심축으로 보고 『중용』을 읽고 있는 지욱 선사의 독법을 좀 더 폭넓게 이해하기 위해서 그의 『대학』 이해를 함께 살펴볼 필요가 있다. 스님은 『대학』과 『중용』의 저자 문제에 관해서 주자와 시각 차이를 보인다. 주자는 증자(曾子)가 『대학』을 짓고 자사(子思)가 『중용』을 지었다고 보았지만, 스님은 『대학』과 『중용』을 모두 자사가 지었는데 『중용』을 먼저 저술한 뒤 문제의식을 이어받아 『대학』을 나중에 저술했다고 보았다.[192] 아무래도 그의(그가 자신의) 사서 주석서 가운데 『대학』과 『중용』에 공히 '대학직지(大學直指)'와 '중용직지(中庸直指)'라는 동일한 유형의 서명을 붙였던 이유도 이 때문일 것이다.

『중용』의 제일 끝머리에 "시운, 여회명덕, 불대성이색(詩云, 予懷明德, 不大聲以色)."이라는 구절이 나온다. 『중용』에서는 '명덕(明德)'이라는 말이 제일 끝으로 나오는데 『대학』에서는 제일 첫머리에 "대학지도, 재명명덕(大學之道, 在明明德)"이라 하여 '명덕'이 제일 앞에 왔다. 지욱 선사는 자사가 『중용』을 짓고 난 다음에 『대학』을 지은 이유로 『중용』 끝부분에서 말한 '명덕'을 『대학』에서 구체적으로 설명한 것으로 제시했다. 이런 까닭에 지욱 선사는 『중용』과 『대학』을 동일한 체계 내에서 일관되게 해석하고자 하였다. '성수불

---

192 智旭 著, 陳德述 註釋, 앞의 책, 315쪽. 지욱 선사 자신의 「자서(自序)」에서 언급한 것이다.

이'의 독법은 『중용』과 『대학』을 관통하는 스님의 독특한 시스템적 해석으로 볼 수 있겠다. 따라서 지욱 선사의 『사서선해』는 『중용』과 함께 『대학』을 연관해서 살펴보아야 대지를 파악하기가 용이하다. 『중용』은 감산 선사의 『중용직지』가 더 좋고 『대학』은 지욱 선사의 『대학직지』가 더 좋다는 말이 있다.[193]

'성수불이' 사상으로 관통하고 있는 『대학직지』의 서언(序言) 전문을 아래에서 실어본다.

> '대(大)'는 당체(當體)로 이름을 얻었고 상편(常遍)으로 뜻을 삼았으니 곧 우리들 앞에 현전하는 일념의 마음을 가리킨다. 마음 밖에 다시 한 물건도 얻을 수 없으며 짝을 지을 수 없으니 곧 이름하여 당체라고 한다. 이 마음은 앞으로는 시작이 없고 뒤로는 끝이 없으며 나면서도 남이 없고 죽으면서도 죽음이 없으니 이름하여 '상(常)'이라 한다. 이 마음은 일체를 포용하니 집〔家〕·나라〔國〕·천하〔天下〕에 있지 않은 곳이 없으며 방소를 나눔이 있지 않은 까닭에 이름하여 '편(遍)'이라 한다.
> '학(學)'은 '각(覺)'이니 자신을 깨닫고 남을 깨닫게 하여 각행이 원만해지는 것이니 이름하여 '대학(大學)'이라 한다.
> '대(大)'자는 곧 본각(本覺)의 체(體)를 나타내며 '학(學)' 자는 시각(視覺)의 공용을 드러낸다. 본각은 근본성품〔性〕이요 시

193 각성 강해, 앞의 책, 9쪽 서설(序說).

각은 닦음〔修〕이니, 성품을 가려내고 닦음을 일으키며 닦음을 온전히 하여 성품을 보존하니 성품과 닦음이 둘이 아니게 되므로〔性修不二〕 대학이라 칭한다.[194]

내친김에 『대학』의 총 강령이 되는 1장인 "대학지도, 재명명덕, 재친민, 재지어지선(大學之道, 在明明德, 在親民, 在止於至善)."에 대한 지욱 선사의 해석도 함께 번역하여 싣고자 한다.[195]

도(道)는 원인에서 결과를 넘어가면서 겪게 되는 길이니 오직 '재명명덕(在明明德)' 하나일 뿐이니 곧 대학의 도를 모두 말하였다. 위의 명(明) 자는 시각(始覺)의 닦음〔修〕이며 아래의 '명덕(明德)' 두 글자는 본각(本覺)의 성품〔性〕이다.

---

194 "大者, 當體得名, 常遍爲義, 卽指吾人現前一念之心, 心外更無一物可得, 無可對待, 故名當體. 此心前際無始, 後際無終, 生而無生, 死而不死, 故名爲常. 此心包容一切, 家·國·天下, 無所不在, 無有分劑方隅, 故名爲遍. 學者, 覺也, 自覺覺他, 覺行圓滿, 故名大學. 大字卽標本覺之體, 學字卽彰始覺之功. 本覺是性, 始覺是修, 稱性起修, 全修在性, 性修不二, 故稱大學." 智旭 著, 陳德述 註釋, 앞의 책, 504~505쪽.

195 지욱 선사의 『대학』 주석은 유가 학술의 연구자들에게도 매우 학술 가치가 높은 저술이지만 아직 국내에 전문의 번역본이 존재하지 않는다. 불교의 천태학, 유식학, 선학(禪學) 등 종횡무진으로 도입되는 불교 교학이 다소 난해하기도 하지만, 왕양명과 이탁오를 넘나드는 사통팔달의 자유로운 유교 해석은 주류를 이룬 성리학적 체계와 조화를 이루지 못했을 것이다. 지욱 선사는 양명의 '대학고본(大學古本)'을 저본으로 하여 『대학직지』를 집필한 까닭에 주자가 보는 '신민(新民)'이 아닌 '친민(親民)'으로 경(經) 1장을 해설하고 있다. 智旭 著, 陳德述 註釋, 위의 책, 505쪽.

성(性)에는 본래 세 가지 뜻이 있으니 덕(德)이라 이름하는 것은 현전하는 일념이 신령하게 알아 환히 꿰뚫고도 일찍이 그 형태가 있지는 않은 것을 말하니 이것이 곧 반야의 덕이다. 즉 일념이 현전함이 비록 형상은 아니나 모든 묘용을 갖추고 있어서 저 가정·국가·천하를 거론해도 모두 이 마음 가운데 현현하는 것이며 저 닦음·가지런히 함·다스림·태평하게 함도 모두 이 마음 가운데에서 갖춰져 있는 것이니 곧 해탈의 덕을 말한다. 또한 다시 일념이 현전함이 그 본고향을 알지 못하나 없는 것은 아니요 하늘이 자리를 잡고 만물이 자라나도 있는 것이 아니니 있음과 없음을 생각할 수 없고 범부와 성인이 다를 수가 없으니 평등하여 더함도 없고 감함도 없는 것이니 법신의 덕이다.

나의 마음은 이미 너의 마음이니 백성의 마음 역시 그러하다. 자성을 지닌 중생을 헤아리는 것을 이름하여 친민(親民)이라 하고 자성의 불도를 완성하는 것을 이름하여 지지선(止至善)이라 한다. 친민(親民)과 지어선(止於善)은 단지 명명덕(明明德)의 극치일 뿐이니 사람들이 이해하지 못할까 두려워서 하나하나 따로 뽑아낸다면 삼강령이라고 말할 수 없다.

이 가운데 '명덕(明德)'·'민(民)'·'지선(至善)'은 일경삼제(一境三諦)가 되고 '명(明)'·'친(親)'·'지(止)'는 일심삼관(一心三觀)이 된다. '명명덕(明明德)'은 자각(自覺)이요, '친민(親民)'은 각타(覺他)이며 '지지선(止至善)'은 각만(覺滿)이 된다.

자각은 본래 삼덕을 갖추고 있는 것으로 그것을 묶어서 반야(般若)라고 한다. 각타(覺他)는 삼덕을 깨닫게 하는 것으로 그것을 묶어 해탈(解脫)이라 한다. 지선(至善)은 자타불이(自他不二)로 삼덕을 함께 갖추고 있으니 그것을 묶어서 법신(法身)이라 한다. 가로도 아니요 세로도 아니며 아우르는 것도 아니고 분별하는 것도 아니니 불가사의하니 이러한 이치를 대리(大理)라고 한다. 이 이치를 깨닫는 것을 이름하여 '대학(大學)'이라 한다. 명자각(名字覺)에서 관행각(觀行覺)을 일으키고 관행각에서 상사각(相似覺)을 얻고 상사각에서 분증각(分證覺)으로 올라가고 분증각에서 구경각(究竟覺)으로 복귀하는 것을 이름하여 대학의 도라고 한다.[196]

---

196 "道者, 從因超果, 所歷之路也, 只一在明明德, 便說盡大學之道. 上明字, 是始覺之修, 下明德二字, 是本覺之性. 性中本具三義, 名之爲德, 謂現前一念靈知洞徹, 而未嘗有形, 卽般若德, 現前一念雖非形象, 而具諸妙用, 擧凡家國天下, 皆是此心中所現物, 擧凡修齊治平, 皆是此心中所具事, 卽解脫德, 又復現前一念, 莫知其鄕而不無, 位天育物而非有, 不可以有無思, 不可以凡聖異, 平等不增不減卽法身德. 我心旣爾, 民心亦然, 度自性之衆生, 名爲親民, 成自性之佛道, 名止至善. 親民·止至善, 只是明明德之極致恐人不了, 一一拈出, 不可說爲三綱領也. 此中 明德·民·至善, 卽一境三諦, 明·親·止, 卽一心三觀. 明明德卽自覺, 親民卽覺他, 止至善卽覺滿. 自覺本具三德, 束之以爲般若, 覺他令覺三德, 束之以爲解脫, 至善自他不二, 同具三德, 束之以爲法身. 不縱不橫, 不竝不別, 不可思議, 此理名爲大理, 覺此理者, 名爲大學. 從名字覺起觀行覺, 從觀行覺得相似覺, 從相似覺階分證覺, 從分證覺歸究竟覺, 故名大學之道." 智旭 著, 陳德述 註釋, 위의 책, 505~506쪽.

『대학』의 3강령을 '명명덕(明明德)'의 1강령으로 집중해서 보고 있으니 『대학직지』의 종지(宗旨) 이해는 다음 도표로 그 설명을 대신한다.

■ 지욱 선사의 성수불이적 『대학』 해석 체계

大(대)	체(體)	본각(本覺)	명덕(明德)	성(性)
學(학)	각(覺)	시각(始覺)	명(明)	수(修)

이 여세를 몰아 지욱 선사는 '성수불이'의 체계로 『논어』 또한 해석하고 있다. 지욱 선사는 『사서우익해(四書藕益解)』의 자서(自序)에서 『논어점정(論語點睛)』을 출세간의 광명을 열어 주는〔開出世光明〕 책이라 자평했다.[197]

『논어』 해석의 역사에 화룡점정을 찍어 주겠노라 했던 스님의 『논어점정』의 「학이(學而)」편 수구(首句)인 "子曰, 學而時習之, 不亦說乎, 有朋自遠方來, 不亦樂乎, 人不知而不慍, 不亦君子乎."에 대한 해설을 살펴보면 '학(學)'을 '각(覺)'으로 거듭 풀고 있는 지욱 선사의 유맥귀불론적 특색을 다시 한 번 확인하게 된다.

---

197 "解論語者曰點睛, 開出世光明也, 解庸學者曰直指, 談不二心源也, 解孟子者曰擇乳, 飮其醇而存其水也." 智旭 著, 陳德述 註釋, 위의 책, 315쪽.

이 장은 '학(學)' 자를 종주(宗主)로 삼고, '시습(時習)' 두 글자를 지취(旨趣)로 삼으며, '열(悅)' 자를 혈맥(血脈)으로 삼는다. '친구가 오는 것〔朋來〕'과 '남이 알아주지 않는 것〔人不知〕'은 모두 '시습'의 때이며 '즐거움〔樂〕'과 '성내지 않는 것〔不慍〕'은 모두 '기쁨〔說〕'의 혈맥이 끊어지는 곳이 없는 것이다.

대체로 사람마다 본래 신령스럽게 깨달아 있는 자성〔性〕을 갖추고 있고, 본래 외물의 번뇌가 없으며, 본래 기쁘지 아니함이 없으나 이 본체를 미혹하였기 때문에 수많은 두려움과 우환이 생겨나게 되었다. 여기에서의 '학'은 곧 시각(始覺)의 지혜이니 본각(本覺)을 념념이 깨달아서 불각(不覺)한 때가 없기 때문에 '때마다 익힌다〔時習〕'라고 하였고, 때마다 깨닫지 못함이 없으니 때마다 즐겁지 않음이 없는 것이다.

이러한 깨달음은 원래 사람이 모두 그러하기 때문에 친구가 오면 즐거운 것이며 이러한 깨달음은 원래 남과 내가 상대를 이룸이 없기 때문에 알아주지 않아도 성나지 않는 것이다. 친구가 오고 남이 나를 알아주지 않은 때를 겪으면서 익히지 않음이 없고 기쁘지 않음이 없을 수 있다면 이는 곧 군자의 배움이 될 수 있을 것이다. 만약 알아주는 것과 알아주지 않는 것으로 마음을 둘로 나눈다면 어찌 공자가 말한 '배움〔學〕'이 되겠는가.[198]

---

198 "此章以學字爲宗主, 以時習二字爲旨趣, 以悅字爲血脈. 朋來及人不知, 皆

'성수불이' 사상으로 관통한 『대학직지』의 첫 장과 『논어점정』의 첫 장 해설을 살펴보았다. 다음은 『중용직지』에서의 『중용』 마지막 장에 대한 해설이다.

> 이것은 총 결론으로 천지가 자리를 잡고 만물이 자라나는 중화가 본성을 갖춘 덕성임을 드러낸 것으로 비록 다시 닦아 구경의 자리에 이르러 흡흡하게 본성에 합치된다 하더라도 일찍이 한 가닥의 터럭도 더할 수 없는 것이다.
> 1장의 '천명지위성(天命之謂性)'과 '솔성지위도(率性之謂道)'는 불변(不變)과 수연(隨緣)을 밝힌 것으로 진여문(眞如門)으로부터 생멸문(生滅門)을 연 것이다. '수도지위교(修道之謂教)' 이 말은 사람이 수연(隨緣)에 즉해서 불변(不變)을 깨닫고자 하는 것이니 생멸문으로부터 진여문으로 돌아가는 것이다. 이 『중용』 일서(一書)는 전체가 생멸문을 요약하여 망념을 돌이켜 진심으로 되돌리는 책이다. 수도(修道)의 일은 비록 해(解)· 행(行)· 위(位)의 세 가지가 있으나 실제로는 분명하게 세 가지가 있는 것이 아니라 하나하나가 모두 진여이성(眞如理

是時習之時, 樂及不慍皆是說之血脈無間斷處. 蓋人人本有靈覺之性, 本無物累, 本無不說, 由其迷此本體, 生出許多恐懼憂患. 今學, 即是始覺之智, 念念覺于本覺, 無不覺時, 故名時習, 無時不覺, 斯無時不說矣. 此覺原是人所同然, 故朋來而樂, 此覺原無人我對待, 故不知·不慍. 夫能歷朋來人不知之時, 而無不習·無不說者, 斯爲君子之學. 若以知不知二其心, 豈孔子之所謂學哉." 智旭 著, 陳德述 註釋, 위의 책, 324쪽.

性)으로써 깨달은 바, 관한 바, 증험한 바가 되는 것이다. 진실로 이 문장에 이르러서는 '무성무취(無聲無臭)'로 귀결되니 가이 인과가 서로 부합되고 본성과 닦음이 둘이 아닌 '성수불이'의 경지라고 이를 만하다.[199]

『중용』 일서(一書)는 생멸문으로부터 수도의 교(敎)를 통해서 진여문인 천명의 성(性)으로 돌아가게 해 주는 책이라고 했다. 이러한 성수불이적 관점은 『대학』 체계 이해에도 관통되었으니 『대학』의 대지(大旨)는 본각(本覺)자리에 있는 성(性)인 명덕(明德)을 다시 밝히는〔明〕 수도를 통해서 시각(始覺)하는 것이라 하였다. 『논어점정』에서는 종주(宗主)로 삼은 '학(學)'과 지취(旨趣)로 삼은 '시습(時習)'이 바로 진여문으로 들어가는 수도의 시각(始覺)이라 하였다.

『중용』을 맺는 단락 끝부분에서 지욱 선사는 '성수불이'의 경지를 『시경(詩經)』 시를 인용하여 '무성무취(無聲無臭)'로 귀결된다 하였는데 필자는 이 말에 아주 큰 뜻이 있다고 생각한다. 공자가 '학(學)'을 애기하게 될 때면 언필칭 이삼자(二三子)들에게 "학시호

---

199 "此總結示位天育物之中和, 卽是性具之德, 雖復修至究竟, 恰恰合于本性, 不曾增一絲毫也. 章初天命之謂性, 率性之謂道, 是明不變隨緣, 從眞如門, 而開生滅門也. 修道之謂敎一語, 是欲人卽隨緣而悟不變, 從生滅門, 而歸眞如門也. 一部中庸, 皆是約生滅門, 返妄歸眞. 修道之事, 雖有解行位三, 實非判然三法, 一一皆以眞呂理性, 而爲所悟·所觀·所證. 眞至今文, 結歸無聲無臭, 可謂因果相符, 性修不二矣." 智旭 著, 陳德述 註釋, 위의 책, 494쪽.

(學詩乎)?"라고 물었던 것을 가볍게 보아서는 안 된다. "시(詩)를 배웠느냐?"라는 이 물음에 공자의 알파와 오메가가 모두 담겨 있을 수도 있기 때문이다.

"시를 배우지 않으면 말을 할 수 없다〔不學詩 無以言〕."[200], "『시경』의 주남(周南)과 소남(召南)을 배우지 않으면 마치 담벼락을 마주하고 선 것과 같다〔正牆面而立〕."[201] 라고 했던 말들이 얼마나 심원한 뜻을 가지고 있는지는 미발의 극처와 관련하여 논의하게 될 때 비로소 그 전모를 드러내게 될 것이다. 공자의 학(學)을 논할 때 사학(史學)과 철학(哲學)으로만 접근했을 때 만나게 되는 곤혹과 낭패를 경험해 본 적이 없는 자라면 동양학을 제대로 공부해 왔다고 볼 수 없지 않겠는가.

이와 관련하여 그간의 모든 미발과 관련된 논변들을 유식학의 심식설과 조선 후기 호락논쟁(湖洛論爭)을 통해 정리해 보고, 미발-이발과 시(詩)와의 관계를 최종적으로 고찰해 보고자 한다. 시와 선(禪)이 만나는 곳에 미발과 이발의 비은이 온축되어 있음을 논하는 데까지 이르러야 중화 담론과 관련한 본질과 만날 수 있을 것 같기 때문이다.

---

200 『論語·季氏』, "陳亢問於伯魚曰, 子亦有異聞乎. 對曰, 未也. 嘗獨立,鯉趨而過庭. 曰, 學詩乎. 對曰, 未也. 不學詩, 無以言. 鯉退而學詩. 他日, 又獨立, 鯉趨而過庭. 曰, 學禮乎. 對曰, 未也. 不學禮, 無以立. 鯉退而學禮. 聞斯二者. 陳亢退而喜曰, 問一得三, 聞詩, 聞禮, 又聞君子之遠其子也."

201 『論語·陽貨』, "人而不爲周南小南, 其猶正牆面而立也與."

3) 미발논변(未發論辨)과 연비어약(鳶飛魚躍)

앞에서 살펴보았듯이 지욱 선사는 '천명지위성(天命之謂性)'의 '성(性)'은 제8식, 노자 수중(守中)의 중(中)은 제7식, 중화(中和)의 중(中)은 제6식인 독두의식으로 보았다. 『대학』의 8조목에 대해서도 유식학의 심식설을 활용하여 설명하였는데 그 대강은 다음과 같다.

> '정심(正心)'은 제8식을 전변시켜 대원경지(大圓鏡智)가 되는 것이고, '성의(誠意)'는 제7식을 전변시켜 평등성지(平等性智)가 되는 것이며, '치지(致知)'는 제6식을 전변시켜 묘관찰지(妙觀察智)가 되는 것이고, '격물(格物)'은 오직 심식(心識)의 관법으로 천하와 국가와 가정과 몸, 그리고 세계가 모두 내 마음으로부터 드러난 물건이요, 마음 밖에는 별도로 다른 물건이 없다는 것을 명료하게 아는 것이다.[202]

'의성(意誠)'은 제6식으로부터 이공(二空 : 我空, 法空)의 관찰로 들어가서 제7식의 다시 집착하지 않음과 제8식의 견분(見分)이 안에서 스스로 아(我)와 법(法)이 되는 것이요, '심정(心正)'은 제6식·

---

202 "正其心者, 轉第八識爲大圓鏡智也. 誠其意者, 轉第七識爲平等性智也. 致其知者, 轉第六識爲妙觀察智也. 格物者, 作唯心識觀, 了知天下國家根身器界, 皆是自心中所現物, 心外別無他物也." 智旭 著, 陳德述 註釋, 앞의 책, 507쪽.

제7식의 두 식이 아집(我執)이 없음으로 말미암아 제8식의 '뢰야(賴耶)'[203]라는 이름을 버리게 되고, 제6식·제7식의 두 식이 법집(法執)이 없음으로 말미암아 제8식의 '이숙(異熟)'[204]이란 이름을 버리게 되어, 전변시켜 아말라식을 이루니 또한 대원경지에 상응하는 마음이다. 신수(身修)는 제8식이 이미 무루(無漏)를 이루었으니, 일체의 오음과 12처와 18계가 모두 무루이다. 가정이 가지런해지고, 나라가 다스려지고, 천하가 화평하게 되는 것은 한 몸이 청정하므로

---

203 아뢰야식이라 할 때의 '아뢰야(阿賴耶)'는 범어로 'ālaya'로서 ā는 '없다', '아니다'의 부정사(否定詞)이고, 'laya'는 '없어지다'는 뜻이므로 아뢰야는 영원히 존재하며 없어지지 아니한다는 뜻이다. 한역으로 '무몰(無沒)'이라고도 하고 '장식(藏識)'이라고도 한다. 과거 전생에서 미래 내생에도 계속 존재한다고 생각되는 것으로 중생의 근본 생명이자 근본무명을 의미한다. 이 아뢰야식의 근본무명을 타파해야 비로소 본래의 청정한 부처를 회복하게 되는 것이다(퇴옹 성철, 『백일법문 (하)』, 210쪽 참조). 여기서 지욱 선사는 '뢰야'라고 했지만 이것은 '아뢰야'를 줄여서 쓴 말이라고 보아야 한다. 이것은 마치 '아미타(阿彌陀)'를 '미타(彌陀)'라고 일반적으로 줄여 쓰는 것과 같다. '아미타(āmita)'는 '(수명 혹은 광명이) 한량이 없는'이라는 뜻으로 '미타(mita)'의 '한계가 있는'과 반대되는 말이지만 '아미타천'을 그냥 '미타천'으로 음절을 맞춰서 쓰는 경우가 있는 것과 같은 경우이다.

204 '이숙(異熟)'은 범어로 'vipāka'로서 발생하는 원인의 결과에 따른 제8식을 지칭한다. 이 식은 비록 과거의 선·악·무기(無記)의 세 가지 성질의 종자로부터 발현한 결과로서의 과보이지만, 그 자신의 성질은 선도 아니고 악도 아닌 무기이므로 이숙이라 말하는 것이다. 즉 '이숙(異熟)'은 『유식술기(唯識述記)』에서는 세 가지로 풀이하는데 첫째, '다르게 변해서 익는다〔變異而熟〕'라는 뜻으로 원인은 선이나 악인데 과보는 선이나 악이 아닌 무기를 받는 것이다. 예를 들어 선이나 악을 지었는데 그 과보는 부귀나 빈천으로 나타나 인과가 서로 달리 연결되어 나타나는 것을 말한다. 둘째는 '때를 달리해서 익는다〔變時而熟〕'라는 뜻으로 원인과 시기를 달리하여 과보가 성숙한다. 셋째는 '종류를 달리해서 익는다〔異類而熟〕'는 뜻으로 원인과 성질을 달리하여 과보가 나타나는 것을 말한다. 퇴옹 성철, 위의 책, 201·221~237쪽 참조.

여러 몸이 청정해져서 시방삼세가 원만하고 청정함에 이른 것이다.[205]

그렇다면 지금 이 책에서 논하고 있는 『중용』의 미발·이발에 관해서 유식의 심식설로 설명한 예는 없는가 궁금해진다. 근자에 들어 한자경 교수는 주자가 말한 미발은 '사려미맹(思慮未萌)'의 곤괘(坤卦)이며 이는 유식학에서 말하는 제8아뢰야식으로 볼 수 있다고 다음과 같이 말했다.

> 박괘(剝卦, ䷖)와 복괘(復卦, ䷗) 사이의 곤괘(坤卦, ䷁)에서도 양의 기운과 리는 남아 있어야 한다는 것, 따라서 곤괘에서도 비록 드러나지 않는 미발의 방식으로라도 심(心)의 작용인 지각이 있어야 한다는 것은 심 내지 영혼의 활동을 단지 드러난 의식 차원의 것으로만 한정해서 이해할 수 없다는 것을 의미한다. 바로 이것이 불교에서 제8아뢰야식의 존재를 논증하는 한 근거이다. 마음인 식(識)의 작용 중 의식적 작용(제6의식)이나 의지적 작용(제7말나식)은 현재적으로 드러나 의식에 포착 가능한 식이다. 그래서 이를 현행식(現行識)이라고

---

205 "意誠者, 由第六識入二空觀, 則第七識不復執第八識之見分, 爲內自我法也. 心正者, 由六七二識無我執故, 第八識捨賴耶名, 由六七二識無法執故, 第八識捨異熟名, 轉成菴摩羅識, 亦名大圓鏡智相應心品也. 身修者, 第八識旣成無漏, 則一切五陰十二處十八界, 皆無漏也. 家齊國治天下平者, 一身淸淨故, 多身淸淨, 乃至十方三世圓滿淸淨也." 智旭 著, 陳德述 註釋, 앞의 책, 507~508쪽.

한다. 성리학의 이발이 이에 해당한다. 그러나 그런 현행식의 작용은 꿈 없는 잠에 있어서나 기절 또는 깊은 삼매에 있어 단절을 겪게 된다. 그렇지만 우리가 잠이나 기절에서 깨어났을 때 또는 삼매로부터 출정했을 때, 식은 자기동일성을 유지한다. 이는 곧 우리의 근본식이 의식이나 말나식보다 더 깊은 차원에서 작용함을 말해 준다. 바로 이처럼 가장 심층의 근본식으로서 마음의 자기동일성을 유지하게 하는 식을 불교는 아뢰야식이라고 부른다. 아뢰야식은 의식이나 말나식의 활동으로 형성된 업력의 흐름, 종자들의 흐름이다. 이 점에서 아뢰야식은 잠재식, 즉 미발의 식이라고 할 수 있다. 그러나 종자는 싹터서 나무로 피어나기 마련이다. 불교는 각자의 신체와 신체에 상응하는 기세간을 그 종자의 발현, 종자의 현행으로 간주한다. 현재적으로 우리 앞에 펼쳐지는 이 세계를 현행 아뢰야식의 활동 결과로 간주하는 것이다. 이 점에서 아뢰야식은 무의식적으로 세계를 지각하고 세계를 형성해내는 생물지심이며 천지지심이 되는 것이다. 성리학의 미발지각이란 이처럼 종자를 유지하고(잠재식으로서의 아뢰야식) 또 종자를 현행시켜 세계를 형성하는(현행식으로서의 아뢰야식) 아뢰야식의 작용을 뜻한다고 볼 수 있다.[206]

---

206 한자경, 「주희 철학에서 미발시 지각의 의미」, 『철학사상』 21호, 서울대 철학사상연구소, 2005, 38~39쪽.

사실상 미발이 곤괘(坤卦)와 복괘(復卦) 중 어느 것에 해당하는가에 대해서는 조선 후기 정조(正祖)도 문제를 제기했고 다산(茶山)도 그 나름의 답을 다음과 같이 제시했었다.

〔정조가 묻기를〕 주자는 미발을 논할 적에 혹 복괘가 거기 해당하는 것으로 보기도 하고, 혹 더러는 곤괘가 거기 해당하는 것으로 보기도 하니 양설에서 어느 말로서 정론을 삼아야 되겠는가. 〔다산이 답하기를〕 정자(程子)는 복괘가 거기 해당한다고 보고, 주자는 곤괘가 거기 해당한다고 보았음이 혹문(或問)에 있습니다. 신(臣)의 생각으론 곤괘는 순전히 정(靜)한 것이며, 복괘는 처음 동(動)하는 것이니 이로써 미발과 이발로 비유하는 것이 옳겠습니다.[207]

다산은 주자가 미발은 곤괘에, 이발은 복괘에 해당한다고 결론지었음을 제시했다. 그 이전에 이미 퇴계 역시 미발은 곤괘, 이발은 복괘로 보아 곤괘에 해당하는 미발의 사려미맹을 지각불매(知覺不

207 "御問曰, 朱子論未發, 或以復卦當之, 或以坤卦當之, 兩說之中, 當以何說, 爲定論耶. 臣對曰, 程子以復卦當之, 朱子以坤卦當之, 見於或問. 臣以爲坤卦純靜, 復卦始動, 以之喩未發已發, 則可矣." 다산의 『중용강의보』에서 정조가 미발 두 글자는 예전의 사람들이 발명하지 못하였던 것을 발명한 것이라 하면서 던진 질문에 대해서 다산이 위와 같이 답한 것이다. 전주대 호남학연구소 역, 『國譯 與猶堂全書 經集 1』, 전주대 출판부, 1986, 274쪽.

昧)보다 강조하였다.[208] 퇴계가 정좌(靜坐)와 좌정(坐靜)을 중시했던 것은 바로 이와 같은 미발에 대한 분명한 인식이 있었기 때문이었다.

지욱 선사와는 달리 정자(程子)에서 주자로 넘어오는 신유학의 성립기의 미발론은 이미 단순한 제6식 경계의 문제만은 아닌 것으로 전이되어 있었다. 역상(易象)에서 곤괘를 미발로 보아 사려미맹을 추구한 것은 선불교에서 깊은 선정을 닦아 제8아뢰야식의 무의식, 심층의식까지 해결하고자 한 것을 염두에 둔 논의들로 볼 수 있다. 그러므로 적어도 주자학적 차원에서 미발을 논한 것은 제8식 경계를 논의한 것으로 볼 수 있다. 이미 주자에게 있어서 미발은 불교의 깊은 선정을 인식한 상태에서의 논의였기 때문이다.

하지만 이에 대해서 조선의 다산은 분명 불만을 토로했고, 주자를 비판했다. 즉 다산에게 있어서 '미발'은 『중용』 텍스트에 있는 그대로 "희로애락의 미발일 뿐"인 것이다. 의식이 작용하지 않는다는 의미에서의 심지사려(心知思慮)의 미발과 같은 얘기가 『중용』 텍

---

208 문석윤, 「退溪의 未發論」, 『퇴계학보』 114집, 퇴계학연구원, 2003. 12, 7~14쪽 참조. 퇴계의 미발론에 관해서는 문석윤의 이 논문이 국내에서는 시작점이라 볼 수 있다. 최근 학계에서 퇴계의 미발론을 중심으로 연구자들의 활발한 논변과 논쟁이 있었다. 퇴계의 미발론과 관련된 후속 연구는 다음 논문들을 참조 바람. 이승환, 「退溪 未發論 釐淸」, 『퇴계학보』 116집, 퇴계학연구원, 2004. 12. ; 손영식, 「주희와 이황의 미발이론에 대한 논쟁 - 이승환 선생의 미발 개념 비판」, 『동양철학』 제31집, 한국동양철학회, 2009. ; 주광호, 「퇴계(退溪)의 미발설(未發說)과 거경(居敬)의 수양론(修養論)」, 『철학연구』 40집, 고려대 철학연구소, 2010. 9. 율곡의 미발론에 관해서는 이미 그 연구의 역사가 깊다. 배종호의 「栗谷의 未發之中」, 『동방학지』 19집, 연세대 국학연구원, 1978. 9 참조.

스트 어디에 나오느냐는 것이다.[209] 경(經)에서는 다만 희로애락의 미발이라고 말했을 뿐이라고 명백하게 주장했다.[210] 이는 모두 주자가 선불교를 대자적(對自的)으로 파악하고 유가의 텍스트를 불교와 대응시키면서 결국 유교가 불교화되어 버린 것으로 본 근거가 되었다. 중국의 대진(戴震), 일본의 이토 진사이〔伊藤仁齋〕와 함께 "주자학이 불교"라고 비판했던 대표주자 다산의 문제의식[211] 속에는 주자의 미발론 같은 것은 원시 유가인 사수학(泗洙學)과 거리가 멀어진 대표적인 예들 가운데 하나로 상정된 것이다.

다산이 자신의 학문을 주자학적 사서오경 체계가 아닌 '육경사서(六經四書)' 체계라고 말한 것[212]은 주자의 곤괘, 사려미맹과 같은 『중용』 미발론의 불교적 색채를 띠는 사서(四書) 시스템이 아닌 육경(六經) 체계로 다시 유학을 정립하고자 했던 것임을 알 수 있다. 지욱 선사가 『중용』의 미발을 단순한 정(情)의 미발로 보아 제6식의 독두의식으로 상정한 것과 다산이 주자의 불교적 미발을 비판하면서 단순한 희로애락의 미발일 뿐이라 말한 것은 상통하는 면

---

209 『중용자잠(中庸自箴)』에서 "未發者, 喜怒哀樂之未發, 非心知思慮之未發"이라 하였다. 전주대 호남학연구소 역, 앞의 책, 206쪽.

210 『중용강의보(中庸講義補)』에서 "經但曰喜怒哀樂之未發, 何嘗曰一切思念, 都未發乎." 전주대 호남학연구소 역, 위의 책, 272쪽.

211 이와 관련한 전문적인 논의는 다음의 책을 참조. 한형조, 『주희에서 정약용으로』, 세계사, 1996.

212 다산은 「자찬묘지명(自讚墓誌銘)」에서 자신의 학문 체계를 "6경4서로써 자기를 닦고 1표2서로써 천하 국가를 다스리니 본말을 갖추게 되었다〔六經四書以之修己 一表二書爲天下國家, 所以備本末也〕."고 하였다.

이 있다 하겠다.[213]

다산은 『대학』의 '명덕(明德)' 개념을 설명하면서 드러난 주자의 '성(性)' 개념이 『능엄경』의 여래장사상에서 설명하는 본연지성(本然之性) 개념과 다르지 않음을 통찰했다.[214] '구염(舊染)' 개념 역시 『능엄경』의 본연지성을 설명하면서 도출되는 '신훈(新薰)'과 대대 개념에 해당되고 주자학에서의 '성(性)'은 불교의 '여래장'의 개념과 완전히 일치하므로 '주자학은 곧 불교'라는 입론을 성립시켰다.[215] 이러한 근거 위에서 주자학을 비판적으로 해체하는 새로운 다산학을 건립한 것이다.

---

213 다산의 미발론과 주자 비판에 관해서는 다음 논문을 참조. 강신주, 「주자와 다산의 미발(未發)론 : "존재론적 감수성"과 "신학적 감수성"의 차이」, 『다산학』 2호, 다산학술문화재단, 2001. ; 조은영, 「다산 미발설의 특징」, 『동양철학』 제31집, 한국동양철학회, 2009. ; 전병욱, 「다산(茶山)의 미발설(未發說)과 신독(愼獨)의 수양론」, 『철학연구』 40집, 고려대 철학연구소, 2010. 9.

214 다산은 『대학공의(大學公議)』에서 다음과 같이 말했다. "『능엄경』에서 '여래장의 본성은 청정한 본연이다'라고 하였는데, 이것은 본연지성(本然之性)이다. 본연지성은 신훈에 의해 물들기 때문에 진여의 본체를 잃게 되니 곧 『반야경』·『대승기신론』에서 거듭 되풀이하고 있는 말이다. 이른바 '신훈(新薰)'이라는 것은 본체는 텅 비어 밝아 있으나 기질에 의해서 새롭게 물든다는 것이다. 그러한즉 신훈이 곧 구염(舊染)이요, 구염이 곧 신훈이다. 본연에 근거하여 말할 때는 그것을 '신훈'이라 하고, 드러난 것에 근거하여 말할 때는 '구염'이라 한다〔按楞嚴經曰如來藏性, 淸淨本然, 此本然之性也. 本然之性, 爲新薰所染, 乃失眞如之本體, 卽般若起信論中重言複語之說. 謂之新薰者, 本體虛明, 而新被氣質所薰染也. 然則新薰卽舊染, 舊染卽新薰. 據本然而言之則謂之新薰. 據見在而言之則謂之舊染〕." 전주대 호남학연구소 역, 앞의 책, 30~31쪽.

215 박찬영, 「주희의 철학과 불교의 관계에 대한 정약용의 비판」, 『동양철학』 31집, 한국동양철학회, 2009. 7.

우리는 위에서 지욱 선사가 미발의 중(中)과 관련하여 유식학의 심식설을 끌어들여 제6식으로 설정했음을 알 수 있었다. 주자학적 미발론 체계에서도 중을 단순하게 제6식 경계 정도로만 보지 않고 역상(易象)의 도입을 통해 심층적인 미발 논의를 했다는 것과 이에 대한 다산의 주자학에 대한 통렬한 비판이 있었음 또한 살펴보았다.

이 시점에서 반드시 살펴보아야 할 쟁점이 또 하나 있다. 그것은 바로 불교 유식학 내부에서 전개된 논쟁으로 제8식인 아뢰야식 외에 제9식인 아말라식을 상정해야 되느냐의 여부를 놓고 벌였던 8식·9식 논쟁이다. 유교적으로 설명하자면 미발의 심체에 대한 치열한 공방이었다고 볼 수 있으므로 유교의 미발논변을 살펴보고자 한다면 유식학의 심식논변을 반드시 함께 살펴볼 필요가 있다고 생각된다. 논의의 편의를 위해 간단하게 유식학의 역사를 되짚어 보자.

유식학은 중국에 인도로부터 3차에 걸쳐서 도입되었다. 처음 도입된 것은 지론종(地論宗)이었다. 보리류지(菩提流支, Bodhiruci) 삼장이 기원후 508년(永平元年)에 중국에 와서 『십지경론(十地經論)』을 번역하여 지론종의 유식학을 펴게 되었다. 지론종에서는 전5식, 의식, 말나식, 아뢰야식의 8종의 심체를 설하였는데 이 가운데 전7식은 번뇌가 있는 망식(妄識)이고 제8식인 아뢰야식은 청정한 심체라고 주장하였다.

그 후 진제 삼장(眞諦 三藏)이 기원후 563년(天嘉 四年)에 『섭대승론(攝大乘論)』을 번역하여 섭론종(攝論宗)의 유식사상을 전파하였다. 섭론종에서는 전5식, 의식, 아타나식(阿他那識), 아뢰야식, 아마라식(阿摩羅識)의 9종의 심체를 설하였다. 9종의 심체 가운데 전8식은 번뇌가 있는 망식이지만 제9의 아마라식은 청정한 심체이며 진여성(眞如性)에 해당하는 것이라고 주장하였다.

그 뒤 현장 법사(玄奘法師)가 인도에 17년간 유학하고 645년에 『유식삼십송(唯識三十頌)』에 대한 주석서 100권을 가지고 귀국하여 『성유식론(成唯識論)』 10권을 번역함으로써 법상종(法相宗)의 유식 사상이 전해지게 되었다. 법상종에서는 전5식, 의식, 말나식, 아뢰야식의 8종의 심체를 설하였다. 이들 8종의 심체 가운데 앞의 7식은 망식이고 제8의 아뢰야식은 그 자체는 번뇌를 야기하지 않지만 말나식에 의하여 집착되어진 상태에 있기 때문에 망식이라고 하였다. 이들 망식들은 그 자체가 불성이며 식의 실성(實性)은 섭론종의 아마라식에 해당하기 때문에 따로 분리하여 심체로 정할 필요가 없다고 주장하였다.[216]

이상과 같이 유식학을 이념으로 한 세 종파들은 각기 심체설이 다르므로 혼돈을 야기하기 쉽다. 이와 같은 혼란이 생기는 이유는 미발을 주제로 한 이 책의 논지와 정확히 일치하는 것이다. 제7식까지가 청정한 식이 아니라는 것은 세 학파가 모두 공유하는 것이지만 제8식을 놓고 논란이 생기는 것은 마치 미발을 놓고 복괘처럼 양효(陽爻)가 하나 있는 것이냐 아니면 곤괘와 같이 순수한 것이냐 논변을 벌이는 것과 유사하다. 그리하여 제8식을 완전히 청정한

---

216 오형근, 『유식학 입문』, 불광출판사, 1995, 19~20쪽.

식으로 볼 수 없다는 진제 삼장의 섭론종파는 완벽하게 순수한 식인 '아마라식'을 상정하고 '무구식(無垢識)' 혹은 '백정식(白淨識)'이라 했다. 이에 대해 현장 법사의 법상종 계통은 제8식의 망식이 곧 불성이므로 따로 제9식을 설정할 필요가 없다고 논변했다.

유식학 종파 간의 이견을 회통하여 교통 정리한 유식학의 대가가 바로 중국으로 건너가 서명학통(西明學統)을 건립한 신라의 문아원측(文雅圓測, 613~696)[217]이었다. 아래에서 그의 신·구유식논쟁을 회통한 논리를 살펴보자.

> 제9식은 아마라식(阿摩羅識)으로서 이것은 무구식(無垢識)이니 진여(眞如)를 체(體)로 삼는다. 하나의 진여에 두 가지 뜻이 있다. 첫째는 반연되는 경계이니 진여 또는 실제(實際) 등이라고 한다. 둘째는 반연한다는 뜻이니 무구식이라고도 하고 또한 본각(本覺)이라고도 한다고 하였는데, 자세한 것은 「구식장(九識章)」에서 『결정장론(決定藏論)』의 「구식품(九識品)」을 인용하여 말한 것과 같다.[218]

---

217 지금까지 우리는 '원측법사'로 부르는 것에 익숙했었다. 그러나 원측(圓測)은 자(字)이고 문아(文雅)가 그의 법명이다. 당태종이 죽을 때까지는 법명인 문아를 사용했었다. 그러나 당태종 사후에 그의 아들 고종이 '태종 문황제(太宗 文皇帝)'라는 묘호(廟號)를 내리는 바람에 '문(文)' 자를 피휘하여 원측이라는 자를 사용하게 되었다. 이제는 그의 법명을 되찾아 줄 때가 되었다는 의견에 전적으로 공감한다. 고영섭, 『한국불학사(신라시대편)』, 연기사, 2005, 78쪽 참조.

218 "第九阿摩羅識, 此云無垢識, 眞如爲體, 於一眞如, 有其二義, 一所緣境, 名

진제(眞諦) 삼장은 "아마라식은 자체를 되비추는 것이다."라고 하였지만 논거가 없으며, 또 『여래공덕장엄경(如來功德莊嚴經)』과도 어긋난다. 이 경에서 말하기를 "여래의 무구식은 바로 깨끗한 무루의 경계로서 온갖 장애를 벗어나 원경지(圓鏡智)와 상응하는 것이다."라고 하였으니, 경에 의하면 무구식이란 곧 정분(淨分)의 제8식이라고 할 수 있다.[219]

중생의 식(識)이란, 총괄적으로 여러 식을 드러내 보면 여기에는 두 가지의 해석이 있다. 첫째는 진제 삼장이니 총 9식을 세웠다. 아마라식은 진여본각을 본성으로 삼으며 번뇌가 있는 것〔在纏〕을 여래장이라 하고 번뇌가 없는 것〔出纏〕을 법신(法身)이라 한다. 아마라식은 무구식이라 이르니 「구식장」에서 설하는 것과 같으며 나머지 8식은 여러 법사들과 대체로 같다. 둘째는 자은(慈恩 : 玄奘) 삼장이니 다만 8식만을 세울 뿐 제9식은 없으며 아마라식이란 제8식 가운데의 정분(淨分) 제8이다.[220]

爲眞如及實際等, 二能緣義, 名無垢識, 亦名本覺, 具如九識章引決定藏論九識品中說." 文雅圓測 撰, 『解深密經疏』 권3(『한국불교전서』 권1, 동국대 출판부, 1986), 217하 쪽.

219 "眞諦云, 阿摩羅識返照自體, 無教可憑, 復違如來功德莊嚴經. 彼云, 如來無垢識, 是淨無漏界, 解脫一切障, 圓鏡智相應, 准經可知, 無垢識者, 卽是淨分第八識也." 文雅圓測 撰, 위의 책, 218상 쪽.

220 "言衆生識者, 總標諸識, 自有兩釋, 一眞諦三藏, 總立九識, 一阿摩羅識, 眞如本覺爲性, 在纏名如來藏, 出纏名法身. 阿摩羅識, 此云無垢識, 如九識章, 餘之八識, 大同諸師. 二慈恩三藏, 但立八識, 無第九識, 而言阿摩羅者,

8식설은 현장 삼장이 승의제(勝義諦)의 입장에서 본 것으로 물과 파도가 둘이 아니라는 관점에서 8식 내부에 염오와 청정이 함께 있는 것으로 보는 신유식(新唯識)의 시각이다. 9식설은 진제 삼장이 세속제(世俗諦)의 입장에서 본 것으로 파도의 모양이 서로 다르다는 관점에서 제8아뢰야식과 제9아마라식으로 염오와 청정이 분리되어 있다는 주장으로 구유식(舊唯識)의 시각이다.

문아 원측은 보리류지와 진제의 구식설을 비판하고 현장의 8식설을 긍정했다. 아마라식은 오직 부처의 식인 상태일 뿐 범부의 식이 없는 것을 의미한다. 하지만 문아 원측은 범부의 식과 부처의 식을 단절하여 거리를 두는 것에 동의하지 않았다. 문아는 신·구유식의 편향에 휩쓸리지도 않았다. 신·구유식의 견해를 객관적으로 파악하여 제9식을 설정하려고 한 구유식의 9식설을 제8식의 정분(淨分)으로 보아 절충적으로 수용한 자신만의 견해를 개진했다. 이로 인해 문아는 구유식가도 아니요 신유식가도 아닌 독특한 서명학통을 형성했던 것이다.[221]

이러한 유식학 내부에서의 신·구유식의 논쟁은 조선 후기 호락논쟁에서 야기된 미발심체에 관한 뜨거운 논쟁과 거의 흡사하다.

'미발'이라는 말을 단순히 '희로애락의 미발'로만 볼 것인지 아

第八識中淨分第八." 文雅圓測 撰, 『仁王經疏』(『한국불교전서』 권1, 동국대 출판부, 1986), 80중하 쪽.

221 고영섭, 『한국불학사(신라시대편)』, 115~123쪽 정리.

니면 '궁극적 미발'로 볼 것인지에 따라 '미발'에 대한 견해가 크게 달라질 수밖에 없다는 점은 주자와 다산 논의에서 살핀 바와 같다. 단순히 희로애락이라는 감정의 미발로 본다면 지욱 선사처럼 제6식의 독두의식 정도로밖에 인정해 줄 수 없을 것이다. 그러나 이 '중(中)'의 편폭을 희로애락의 감정의 미발에서 더 깊이 들어간 미발로 본다면 불가의 깊은 선정 상태와 거의 대등하게 설명할 수 있는 근거가 되며 이것은 곧 제8식과 관련된 논의가 될 수 있다. 이 경우 이 미발을 놓고 제9식의 아마라식과 같은 순수 무구백정식(無垢白淨識)을 설정해야 되느냐 하는 것과 같은 논변이 있을 수 있는 것이다.

이런 전제를 놓고 본다면 조선 후기의 호락논쟁에서 미발의 심체(心體)가 선(善)이기만 한지 아니면 악(惡)이 개입되어 있을 수도 있는지에 대한 외암 이간(巍巖 李柬, 1677~1727)과 남당 한원진(南塘 韓元震, 1682~1751) 사이의 미발논변은 인간의 심성 문제에 대한 매우 심층적인 논쟁이었음을 확인해 볼 수 있는 것이다. 즉 조선의 호락논쟁과 중국의 신·구유식논쟁은 비동시성의 동시성을 가진다는 맥락에서 함께 논의해 볼 수 있으며 상호 간의 연구에 충분히 도움을 줄 수 있을 것으로 보인다.

성글게나마 호락논쟁의 대강을 살펴보자면, 낙론(洛論)의 외암은 미발이란 담연하고 순일한 선(善)으로 충만된 상태이므로 순선(純善)하다고 보아 본연지성만 존재하고 기질지성(氣質之性)은 존재하지 않는 순선무악(純善無惡)의 '부잡(不雜)'으로 보았다. 이는 본심

(本心)을 강조한 심성일치(心性一致)의 견해로, 외암은 미발에 악을 전제하는 것을 너무 심하다고 보아 본래의 도덕적 마음이 주재력을 잃지 않는 상태를 강조함으로써 도덕 주체를 확립하려 하였다. 즉 외암은 존천리(存天理)의 입장에서 '보배로운 인간'이 가지고 있는 리(理)의 순수성을 강조하며 본유의 선을 확대시킬 것을 역설한 것이다.[222]

반면에 호론(湖論)의 남당은 미발의 때에도 기질의 선악이 있다는 미발유선악(未發有善惡)을 주장하여 기질의 영향에서 자유롭지 못한 '위태로운 인간'의 현실적 모습을 강조한다. 그는 미발심의 구조를 형기를 초월한 초형기(超形氣), 기질에 근거한 인기질(因氣質), 기질과 뒤섞인 잡기질(雜氣質)의 성삼층설(性三層說)로 나누어 설명하였다.[223] 이는 '불리(不離)'의 차원에서 기(氣)의 차별성을 강조한 것이며 악을 조절하는 거인욕(去人欲)과 기의 억제를 강조한 것이다.

이를 알기 쉽게 유비해 보기 위해서 호락논쟁과 심식논쟁을 다음과 같은 표로 정리해 보았다.

---

222 외암의 미발설에 관해서는 다음의 논문을 참조. 이천승,「외암(巍巖)의 미발설과 심성일치(心性一致)의 수양론」,『철학연구』 40집, 고려대 철학연구소, 2010. 9. ; 이천승,「조선후기 미발논의의 전개양상과 수양론의 제반유형」,『철학연구』 43집, 고려대 철학연구소, 2011. 7.

223 홍정근,「남당(南塘) 한원진의 심성론 - 미발에서의 심과 성의 삼층구조 분석을 중심으로」,『유교사상연구』 21집, 한국유교학회, 2006.

■ **호락논쟁에서의 미발심체논변(未發心體論辨)**

호학파 (湖學派)	남당 한원진 (南塘 韓元震)	미발유선악론 (未發有善惡論) 미발 = 기질지성	인물성이론 (人物性異論)	기(氣)의 차별성 – 기국(氣局) 강조
낙학파 (洛學派)	외암 이간 (巍巖 李柬)	미발순선론 (未發純善論) 미발 = 본연지성	인물성동론 (人物性同論)	리(理)의 동일성 – 리통(理通) 강조

■ **신·구유식에서의 8식9식논변(八識九識論辨)**

<table>
<tr><td>8식설</td><td>신유식
(新唯識)</td><td>현장
(玄奘)</td><td>아뢰야식
=장식(藏識)</td><td>승의제
(勝義諦)
강조</td><td>법상종
(法相宗)</td><td rowspan="2">문아 원측
(文雅圓測)
8식의
정분(淨分)
으로 회통</td></tr>
<tr><td>9식설</td><td>구유식
(舊唯識)</td><td>진제
(眞諦)</td><td>아마라식
=무구식
(無垢識)</td><td>세속제
(世俗諦)
강조</td><td>섭론종
(攝論宗)</td></tr>
</table>

미발과 관련된 호락논쟁의 핵심은 미발에서도 악이 존재한다고 말할 수 있는지의 여부였다. 이는 마치 유식학의 심식논쟁에서 제8식에 염정(染淨)이 구분되는가 합해져 있는가 하는 분합(分合)의 문제를 놓고 벌일 논쟁과 거의 흡사하다. 제9식인 아마라식을 설정하고자 했던 진제 삼장의 고민은 이러한 염(染) 혹은 악(惡)을 순수한 청정본성과 함께 둘 수 있겠느냐는 것이었다.

이를 놓고 보면 조선 후기의 호락논쟁에서 보여준 미발심체논변은 미발을 지욱 선사가 말한 단순한 제6식 경계 정도에서 논의하고 있는 것이 아니라 신·구유식논쟁에서 벌인 8식·9식의 수준에서 논하고 있는 것을 알 수 있다.

그렇다면 이러한 미발과 이발의 미묘한 비은의 은현 문제를 과연 이러한 논변과 논리로만 파악할 수밖에 없는 것일까.

옛말에 '시무달고(詩無達詁)'라 하여 '시는 해석에 이를 수 없다'는 말이 있다. 해석을 하는 것이 오히려 시(詩)의 무궁한 의미의 확장을 다치게 할 수 있기 때문에 이런 말이 생겼을 것으로 짐작된다. 『중용』에서는 미발과 이발의 숨음과 드러남의 세계를 다음과 같이 시의 묘경(妙境)으로 설명하고 있다.

> 군자의 도는 드러나면서도 숨는 것이다. 『시경』에 이르기를, 솔개가 하늘로 날아오르고 물고기가 심연에서 뛰어오른다 하였으니 그것이 위아래로 밝게 드러남을 말함이니라〔君子之道 費而隱. 詩云, 鳶飛戾天, 魚躍于淵. 言其上下察也〕.

이 문장에 대한 지욱 선사의 다음 해설을 보자.

> 아는 것과 능한 것이 곧 알지 못하고 능하지 못한 것이다. 아는 것과 능한 것에 얕고 깊은 것이 있지 아니하니 마치 눈이 색을 알고, 귀가 소리를 알고, 코가 향기를 알고, 혀가 맛을 알고, 몸이 촉감을 알고, 뜻이 법을 알고, 눈이 볼 수 있고, 귀가 들을 수 있고, 코가 냄새 맡을 수 있고, 혀가 맛볼 수 있고, 몸이 느낄 수 있고, 뜻이 알 수 있는 것이 보통 부부가 알고

능한 것이 아니겠는가. 눈이 어찌 볼 수 있고, 귀가 어찌 들을 수 있고, 내지 뜻이 어찌 알 수 있는가에 이르게 되면 성인도 알지 못하고 능하지 못함이 있지 않겠는가. 법과 법이 모두 그러하니 사람이 스스로 살피지 못하는 까닭에 아는 것과 능한 것이 모두 드러난 것이며, 이것이 곧 모두 숨은 것이다. 알지 못하고 능하지 못하는 것이 모두 숨어 있는 것이며, 이것이 곧 드러나 있는 것이다.

…… 법과 법이 모두 그러하니 사람이 스스로 살피지 못하는 까닭에 아는 것과 능한 것이 모두 드러난 것이며, 이것이 곧 모두 숨은 것이다. 알지 못하고 능하지 못하는 것이 모두 숨어 있는 것이며, 이것이 곧 드러나 있는 것이다.[224]

지욱 선사는 『중용직지』 전체에서 가장 의미심장한 해석을 위의 연비어약(鳶飛魚躍)에 대한 주석에서 하고 있다. 그 해석의 끝에 보면 그 역시 시(詩)의 형태로 선적(禪的)으로 함축해 놓고 있다.

224 "與知與能處, 卽是不知不能處. 不知不能處, 正在與知與能處, 非有淺深. 如眼知色, 耳知聲, 鼻知香, 舌知味, 身知觸, 意知法, 眼能見, 耳能聞, 鼻能嗅, 舌能嘗, 身能覺, 意能知, 非夫婦可以與知與能者乎. 眼何以能見, 耳何以能聞, 乃至意何以能知, 非聖人有所不知不能者乎. 法法皆然, 人自不察. 是故與知與能, 皆是費處, 卽皆是隱處. 不知不能, 皆是隱處 卽皆是費處也. …… 法法皆然, 人自不察. 是故與知與能, 皆是費處, 卽皆是隱處. 不知不能, 皆是隱處 卽皆是費處也." 智旭 著, 陳德述 註釋, 앞의 책, 472쪽.

성인이 알지 못하고 능하지 못하는 것을 천지도 오히려 유감이 있는 것이니 오직 부처만이 부처와 더불어 제법의 실상을 모두 다 궁구할 수 있다. 제법의 방편〔權〕은 숨은 것이 드러난 것〔卽隱是費〕이요, 제법의 실상〔實〕은 드러난 것이 은미한 것〔卽費是隱〕이다. 큰 것은 또한 깨뜨릴 수 없고 작은 것은 또한 실을 수 없다. 이 이치를 깨달을 수 있다면 드러나면서도 숨어 있음을 안다고 허락하리라. 솔개가 날고 물고기가 뛰어오름〔鳶飛魚躍〕은 알지 못하고 능하지 못함의 지극한 도이니 이런 까닭에 종문(宗門)에 "삼세제불도 알지 못함이 있음이여, 살쾡이와 흰 소가 도리어 앎이 있음이로다〔三世諸佛不知有, 狸奴白牯却知有〕." 하는 게송이 있다.[225]

'연비어약'에 대해서 지욱 선사는 "삼세제불도 알지 못함이 있음이여, 살쾡이와 흰 소가 도리어 앎이 있음이로다〔三世諸佛不知有, 狸奴白牯却知有〕."라는 선가의 게송으로 마무리해 놓았다. 이 경계는 기존의 다른 곳에 대한 설명 방식과는 전혀 다른 방식을 보여 준다. 지욱 선사가 설한 게송은 "단지 늙은 오랑캐(석가, 달마)의 앎을 허락함이요, 늙은 오랑캐의 앎을 허락하지 않음이로다〔只許老胡知 不許老

---

225 "聖人不知不能, 天地猶有所憾, 所以唯佛與佛, 乃能究盡諸法實相. 諸法之權, 卽隱是費, 諸法之實, 卽費是隱. 大, 亦不可破, 小, 亦不可載. 悟得此理, 方許知費而隱. 鳶飛魚躍, 卽是不知不能之至道, 故宗門云, 三世諸佛不知有, 狸奴白牯却知有." 智旭 著, 陳德述 註釋, 위의 책, 472쪽.

胡會〕."라는 선가의 게송이 보여 주는 경계와 동일하니 향상(向上)의 정안(正眼)을 갖추어야 투과하게 되는 경지를 표현한 것이다. 즉 유가의 『중용』에서 최고의 경지가 바로 이 '연비어약'의 시에 있다는 말이다.

이와 관련하여 유명한 일화가 있다. 「풍악증소암노승 병서(楓岳贈小菴老僧 幷序)」에 보면 조선시대의 천재인 19세 율곡이 이 '연비어약'을 놓고 한 노승과 최상승의 진리를 놓고 벌인 문답이 나온다.[226]

노승이 "'색(色)도 아니고 공(空)도 아니다〔非色非空〕.'가 무슨 소리요?"라고 묻자, 율곡은 "'솔개가 하늘에서 날고 물고기가 연못에서 뛴다〔鳶飛戾天, 魚躍于淵〕.'는 색이요 공이요?"라고 되묻는다. 노승이 다시 "비색비공(非色非空)은 진여의 체(體)이므로 이런 시(詩)로는 비유할 수 없다."고 하자, 율곡은 "언설(言說)을 거쳤다면 이런 경계를 어찌 체라고 하리오. 유가의 묘처(妙處)는 언어로 전할 수 없는데 불가의 도는 문자 밖에 있는 것이 아니던가요?"라고 정곡을 찌른다. 노승이 이에 놀라서 손을 잡고 시 한 수를 청하자, 다음 시를 읊었다고 한다.

魚躍鳶飛上下同, 물고기 뛰고 솔개 날아 위아래가 같으니

226 한형조, 「1554년 금강산, 청년 율곡과 어느 노승과의 대화」, 『조선유학의 거장들』, 문학동네, 2009.

這般非色亦非空, 이것은 색도 아니요 공도 아니로다
等閒一笑看身世, 등한히 한 번 웃고 내 몸을 돌아보니
獨立斜陽萬木中. 홀로 서 있구나, 석양의 수풀 가운데에……

여기서 필자가 마지막 결구를 "석양의 숲속에 홀로 섰구나"라 번역해도 될 것을 "홀로 서 있구나, 석양의 수풀 가운데에……"라고 번역한 것은 이 시의 운자(韻字)를 한 번 더 보자는 데 그 뜻이 있다. '동(同)'–'공(空)'–'중(中)'으로 이어지는 이 운자의 운용이야말로 이 시의 극처(極處)라고 볼 수 있는 것으로 진대지시방세계(盡大地十方世界)가 이 운자의 묘용 속에 모두 함축되는 것이다. 불가의 핵심인 공(空)과 유가의 핵심인 중(中)이 '연비어약'이라는 시 속에서 만나 같아지는〔同〕 것이다. '어약연비(魚躍鳶飛)'로 시작해서 '중'으로 끝나는 이 율곡의 시 속에 『중용』의 비은이 온전히 드러나고 완전히 숨는 것이다.

이러한 경지에 도달한 율곡을 보면 19세의 천재 청년이라고만 하기에는 이미 그 나이와 재주를 떠나 있음을 알게 된다. 다겁생의 수행으로 도달한 불퇴전(不退轉) 지위라는 것은 바로 이를 두고 하는 말일 것이다. 참으로 그의 문장을 보면 원숙한 노고추(老古錐)의 임운자재(任運自在)한 구사를 만날 수 있다. 하지만 조선 후기의 가장 큰 비극은 후학들이 율곡의 40대 저술밖에 읽지 못한 데에 있다고 본다. 그가 40대에 세상을 마감하지 않고 50, 60대를 넘긴 글이 세상에 전해져 내려왔더라면 조선 후기 율곡학파의 후학들은 패기와 확신에 차 있는 완정(完整)한 체계를 갖춘 문장들이 아닌 어눌하고 허한 노인의 원숙하면서 소박한 글을 읽을 수 있었을 것이다. 그랬다면 아마 율곡학파 내부에서 호락논쟁과 같은 것이 벌어졌을 때 논쟁 속에서만 허덕이지 않고 여유롭게 토론을 즐길 수 있었을 거라 생각해 본다.

제2장에서 필자는 동양학의 핵심이 '중(中)'에 있으며, 그것은 '실(實)'이 아니라 '허(虛)'한 관계성 속에서 드러난다고 했었다. 그것을 허사 '즉(卽)'과 '이(而)'의 연기(緣起)라는 측면에서 살펴보았다. 그러나 사실 이 허한 진여의 실체를 개진하는 동양의 향상(向上)의 형식은 바로 '시(詩)'였다. 예술 작품의 본질은 시작(詩作)이라던 하이데거식으로 말하자면 비은의 은폐와 개진은 실사(實辭)에 있지 않고 허사(虛辭)에 있으며 시는 가장 허사적인 형식이다.

말은 다함이 있으나 뜻에 다함이 없다는 '언유진이의무궁(言有盡而意無窮)'의 세계는 미발의 심체와 시의 묘경(妙境)이 만나는 세계에 다름 아니다. 삼세제불도 알지 못하나 필부필부가 도리어 아는 세계인 미발의 극처는 바로 말로 표현할 수 없는 깨침의 세계인 것이다. 동양의 무수 도인들이 깨치고 나서 내뱉는 말이 오도송과 같은 시의 형식을 취했던 원인을 여기에서 발견할 수 있다.

4장

❖

한국 선사의 중화 담론

1
퇴옹 성철의 철(徹)적 가풍

퇴옹 성철 선사는 재삼 설명할 필요를 느끼지 못하는 현대 한국불교의 대표적 선승이다.

중국의 감산 선사나 지욱 선사와 달리 유교 경전에 대한 전문적인 주석이나 저술이 존재하지 않는 것은 물론이려니와, 불교독존(佛教獨尊)의 철두철미(徹頭徹尾), 철상철하(徹上徹下)의 선승이어서 유교를 비롯한 여타 종교에 대한 전문적인 언설을 찾기는 쉽지 않다.

그럼에도 직접 저술한 저작들과 녹음된 법문들을 시자들이 정리하여 출판한 서적들에서 그의 유교 중용에 대한 언급들을 찾아볼 수 있다.

스님이 직접 저술한 책으로는 『선문정로(禪門正路)』, 『본지풍광(本地風光)』, 『돈황본 육조단경』, 『한국불교의 법맥』 등이 있고, 시자들이 정리·출판한 것으로는 『백일법문』, 『신심명·증도가 강설』, 『돈오입도요문론 강설』, 『자기를 바로 봅시다』, 『영원한 자유』, 『영원한 자유의 길』 등이 있는데 이 저술들이 고찰해 볼 대상이 될 것이다.

『선문정로』와 『본지풍광』은 스님 스스로 "이 두 권의 책으로 부처님께 밥값 했다."[227]고 했을 만큼 심혈을 기울인 작품이다. 『본지풍광』은 간화선의 천칠백 공안 가운데 가장 보기 어려운 화두들에 대해 스님이 자신의 살림살이를 팔을 걷어붙이고 공개해 놓은 저술이다. 『선문정로』는 십지보살과 등각(等覺)의 경지도 돈오와 견성(見性)이 아니고 오직 구경각인 묘각(妙覺)만이 돈오견성임을 역설한 저술이다. 이는 돈오점수가 아닌 돈오돈수만이 선문(禪門)의 정안(正眼)임을 확정해 놓은 20세기 한국 현대불교 논쟁사에서 최고 정점을 차지했던 저술이라고 할 수 있다.

유교의 중용, 중화와 관련된 스님의 언급은 『백일법문』과 『영원한 자유』 등에 산재하므로 이를 살펴볼 것이다. 또한 이 책의 주제인 유가의 '미발'과 관련해서는 스님의 '무심(無心)'과 관련된 오매일여론(寤寐一如論)을 살펴봄으로써 그 동이(同異)가 명백하게 밝혀질 것이다. 성철 선사는 불교 내부의 수증론(修證論)과 관련된 돈점논쟁(頓漸論爭)에서도 냉혹할 만큼 철저한 돈수론자(頓修論者)였으므로 유교와 관련된 언급 역시 비하 발언이 예상되는 것은 당연한 일이다. 하지만 유·불의 차별을 극력 주장하는 그 바탕에는 불교에서의 마음 수련과 의식의 깊이에 대한 확신이 전제되고 있는 것이기에, 미발의 극처에 대한 이 책에서의 분석에서 한 번쯤 반드시 짚고 넘어 가야 될 대상으로 선택되었다.

---

227 퇴옹 성철, 『백일법문 (하)』, 372쪽.

1) 중용과 중도의 분별

먼저 단도직입적으로 성철 선사의 유교 중용에 대한 아래의 발언을 살펴보자.

(1) 중국에는 『중용』이라는 것이 있기는 하지만 이것은 불교의 중도와는 근본적으로 틀립니다. 유교사상에서의 중용이란 너무 지나치지도 않고 너무 부족하지도 않음을 말합니다. 이를테면 너무 많이 아는 사람은 지나쳐 버리기 쉽고 모르는 사람은 너무 미치지 못하므로, 과(過)하지도 않고 부족하지도 않은 중(中)을 취하라는 것입니다. 결국 이 '중'은 단순한 중간의 의미에 지나지 않습니다.[228]

스님은 유교의 중용이 불교의 중도와 근본적으로 다르다고 단박에 칼질하고 있다. 유가의 중용 내지 중화에 대해 깊이 천착해 본 적이 있는 사문(斯文)의 선비라면 이러한 야박한 평가에 대해 불평을 토로하게 될 일은 자명하다. '중(中)'이 단순한 중간에 지나지 않는다는 언명은 불교의 '중도'를 평가절상하기 위해 유교의 '중용'을 과도하게 평가절하한 인상을 지우기 어렵다. 특히 '단순한'이라는 말은 조선왕조 500년의 금과옥조를 너무 헐값에 떠넘기는 인상을

---

228 퇴옹 성철, 『영원한 자유』, 장경각, 2008, 82~83쪽.

주는 것도 사실이다. 그러나 여기에서 우리는 유교의 중용이 스님이 생각하는 것과 같이 그렇게 단순하고 저급한 수준이 아니라는 것을 강변(强辯)하기에 앞서 유교와 불교의 '중'을 어떤 이유로 저토록 강력하고 단호하게 분별하고 있느냐 하는 의중을 간파하는 것이 중요하다.

유교의 중용만큼이나 푸대접을 받고 있는 서양의 대표적인 사상가들의 중용에 대한 평가도 한번 살펴보자.

(2) 서구세계에서도 플라톤, 아리스토텔레스와 같은 철인들이 일찍이 중용사상을 펼쳤는데, 그들도 중간 사상을 가지고 중용사상이라 하였을 따름입니다. 그들의 이른바 중용사상은 양변을 완전히 버리고 동시에 양변이 완전히 융합하는 사상을 말하지는 않았습니다. 양변을 여의고 양변을 융합한다는 것은 추호도 찾아볼 수가 없습니다. 따라서 중도사상과 중용은 결코 혼동될 수 없는 것입니다.[229]

스님은 서구에서 플라톤, 아리스토텔레스 등이 일찍부터 중용사상을 펼친 적 있음을 거론하였다. 그렇지만 이들의 사상은 양변을 여의고 양변을 융합하는 불교의 중도사상과는 다른 중간 사상일 뿐이라고 평가절하하였다. 그나마 헤겔의 변증법은 불교 중도

---

229 퇴옹 성철, 위의 책, 83쪽.

의 가장 근사치에 접근한 듯 보인다면서 다음과 같이 언급하였다.

> (3) 서양의 철학계에서도 근대에 이르러 언뜻 보기에 불교의 중도사상과 비슷해 보이는 이론이 나왔습니다. 바로 헤겔의 변증법(辯證法) 사상입니다. 정(正)·반(反)·합(合), 이 세 가지가 변증법의 기본 공식으로 정에서 반이 나오면 그것을 융합시켜서 합을 만든다는 논리입니다. 언뜻 생각하면 이 논리는 중도와 비슷한 듯하지만 이것은 어디까지나 역사의 발전 과정에서 말하는 것입니다. 이 이론은 시간을 전제로 하는 것입니다. 보기를 들어 정(正)이라는 사상이 나와서 이것에 모순이 생기면 다시 반(反)이라는 사상이 나오고 시간이 지나면 정도 아니고 반도 아닌 것이 서로서로 종합이 되어서 합(合)이라는 사상이 나온다는 이론입니다. 이와 같이 시간을 전제로 하는 역사적인 발전 과정을 말하는 헤겔의 정·반·합 이론도 정과 반을 완전히 버리고 정과 반이 완전히 융합하는 것이 아니므로 중도사상과는 근본적으로 다릅니다.[230]

헤겔의 변증법은 '정-반'이라는 양변이 '합'이 되는 과정을 설명하고 있기에 얼핏 보면 양변을 여의고 양변을 융합하는 불교의 중도사상과 비슷해 보일 수 있다고 하였다. 하지만 헤겔의 변증법

---

230 퇴옹 성철, 위의 책, 83쪽.

은 모순의 대립과 통일을 '시간적 간격'을 두고 발전해 가는 과정으로 보는 것이기에 불교의 중도와는 근본적으로 다른 것임을 강조하였다. 즉 불교에서는 상대적 양변 내지 모순의 대립이 시간적 선후를 거치지 않고 직접 당하(當下)에 상통한다는 것이다.

그렇다면 성철 선사가 말하는 중도라는 것은 도대체 어떠한 것이기에 이렇게 위용을 발휘하는 것일까? 앞에서 살펴본 (1)유교의 중용, (2)플라톤·아리스토텔레스의 중용, (3)헤겔의 변증법이 단번에 불교의 중도와 근본적으로 차이를 보이는 것이라면 스님이 밝히는 불교의 중도사상은 과연 어떠한 것인지 꼼꼼히 살펴볼 필요가 있다. 이 책의 제2장에서 간단히 언급한 바 있지만 스님은 『백일법문』에서 원시불교사상, 중관사상, 유식사상, 열반경사상, 천태종사상, 화엄종사상, 선종사상 전체를 중도로 일관하여 설하면서 선(禪)과 교(敎)의 근본사상은 부처님의 중도사상에 있다는 철칙을 확고히 한 바 있다.[231]

(4) 불교의 근본 사상은 중도사상이니, 팔만대장경 전체가 여기에 입각해 있으며 부처님께서 49년 동안 설법하신 모든 말씀이 바로 중도를 설명하기 위한 것입니다. 그래서 중도사상을 떠나서 불교를 설명하는 것은 바로 부처님에 대한 반역인 것입니다. 불교를 설명한 많은 것들의 그 진위를 가리려면 중

231 퇴옹 성철, 『백일법문 (하)』, 372쪽.

도논리(中道論理), 중도정의(中道定義)에 위배되는지 아닌지를 가늠해 보아야 합니다. 그것에 위배되는 사상은 결코 부처님의 말씀이 아닌 것입니다.

흔히 보면 불교를 믿는 사람들도 불교나 유교나 도교나 예수교나 혹은 헤겔철학이나 칸트철학과 같지 않느냐고 혼동시켜 버리는 사람들도 많이 있는데 이런 사람들은 부처님의 중도사상을 완전히 이해하지 못했기 때문에 그런 오류를 범하는 것입니다.[232]

(5) '색즉시공 공즉시색'이라든지 '불생불멸'이라든지 '무애법계'니 하는 이런 이론을 불교에서는 중도법문(中道法門)이라고 합니다. …… 중도라는 것은 모순이 융합되는 것을 말합니다. 모순이 융합된 세계를 중도의 세계라고 합니다. 보통 보면 선(善)과 악(惡)이 서로 대립되어 있는데, 불교의 중도법에 의하면 선악을 떠납니다. 선악을 떠나면 무엇이 되는가? 선도 아니고 악도 아닌 그 중간이란 말인가? 그것이 아닙니다. 선과 악이 서로 통해 버리는 것입니다. 선이 즉 악이고, 악이 즉 선으로 모든 것이 서로 통합니다. 서로 통한다는 것은 아까 말한 유형이 즉 무형이고, 무형이 즉 유형이라는 식으로 통한다는 말입니다. 그래서 중도법문이라는 것은 일체 만물, 일체 만법이 서로서로 융화하는 것을 말합니다. 모든

---

232 퇴옹 성철, 『영원한 자유』, 84쪽.

모순과 대립을 완전히 초월하여 전부 융화해 버리는 것, 즉 대립적인 존재로 보았던 질량과 에너지가 융화되어 한 덩어리가 되어 버리는 것입니다. 그런데 흔히 '중도'라 하면 '중도는 중간이다' 하는데, 그것은 불교를 꿈에도 모르고 하는 말입니다. 중도는 중간이 아닙니다. 중도라 하는 것은, 모순 대립된 양변인 생멸을 초월하여 생멸이 서로 융화하여 생이 즉 멸이고, 멸이 즉 생이 되어 버리는 것을 말합니다. 에너지가 질량으로 전환될 때 에너지는 멸하고 질량이 생기지 않습니까? 그러니까 생이 즉 멸인 것입니다. 질량이 생겼다는 것은 에너지가 멸했다는 것이고, 에너지가 멸했다는 것은 질량이 생겼다는 것입니다. 그러니 생멸이 완전히 서로 통해 버린 것입니다. 이렇게 되면 불교에서 말하는 중도라는 것을 조금은 이해할 수 있을 것입니다.[233]

(6) 중도란 모든 대립을 떠나서 대립이 융화되어 서로 합하는 것인데 부처님께서는 그것을 어떻게 말씀하셨는가? 철학적으로 보면 대립 중에서도 유무(有無)가 제일 큰 대립입니다. '있다', '없다' 하는 것, 중도라고 하는 것은 있음〔有〕도 아니고 없음〔無〕도 아닙니다〔非有非無〕. 있는 것과 없는 것을 떠나 버렸습니다. 그리고 거기에서 다시 유와 무가 살아나는 식입니다〔亦有亦無〕. 그 말은 3차원의 상대적 유무는 완전히 없어지고

---

233 퇴옹 성철, 『영원한 자유의 길』, 장경각, 1997, 64~66쪽.

4차원에 가서 서로 통하는 유무가 새로 생긴다는 뜻입니다. 그리하여 유무가 서로 합해져 버립니다. 그래서 부처님께서 "유무가 합하는 까닭에 중도라 이름한다(有無合故名爲中道)." 라고 말씀하신 것입니다. 불생불멸이라는 그 원리에서 보면 모든 것이 서로서로 생멸이 없고 모든 것이 서로서로 융합 안 할래야 안 할 수도 없고, 모든 것이 무애자재 안 할래야 안 할 수 없습니다. 그래서 있는 것이 곧 없는 것이고, 없는 것이 곧 있는 것이라고 말씀하신 것입니다(有卽是無 無卽是有).[234]

(7) 그럼 중도사상이란 다른 어떤 종교나 무슨 이론과도 타협할 수 없는 고립된 사상인가? 예수교나 유교나 도교나 회교나 또는 어떤 철학이든지 간에 각기 자기의 독특한 입장이 있으면 그 입장을 고집하여 타협할 줄 모릅니다. 그것은 변견에 집착해 있기 때문입니다. 부처님의 중도사상을 알고 보면 일체 만법이 불교 아닌 것이 하나도 없습니다. 중도사상을 모를 때는 유교는 유교, 불교는 불교, 무슨 철학은 무슨 철학, 유신론이든지 유물론이든지 각각 다 다르지만 중도사상을 바로 알게 되면 『금강경』에서 '일체 만법이 모두 불법이다(一切法皆是佛法)'라고 말씀하신 바와 같이 중도란 일체만법, 일체 모든 진리를 융합한 우주의 근본원리임을 인식하게 될 것입니다. 그러므로 알고 보면 예수교도 우리 불교요, 유교, 도

---

234 퇴옹 성철, 위의 책, 66~67쪽.

교도 우리 불교입니다.[235]

위의 (4), (5), (6), (7)의 중도와 관련된 인용문들은 모두 성철 선사가 대중 법문한 내용들을 그대로 녹취하여 책으로 편찬한 것이어서 육성을 생생하게 느낄 수 있는 생동감이 있는 까닭에 그대로 길게 인용해 본 것이다.

(4) 에서는 부처님 설법 전체가 중도를 설한 것이며 이것은 세상의 그 어떤 종교나 철학과도 혼동될 수 없는 최상의 깨침을 베풀어 놓은 것임을 강조하고 있고, (5)에서는 중도라고 하는 것이 '불생불멸', '색즉시공 공즉시색'과 같은 말들로 달리 풀어져 나오는 양상들을 설명하고 있다. 아인슈타인의 상대성이론에서의 '등가원리'로 불생불멸을 설명해서 파장을 일으켰던 바로 그 대목이다. 산이 물이고 물이 산이었다가 다시 산은 산이고 물은 물이 되는 시비선악이 서로 초월했다가 동시에 융합해 버리는 진공묘유(眞空妙有)의 무애자재(無碍自在)한 경지에까지 도달해야 비로소 '중(中)'임을 설파한 장면이다.

(6)에서는 '유(有)', '무(無)', '비유비무(非有非無)', '역유역무(亦有亦無)'의 사구(四句)와 '유즉시무 무즉시유(有卽是無 無卽是有)'로 중도를 설명한 것이다. 그러나 이러한 사구가 시간적인 과정을 거치는 것이 아님을 다시 한 번 상기해야 한다. 선가에서 사량분별을 내지

235 퇴옹 성철, 『백일법문 (상)』, 75쪽.

않고 조주무자(趙州無字) 화두를 참구하여 오로지 의심 덩어리로 만들어서 깨치고자 하는 이유가 무엇인가 그 속내를 여기에서 간파해야 한다.

불교의 중도라는 말이 '가운데' 혹은 '적중(的中)', '시중(時中)', '집기양단(執其兩端)'의 의미만으로 설명 불가능한, 쌍으로 막고 쌍으로 비추며〔雙遮雙照〕, 쌍으로 밝고 쌍으로 어두우며〔雙明雙暗〕, 죽고 살리는 것을 자유자재로 하고, 주고 빼앗고 놓고 거두기를 자유자재로 하는 살활종탈(殺活縱奪)의 수방자재(收放自在)의 묘용이 모두 이 중도에서 나오는 것임을 기억해야 한다.

예를 들어 "석가와 달마도 다시 참구해야 옳다."라는 말이나 "부처를 만나면 부처를 죽이고 조사를 만나면 조사를 죽이라."라는 살불살조(殺佛殺祖)의 가풍 등은 모두 이 중도를 확철히 깨친 뒤에 나오는 자재묘용(自在妙用)의 방편이다. 이처럼 불가에서는 중도를 철견(徹見)한 뒤에야 임운등등(任運騰騰)한 기봉(機鋒)을 자유자재로 구사하는 진정한 대사자후가 터져 나오게 되는 것으로 보고 있다.

(7)에서 기독교도 불교요, 유교도 불교이며, 일체가 모두 불법 아님이 없음을 갈파하는 경지에 이르러서는 사실상 유교의 중용 논의를 훤출하게 뛰어넘고 있음을 확인할 수 있다. 유교적인 용어로 빌어 말하자면 '광(狂)'이 '중(中)'이 되었다가 '중'의 자리를 차지한 '광'에게 다시 서른 방망이를 내리는 식으로 '중용(中庸)'과 '반중용(反中庸)'을 자유자재로 넘나드는 입파자재(立破自在)의 활구세계(活句世界) 정도가 될 것이다. 유교에서 강조하는 중용이 활기를 잃

게 되면 회색분자 내지는 어벌쩡한 중도파로 전락하게 된다. 이를 강력하게 경고하고 활안(活眼)의 생명력을 찰나에도 놓치지 않게 하려는 깨어 있는 활법(活法)의 세계가 바로 불교의 중도세계이다.

선가에는 "조이불료(祖禰不了)하니 앙급아손(殃及兒孫)"이라는 말이 전해져 내려온다. 조상이 변변치 못해서 재앙이 자손들에게 미쳤다는 말인데 이는 석가모니불이 신통치 못한 바람에 훗날 뭇 중생들의 눈을 다 멀게 했다는 비유로 쓰는 말이다. 괜히 부처가 되었다는 둥, 깨쳤다는 둥 해서 본래 하나였던 부처와 중생이 둘로 나뉘는 분별의 세상이 펼쳐져 버렸다는 말이다. 이 말이야말로 부처의 골수를 바로 보고 한 말이 아니겠는가. 이처럼 부처를 교주로 삼는 불교이지만 부처를 '중(中)'의 자리에 모셔 놓고 떠받들다가 내 부처 죽이는 일은 절대 하지 않는 것이 바로 불교의 살아 있는 중도세계인 것이다.

사방으로 일곱 걸음을 걷고 난 뒤 손가락으로 위아래를 가리키며 '천상천하 유아독존'이라 외쳤다는 부처를 향해 운문 선사는 '내가 그 당시 옆에 있었던들 그 손가락을 잘라 개밥으로나 던져줬을 것'이라 했다. 이 기막힌 성상 파괴는 이런 맥락에서 이해해야 한다. 현사(玄沙) 선사가 운문 스님에게 도대체 부처님에게 무슨 망발이냐고 했다가 나중에 확철대오하고 나서 부처님 은혜 제대로 갚은 이는 운문 선사뿐이라 했던 일화를 되새겨 보자.

인도불교가 중국에 넘어와 선종이라는 새로운 종파를 탄생시키면서 펼쳐 놓은 선경(禪境)이 결코 부처님의 근본 교설인 중도법문에서 한 치도 어긋남이 없이 새롭게 발명한 것임을 망각해서는 안 된다. 중국에 와서 황금시대를 맞은 선(禪)은 부처를 때려잡는 이는 반드시 부처가 아니면 안 된다는 것을 명백히 보여 주었다. 선문에 "도적 잡는 것은 본래로 도적이라야 한다〔捉賊從來須是賊〕."라고 하였고, "도적이라야 도적의 물건을 훔친다〔賊偸賊物〕."라고 하였다. 부처가 베풀어 놓은 중중무진(重重無盡)의 팔만대장경의 언구만 따라가다 활로(活路)를 놓쳐 버리는 날에는 결국 참나와는 조우하지 못하고 생애를 마감하는 수가 있기에 위법망구(爲法忘軀)의 정신으로 산 눈을 열고 조사(祖師)의 관문인 천칠백 공안을 투과(透過)하고자 한 것이다.

성철 선사가 유교의 중용을 대놓고 괄시하는 데는 이와 같은 내재적 맥락이 존재한다는 사실을 인지할 필요가 있다. 이러한 성철 선사의 관점을 필자는 "철(徹)적 가풍"이라는 용어로 풀어 보고자 한다. 성철 선사의 법명에 들어 있는 '철' 자는 그의 본지풍광(本地風光)을 여실히 드러내 주고 있다고 보기 때문이다.

운문 선사의 일자관은 동양 삼국의 한자문화권에서 피운 선불교의 정수였다. 한자 한 글자로 진리의 문답을 곧바로 직지(直指)하여 염출(拈出)한다는 것은 매우 상징적인 의미를 갖는다. 알파베틱으로 되어 있는 인도의 산스크리트어가 중국의 한자문명으로 격의(格義)되는 과정에서 이 한자라는 언어 문자의 구조가 선종을 잉태하는 데에 결정적 역할을 했다고 볼 수 있다. "한자 자체가 그대로 선(禪)"이 될 수 있는 구조를 본래로 보유하고 있었다고 볼 수 있기 때문이다. 이와 관련해서는 다시 훗날의 지면을 기약하기로 하지만 어쨌든 일자관을 활용해 보자면 성철 선사의 가풍은 '철(徹)' 한 글자에 그 전모를 드러낸다고 말할 수 있을 것이다.

다음 장의 수증론과 관련해서도 역시 성철 선사는 불교독존의 '철(徹)적 가풍'이 일관되게 유지되고 있음을 확인하게 될 것이다. 앞서 제2장 제1절에서 '동양학의 핵심은 중(中)에 있다'고 했는데 그곳에서 다소 부족했던 불교의 중에 관해서는 이곳에서 충분히 보충 부가가 되었을 것으로 본다.

2) 미발과 무심(無心)의 현격(懸隔)

어떤 주제이건 간에 성철 선사의 견지를 논함에 있어서는 단순명쾌한 방식보다 좋은 것이 없는 것 같다. 그 이유는 그의 가풍이 본래 그러하기 때문이다. 거침없고 에누리 없다. 그의 스타일을 조금 가져다 쓴다면, 이 절에서 논하게 되는 유가의 미발과 불가의 무심(無心)의 경지에 대해서 그는 한마디로 천지현격으로 보고 있다는 결론부터 밝히고 가자. 아무리 유가의 미발이 깊어 봐야 불가의 무심의 경지와는 하늘과 땅 차이라고 못박고 있는 것이다. 다음을 보면 알 수 있다.

(1) 동서양을 통해서 중도와 같은 사상이 있느냐 없느냐는 것도

한번 검토해 볼 필요가 있습니다. 그 가운데서도 유교의 중용과 불교의 중도가 같은 것이 아니냐고 흔히들 말하는데 전혀 틀리는 사상입니다. 중용이란 공자의 손자인 자사(子思)가 지은 책인데 그 책 속에서 희·로·애·락이 나지 않는 것을 중(中)이라고 하고 희·로·애·락이 나서 적당하게 사용되는 것을 화(和)라고 말합니다. 여기서 인용한 바 '희·로·애·락이 나지 않는 것이 중이라 한다'고 하니 이것이 중도가 아니냐고 생각할지 모르겠습니다. 그러나 앞에서 누누히 설명해 왔지만 중도란 양변을 여의는 동시에 양변이 완전히 융합하는 것이므로 중용과는 틀리는 것입니다. 그러므로 쌍차쌍조(雙遮雙照)를 내용으로 하는 중도를 바로 알게 되면 동서양의 모든 종교나 철학이 불교와는 근본적으로 다른 입장에 서 있다는 것을 확실히 알 수 있을 것입니다.[236]

(2) 우리 불교에서 말하는 무심(無心)은 세속의 사상과는 어떤 관계가 있는가를 생각해 봐야 하겠습니다. 옛사람들의 책이나 얘기를 들어보면 유교, 불교, 도교 삼교가 다르지 않다고 얘기합니다. 그러나 그것은 천부당만부당합니다. 유교라든가 도교 등은 망상을 근본으로 하는 중생세계에서 말하는 것으로 모든 이론, 모든 행동이 망상으로 근본을 삼고 있습니다. 그러나 모든 망상을 떠난 무심을 증득한 것이 우리 불교입니다.

---

236 퇴옹 성철, 위의 책, 74~75쪽.

비유를 하자면 유교니 도교니 하는 것은 먼지 앉은 그 명경(明鏡)으로써 말하는 것이고, 불교는 먼지를 싹 닦은 명경에서 하는 소리인데, 먼지 덮인 명경과 먼지 싹 닦아 버린 명경이 어떻게 같습니까? 그런데도 유불선이 똑같다고 한다면 그것은 불교의 무심을 모르고 하는 말입니다. 십지등각(十地等覺)도 중생의 경계인데 유교니 도교니 하는 것은 더 말할 것 있습니까?[237]

(3) 중생의 경계, 그것이 진여자성을 증득한 대무심(大無心) 경계와 어떻게 같을 수 있습니까? 그리고 예전에는 유불선 삼교만 말했지만 요즘은 문화가 발달되고 세계의 시야가 더 넓어지지 않았습니까? 온갖 종교가 다 있고 온갖 철학이 다 있는데 그것들과 불교는 어떤 관계가 있는가? 동서고금을 통해서 어떤 종교, 어떤 철학 할 것 없이 불교와 같이 무심을 성취하여 거기서 철학을 구성하고 종교를 구성한 것은 없습니다. 실제로 없습니다. 이것은 내가 딱 잘라서 말할 수 있는 것입니다. 서양의 어떤 큰 철학자, 어떤 위대한 종교가, 어떤 훌륭한 과학자라고 해도 그 사람들은 모두가 망상 속에서 말하는 것이지 망상을 벗어난 무심경계에서 한 소리는 한마디도 없습니다. 내가 처음에 이야기했듯이 불교에서는 부처님이 근본인데 부처님이란 무심이란 말입니다. 모든 망상 속에 사는 것을 중생이라 하고 일체 망상을 벗어난 무심경계를 부처라고 합

---

237 퇴옹 성철, 『영원한 자유의 길』, 75~76쪽.

니다. 불교에서는 무심이 근본이니만큼 불교를 내놓고는 어떤 종교, 어떤 철학도 망상 속에서 말하는 것이지 무심을 성취해서 말하는 것은 없습니다. 이것을 혼동해서는 안 되겠습니다. 그만큼 불교에는 어떤 철학이나 어떤 종교도 따라올 수 없는, 참으로 특출하고 독특한 것이 있습니다.[238]

(4) 구경각을 성취하여 무심을 완전히 증득한 부처님 경계 이외에는 전부 다 삿된 지식이요, 삿된 견해〔邪知邪見〕입니다. 대신에 모든 번뇌망상을 완전히 떠나서 참다운 무심을 증득한 곳, 즉 먼지를 다 닦아낸 깨끗한 명경은 무엇이든지 바로 비추고 바로 알 수 있습니다. 이것을 정지정견(正知正見)이라고 합니다. 이렇게 볼 때 세상의 모든 종교나 철학은 망상 속에서 성립된 것인 만큼 사지사견이지 정지정견이라고는 할 수 없습니다. 정지정견은 오직 불교 하나뿐입니다.[239]

성철 선사는 두말할 나위 없다는 태도로 딱 잘라 말하고 있다. 편언가지(片言可知)라는 말이 있듯이 더 이상 볼 것도 없이 유교에서 말하는 미발의 경지는 그냥 망상일 뿐이라는 것이다. 스님이 보기에 유교의 최상의 경지 운운해 봐도 그것은 먼지 앉은 거울 정도밖에 안 되고 중생경계에서 허덕이고 있는 것에 불과했다. 유·도·

---

238 퇴옹 성철, 위의 책, 76~77쪽.

239 퇴옹 성철, 위의 책, 77~78쪽.

불 삼교회통이니 삼교융합이니 삼교일치니 하는 것은 천부당만부당한 소리라는 주장이 나오게 되는 것도 이러한 이유에서이다. 불교의 무심 외엔 모두 망상을 근본으로 하고 있는데 어찌 일치라는 말을 쓸 수 있느냐는 것이다. 불교의 경지에 대한 대단한 자긍심이자 외외당당(巍巍堂堂)의 극치로 보인다. 스님의 이 말끝에 복장 뒤틀릴만한 동서고금의 강호의 고수들이 부지기수로 스쳐 지나간다.

인용문을 일별해 보자면 인용문(1)에서는 유교의 미발이 불교의 중도에서 말하는 무심과는 근본적으로 다른 것임을 확정한다. (2)에서는 불교의 십지보살과 등각의 경지마저도 중생의 망상경계인데 어찌 유교, 도교가 무심을 논할 수 있겠냐고 하면서 먼지 묻은 거울들과 함께 묶어 삼교회통을 논하는 것은 불가하다고 단언한다. (3)과 (4)에서는 유교, 도교만이 아니라 현대의 서양에 이르기까지 동서고금의 모든 여타의 철학, 종교, 과학이 한결같이 망상 속에서 말하는 사견(邪見)이라고 일갈한다. 한마디로 불교를 제외하고는 모두가 삿된 지식을 통한 꿈속의 잠꼬대일 뿐이라는 것이다. 즉 향상(向上)의 일로(一路)를 독보(獨步)해 보지 않고는 천하사(天下事)를 죄다 관망하기 어렵다는 말이다.

여기서 관건이 되는 것이 대체 선종에서 말하는 '무심'이 어느 정도의 경지이길래 지구 역사상의 모든 사상, 철학, 종교, 학문을 한데 묶어 점포정리하느냐는 말이다. 주자 이래 유학계 내부에서도 미발에 대한 논의가 심화되면서 미발을 사려미맹으로 보아 곤괘의 역상(易象)과 연결짓는 견해가 제출되기도 하였다. 이러한 중국에서의 주자 패러다임 800년 역사와 조선조 유교 학술 500년 심학(心學)의 결실이 한순간에 불교 무심이라는 취모리(吹毛利)의 살인검 활인도(殺人劍活人刀) 앞에 추풍낙엽으로 떨어지고 마는 상황을 어떻게 지켜봐야 하는가 하는 것이다. 바로 그 '무심'에 대한 성철 선사의 다음 논의들을 따라가 보면서 그 진가(眞假)를 명확히 가려내 보자.

〈1〉 저 미물인 곤충에서부터 시작해서 사람을 비롯하여 십지등각(十地等覺)까지 모두가 중생입니다. 참다운 무심은 오직 제8아뢰야 근본무명까지 완전히 끊은 구경각, 즉 묘각(妙覺)만이 참다운 무심입니다. 이것을 부처라고 합니다.

그러면 망상 속에서 사는 것을 중생이라고 하니 망상이 어떤 것인지 좀 알아야 되겠습니다. 보통 팔만사천 번뇌망상이라고 하는데, 이것을 구분하면 크게 두 가지로 나눌 수 있습니다.

첫째는 의식(意識)입니다. 생각이 왔다 갔다, 일어났다 없어졌다 하는 것이 의식입니다. 둘째는 무의식(無意識)입니다. 무의식이란 의식을 떠난 아주 미세한 망상입니다. 그래서 불교에서는 의식을 제6식(第六識)이라 하고 무의식을 제8식(第八識, 아뢰야식)이라고 하는데, 이 무의식은 참으로 알기가 어렵습니다. 팔지보살도 자기가 망상 속에 있는 것을 모르고, 아라한(阿羅漢)도 망상 속에 있는 것을 모르며, 오직 성불(成佛)한 분이라야만 근본 미세망상을 알 수 있습니다. 앞에서 이야기했듯이 곤충 미물에서 시작해서 십지등각까지 전체가 망상 속에서 사는데, 칠지보살까지는 의식 속에서 살고 팔지 이상 십지등각까지는 무의식 속에서 삽니다. 의식세계든 무의식세계든 전부 유념(有念)인 동시에 모든 것이 망상입니다. 그러므로 제8아뢰야 망상까지 완전히 끊어 버리면 그때가 구경각이며, 묘각이며, 무심입니다.[240]

〈2〉 오직 무심을 증해야만 바른 생활을 할 수 있는 것입니다. 십지등각도 봉사입니다. 왜 그런가? 부처님께서 항상 말씀하셨습니다. "십지등각이 저 해를 보는 것은 비단으로 눈을 가리고 해를 보는 것과 같아서, 비단이 아무리 얇아도 해를 못 보는 것은 보통의 중생과 똑같다." 그래서 십지등각이 사람을 지도하는 것은 봉사가 봉사를 이끄는 것과 마찬가지입니다. 사람을 바로 이끌려면 자기부터 눈을 바로 떠야 하고, 바로 알아 바로 행동해야 되겠습니다. …… 모든 망상이 나지 않는 것을 불생(不生)이라 하고, 대지혜 광명이 항상 온 우주를 비추는 것을 불멸(不滅)이라 하는데, 이것이 무심의 내용입니다. 이 무심은 어떤 종교, 어떤 철학에도 없고 오직 불교에만 있습니다. 또 세계적으로 종교도 많고 그 교주들의 안목도 각각 차이가 있습니다만 모두가 조각조각 한 부분밖에 보지 못했단 말입니다.[241]

---

240 퇴옹 성철, 위의 책, 70~71쪽.

241 퇴옹 성철, 위의 책, 78~79쪽.

〈3〉 모든 망상이 다 떨어지고 제8아뢰야식까지 완전히 떨어지면 크나큰 대지혜 광명이 나타나게 됩니다. 이것은 비유하자면 구름 속의 태양과 같습니다. 구름이 다 걷히면 태양이 드러나고 광명이 온 세계를 다 비춥니다. 이와 같이 우리의 마음도 모든 망상이 다 떨어지면 대지혜 광명이 나타나서 시방법계(十方法界)를 비춘다는 말입니다. 이처럼 일체 망상이 모두 떨어지는 것을 '적(寂)'이라고 하고 동시에 대지혜 광명이 나타나는데 이것을 '조(照)'라고 합니다. 이것을 적조(寂照) 혹은 적광(寂光)이라고 하는데, 고요하면서 광명이 비치고 광명이 비치면서 고요하다는 말입니다. …… 모든 망상이 다 떨어지면서 동시에 광명이 온 법계를 비추는 적조가 완전히 구비되어야 참으로 열반입니다. 고요함〔寂〕만 있고 비춤〔照〕이 없는 것은 불교가 아니고 외도(外道)입니다. 일체 망상을 떠나서 참으로 견성(見性)을 하고 열반을 성취하면 일체의 속박에서 벗어나 대자유인이 되는데, 이것을 해탈이라고 합니다.[242] ……
오직 화두만 부지런히 하여 우리의 참모습인 무심을 실증(實證)합시다.[243]

십지등각의 경지는 화엄에서 말하는 소위 성위(聖位) 가운데에

---

242 퇴옹 성철, 위의 책, 72~73쪽

243 퇴옹 성철, 위의 책, 80쪽.

서도 극도로 높은 경지에 해당한다. 화엄에서는 십신(十信)-십주(十住)-십행(十行)-십회향(十回向)-십지(十地)-등각(等覺)-묘각(妙覺)의 계위를 설정하여 설명하는데, 십주, 십행, 십회향을 삼현(三賢)이라 하고 십지를 십성(十聖)이라 한다. 즉 십지의 초지보살(初地菩薩)부터는 성인으로 인정한다는 말이다. 하물며 십지보살임에 말할 것이 있겠는가. 그런데 성철 선사는 십지보살과 등각의 경지까지도 중생이며, 망상경계요, 무심과는 거리가 멀다고 역설하고 있는 것이다. 칠지보살까지도 제6식인 의식(意識) 상태에서 살고 있고 팔지보살, 구지보살, 십지보살, 등각은 제8식인 아뢰야식의 무의식(無意識)의 미세망상 경계에서 살고 있는 까닭에 진정한 무심이 아니라고 한다. 묘각 하나만이 무심을 증득한 구경각이요, 이 밖의 모든 경지는 하나같이 망상을 벗어나지 못했다고 한다.

그러므로 유교 경전인 『중용』에서 말하는 희로애락의 미발지중을 불교에서 중도를 증득한 무심의 경지와 같은 자리에서 논할 수 없다는 것은 스님 입장에서는 어찌 보면 당연한 귀결이었다고 할 수 있겠다. 성인의 경지에 이미 도달해 있다는 십지보살과 등각마저도 무명중생으로 치부되는 마당에 희로애락이 일어나지 않는 수준, 더 나아가서 사려가 싹트지 않은 경지 정도는 감히 함께 논할 바 없다고 단언하게 된 것이다.

그렇다면 문제는 어떻게 하면 제8식인 아뢰야식의 미세망념마저도 모두 끊고 진정한 무심을 증득하고 묘각인 구경각을 성취하여 견성성불했다 할 수 있는가이다. 이와 관련한 내용을 스님의

『선문정로』에서 살펴보기로 한다.

〈4〉 오매항일(寤寐恒一)은 수몽중(睡夢中)과 숙면시(熟眠時)의 양종이 있는데 몽중위(夢中位)는 제6의식의 영역이니 교가(教家)의 칠지(七地)에 해당하고, 숙면위(熟眠位)는 제8리야(第八梨耶)의 미세(微細)에 주착(住着)한 팔지(八地) 이상의 자재보살(自在菩薩)들과 리야미세(梨耶微細)를 영리(永離)한 불지(佛地)의 진여항일(眞如恒一)이니, 지금 대혜(大慧)가 말한 바는 몽중일여(夢中一如)이다. 대개 오매일여(寤寐一如)를 불신하는 것은 대혜만의 병통이 아니요 수도인의 고금병통이다.[244]

〈5〉 십지등각(十地等覺)을 초과한 구경각인 무심을 철증(徹證)하여 진정한 오매일여에서 영겁불매하여야 견성이며 이 대무심지(大無心地)를 보임하는 것이 오후이천(悟後履踐)임은 불조정전의 철칙이다. 그러면 구경무심(究竟無心)을 실증한 종사가 그 얼마나 될는지 의심할지도 모른다. 그러나 몽중일여가 되면 벌써 화엄칠지(華嚴七地)며 숙면일여(熟眠一如)가 되면 팔지(八地) 이상이다. 선문의 정안종사치고 이 오매일여의 현관을 투과하지 않고 견성이라고 한 바는 없으며, 팔지 이상인 숙면일여 이후에서 개오하였으니 구경각이 아닐 수 없다. 그러니 객진번뇌가 여전무수(如前無殊)하여 추중망식(麁重妄

244 퇴옹 성철, 『禪門正路』, 장경각, 1997, 112쪽.

識)도 미탈(未脫)한 해오(解悟)는 견성이 아니며 돈오가 아니므로 이를 절대로 용인하지 않는 것이다.[245]

〈6〉 설법 기타에 아무리 능한 것 같아도 수면 시에 캄캄하면 이는 전혀 제6식 중의 사량분별인 지해사견(知解邪見)이요 실오(實悟)가 아니니, 수도인은 양심에 비추어 맹연(猛然)히 반성하여야 한다. 오매일여의 경지에도 도달하지 못하고서 돈오견성이라고 자부한다면 이는 자오오인(自誤誤人)의 대죄과이며 수도과정에 있어서 가공할 병통이요 장애이다.[246]

『선문정로』는 성철 선사의 대중법문을 필기한 것이 아니라 직접 저술한 것이기에 위와 같이 한자가 많은 문어체를 보이고 있다. 그러나 그 내용은 그다지 어렵지 않다.

인용문 〈4〉에서 보듯 간화선의 주창자인 대혜 종고 선사도 역시 숙면 시에는 캄캄하여 주재(主宰)가 되지 않았던 모양이다. 그래서 몽중일여를 뛰어넘는 숙면일여(熟眠一如)가 존재하는지 의심했던 것 같다.[247] 숙면일여가 되지 않으면 지(地)·수(水)·화(水)·풍(風)이 분산하는 사경(死境)에서 진정한 생사해탈이 되지 않는다. 그러나 대혜 종고 선사도 마침내는 숙면일여의 경지를 투과하고 크게 깨쳐서 선종의 대종장이 되었다. 그를 이러한 깨달음의 길로 이끌

245 퇴옹 성철, 위의 책, 118~119쪽.

246 퇴옹 성철, 위의 책, 110쪽.

247 퇴옹 성철, 위의 책, 111쪽.

어 준 선지식은 바로 원오 극근(圓悟克勤, 1063~1135) 선사였다. 이처럼 참선 수행에는 깨달음의 경지에 대한 안목을 갖춘 스승인 선지식을 반드시 필요로 한다.

그런데 '몽중일여'와 '숙면일여'에 관해 제대로 이해하기 위해서는 먼저 '일여(一如)'에 대해 알 필요가 있다. 여기서 일여라 함은 동정일여(動靜一如)와 오매일여(寤寐一如)로 나누어 볼 수 있다.

'일여'의 경지에 이르기 위해서 간화선에서는 화두를 들고 의심을 해 나간다. 그러다가 그 의심이 깊어져 의심 덩어리인 의단(疑團)이 형성되어 발동이 걸리면 잡생각은 하나도 일어나지 않고 오직 화두 한 생각만 쭉 흘러가는 단계에 이르게 된다. 이렇게 되기까지가 참으로 고통스런 번뇌망상과의 싸움이 연속되는 과정을 거친다. 그런 가운데에도 하루에 천 번, 만 번 화두를 들고 의심을 계속 지어 나가다 보면 진정한 의문이 생겨서 저절로 화두가 들리게 된다.

이렇게 해서 진의심(眞疑心)이 발동이 걸리게 되는 것이 화두삼매에 들기 가장 적합한 조건이다. 선가에 '의심이 크면 깨침도 크다'는 말이 기본 철칙에 해당하듯이 화두에 대한 의심을 통해서 깊은 선정 상태로 들어가게 되는 것이다.

일념이 지속되는 과정에서 모든 번뇌망상은 끊어지고 화두를 통해서 선정삼매에 들어가게 되는데 행주좌와 어묵동정 모든 순간에 화두가 지속되는 순간이 오면 이를 '동정일여'라고 부른다. 말을 하고 있거나 움직이고 있거나 상관없이 잠을 자지 않고 깨어 있는 경우에는 화두가 한결같이 지속되는 삼매의 상태에 있게 되는 것이다. 여기에서 한 걸음 더 나아가 오매일여의 경지가 되면 자나 깨나 화두가 지속되는 것이다.

성철 선사는 〈4〉에서 오매일여에는 두 가지가 있다고 하였다. 꿈속에서도 화두가 일여하게 지속되는 몽중일여와 잠이 완전히 푹 들어 있는 가운데도 화두가 일여하게 지속되는 숙면일여가 바로 그것이다. 그런데 스님은 인용문 〈5〉에서 몽중일여가 되면 이미 화엄에서 말하는 칠지보살이 된 것이며 숙면일여가 되면 팔지보살 이상이 된다고 했다. 이것은 물론 『선문정로』에서 고금의 경론(經論)을 모두 확인하고 주장했던 내용임에는 말할 것도 없다.

여기에서 중요한 것은 대혜 종고 선사뿐만이 아니라 고금의 병통이 되는 것이 숙면일여가 되어야 팔지보살 이상이 되며 그래야 제8식인 아뢰야식의 미세망념을 제거할 수 있다는 것인데 과연 숙면일여가 존재하느냐 하는 것이었다. 이 지점에서 돈오점수와 돈오돈수로 나눠지는 돈점논쟁이 불붙었던 것이다.

그는 태고 보우(太古普愚, 1301~1382) 선사도 20년간을 각고 참구하여 37세에 오매일여가 되고 38세에 대오하여 중국의 석옥(石屋) 선사를 참알해 인가를 받고 임제정맥을 계승하였다고 했다.[248] 한국 조계종의 법맥으로 태고법통론을 주장하는 근거 역시 바로 여기에 있는 것이다. 숙면일여의 오매일여를 투과한 태고 선사라

248 퇴옹 성철, 위의 책, 117쪽.

야 돈오돈수를 견성오도로 인증(印證)하는 정통 선종의 혈맥이 될 수 있다고 할 수 있기 때문이라는 것이다.

스님은 앞서 언급했던 중국의 감산 선사에 대해서도 돈오돈수를 견성으로 규정지은 선종의 직전(直傳)으로 언급하고 있다. 성철 선사가 직접 번역하여 인용한 감산 선사의 『팔식규구통설(八識規矩通說)』의 다음 내용을 보자.

> 제8의 이숙식(異熟識)이 만약에 공멸(空滅)하면 곧 인과를 초월하여 바야흐로 대원경지(大圓鏡智)를 전성(轉成)한다. 무구(無垢)가 동시에 발현한다 함은 불과위중(佛果位中)에서는 경지(鏡智)를 무구(無垢)라 하니 이것은 청정진여인 까닭이다. 경지로 상응하면 법신이 현현하여서 시방진찰을 보조(普照)하여 리(理)와 지(智)가 일여하므로 바야흐로 구경인 일심의 본체를 증득하는 것이니 이는 유식(唯識)의 극칙(極則)이며 여래(如來)의 극과(極果)이다. 밝게 관찰하니 이 제8식이 심잠(深潛)하여 난파(難破)하니, 차식(此識)을 사호(絲毫)라도 투과하지 못하면 끝까지 생사안두(生死岸頭)에 체재(滯在)한다. 고덕(古德)과 제조(諸祖)가 차제8식(此第八識)을 타파하지 않고서는 초불월조(超佛越祖)의 현담(玄談)을 하지 않았거늘, 금인들은 생멸심도 미망(未忘)하여 심지(心地)에 잡염(雜染)의 번뇌종자를 섬호(纖毫)도 정결케 하지 못하고서 문득 오도(悟道)라고 사칭하니 어찌 미득(未得)을 득(得)이라 하고 미증(未

證)을 증(證)이라 함이 아니리오.[249]

감산 선사에 대한 성철 선사의 평가는 다음과 같다.

감산은 선교(禪教)에 해통한 명말의 거장이다. 제8미세유주(第八微細流注)를 영리(永離)하여 여래의 극과인 대원경지를 증득하여야 오도이며 견성임을 분명히 선설(宣說)함은 참으로 조계직전(曹溪直傳)을 상승한 희유의 지식(知識)이다. 그리고 생멸망심도 미단(未斷)하고 오도라 사칭함을 통탄함은 고금 수도인의 통병을 적파(摘破)한 쾌론(快論)이다. 그러니 추중(麁重)과 미세의 일체 번뇌망상을 탕진하여 구경무심(究竟無心)인 경지(鏡智)를 실증하여 대휴헐(大休歇)의 고인전지(古人田地)에 도달하여야 한다. 제8미세를 단진(斷盡)한 경지는 대사각활(大死却活)한 무심(無心), 무념(無念), 무생(無生), 무주(無住)이며 따라서 돈증원증(頓證圓證)한 구경정각(究竟正覺)인 돈오(頓悟)와 견성(見性)이다.[250]

249 퇴옹 성철, 위의 책, 138~139쪽. 감산 덕청 선사는 제4장에서 미발지중이 천명지성과 정확히 일치한다는 '중즉성(中卽性)'의 관점을 견지하여 우익 지욱 선사가 제6식인 미발지중이 제8식인 천명지성에 미치지 못하다는 불교우위론과 견해를 달리 했었다. 하지만 돈오견성의 관점에 있어서는 위와 같이 제8아뢰야식의 미세망념을 타파해야 함을 역설했음을 알 수 있다.

250 퇴옹 성철, 위의 책, 139쪽.

지금까지 살펴본 무심[251]과 관련된 성철 선사의 모든 논의를 표로 작성하여 본다면 아래와 같다.

<table>
<tr><td rowspan="2">오매일여
(寤寐一如)</td><td>몽중일여
(夢中一如)</td><td>칠지보살까지</td><td>제6식의
의식경계</td><td>무상정
(無想定)</td><td>유심
(有心)</td></tr>
<tr><td>숙면일여
(熟眠一如)</td><td>팔지보살에서
등각까지</td><td>제8식의
무의식경계</td><td>멸진정
(滅盡定)</td><td>무기무심
(無記無心)</td></tr>
<tr><td>돈오견성
(頓悟見性)</td><td>대사각활
(大死却活)</td><td>묘각(妙覺)</td><td>대원경지
(大圓鏡智)</td><td>화두타파</td><td>구경무심
(究竟無心)</td></tr>
</table>

여기에서 한 가지 분명히 짚고 넘어가야 할 것은 성철 선사는 숙면일여가 되어도 화두가 타파되지 않으면 돈오가 아니라고 보았다는 사실이다. 성철 선사는 '팔지 이상에서도 공안의 낙처(落處)는 망연부지(茫然不知)하여 구경정각(究竟正覺)을 성취하여야 요지(了知)하는 것'[252]이라고 하였다. 위의 표에서 '대사각활(大死却活)'이라 한 것은 바로 숙면일여의 깊고 깊은 선정삼매에 들어 있다가 보

---

251 신규탁은 성철 선사의 무심사상(無心思想)을 '무심(無心)의 형이상학'이라 표현했다. 『대승기신론』의 '진여문'을 강조하고 '생멸문'의 아뢰야식을 제거해야 할 대상으로 이해한 것으로 보인다고 했다. 신규탁, 「성철 선사의 불교관에 나타난 개혁적 요소 고찰」, 『한국불교학』 제49집, 한국불교학회, 2007, 323~326쪽.

252 퇴옹 성철, 『禪門正路』, 125~126쪽.

는 찰나, 듣는 찰나에 화두가 박살이 나면서 도를 깨치는 과정을 마치 죽은 송장과도 같은 상황에서 다시금 살아나는 것으로 비유한 말이다. 석가가 샛별을 보고 깨치고, 무학 대사가 간월암에서 달을 보고 깨치고, 영운 선사가 도화꽃을 보고 깨치고, 향엄 선사가 던진 기왓장이 대나무에 맞는 소리를 듣고 깨치고 했던 것이 그러한 반연 때문에 깨친 것이 아니라 그 이전에 이미 삼매일여한 상태에 들어 있다가 그것을 계기로 대사각활하면서 송장 살아나듯 견성오도 했다는 것을 말하는 것이다.

제8식의 무의식의 미세망념을 제거하는 숙면일여 상태에 들어 있어도 천칠백 공안의 낙처를 환하게 알지 못하며 숙면일여의 선정 상태에서 대사각활하여 화두가 박살나면서 타파가 되어야 돈오견성하게 된다는 말은 시사하는 바가 크다. 즉 숙면일여에 들기까지 무수한 신통묘용이 발생할 것이지만 그러한 신통묘용도 천칠백 화두의 진리의 문답에서 척척 답해내는 것보다 못하다는 것이다. 설령 앉아서 죽는 좌탈입망을 하고 심지어 등운봉 선사처럼 물구나무를 서서 죽고, 사리가 수십 말이 나온다 하더라도 화두공안을 물어보았을 때 척척 전광석화로 답하는 경지에 비하면 부족하다는 것이다. 그래서 간화선의 인증의 가풍이야말로 구경각의 열반묘심을 증득했는지 확인하는 가장 정확한 잣대를 가지고 있고 무심의 증입을 확인해 볼 수 있는 최고의 선풍(禪風)임을 자긍한 것이다.

몽중일여만 되어도 이미 화엄에서 말하는 칠지보살이 된다. 칠지보살의 신통방통한 묘용이 얼마나 대단하겠는가. 그런데 엄청난 신통력을 이미 갖추고 있을 것이 분명함에도 불구하고 천칠백 공안 가운데 가장 난해한 공안들에는 여전히 곧장 답을 하지 못한다는 점이 너무 황당하면서도 의아해할 수 있는 사태이다. 도대체 얼마나 어려운 물음이기에 칠지보살도 직하에 답을 하지 못하느냐는 것이다.

간화선 지상주의자들이 위빠사나의 남방 수행을 무시하는 경향이 있는 이유도 모두 이러한 배경에서 연유한 것이다.[253] 진리는 고금동서가 따로 있는 것이 아닌 까닭에 숙면일여에서 대사각활하여 견성하면 누구나 천칠백 공안에 환하게 되어 있다. 하지만 이러한 조사관(祖師關)의 과정을 모두 투과(透過)하고 투탈(透脫)하지 못한 상태에서는 분명히 모든 진리에 환한 듯하고 신통력이 한량없는 가운데에도 막히는 공안이 여전히 남아 있게 된다. 천여 년이 지난 중국 선사들의 선문답을 아직까지 법상에서 거량(擧量)하는 원인이 여기에 있다. 고리타분한 옛 법문을 나열한다고 할 일이 아닌 것이다. 그 선문답들이야말로 정안(正眼)을 가려내고 옥석을 구분

253 논문을 심사받는 과정에서 정진배 교수께서 불교의 선종(禪宗), 특히 간화선에서는 교종(教宗)이나 위빠사나 수행을 '칸부치(看不起)'하는 경향이 있는 것 같다고 했고 이에 전적으로 동의했다. 중국어의 뉘앙스를 아는 사람들에게는 '칸부치(看不起)'라는 표현이 간화선의 독존고준(獨尊高峻)한 가풍을 드러내기에 가장 좋은 술어가 될 수 있을 것 같다. '칸부치(看不起)'라는 중국어는 우리말로 '업신여기고 깔본다'는 뜻일 텐데 우리말보다 더 근접하는 뉘앙스를 풍기고 있다. 간화선주의자들의 최상승으로서의 우월감과 자고병(自高病)의 함정을 동시에 적확하게 표현하고 있다고 하겠다. 불립문자의 종지가 어디에 있는지 낙처를 놓친 채 간화선 수행을 '무식위종(無識爲宗)'으로 착각하는 경향이 있는데 이는 한국선의 발전과 세계화를 위해서 반드시 개선광정되고 극복되어야 될 사항이라 생각된다.

하는 저울이요 눈금이 되는 것이다.

"화엄칠지보살(華嚴七地菩薩)의 성위(聖位)가 고원난도(高遠難到)한 것 같지마는 누구든지 몽중(夢中)에 일여(一如)하면 칠지위(七地位)이다. 그러나 숙면일여인 멸진정(滅盡定)의 자재위(自在位)는 아니어서 여기에 아직 일대중관(一大重關)이 있으니 노력하여 기필코 투과하여야 한다."[254]라는 성철 선사의 언명은 화두를 참구하는 선객(禪客)에게는 최종적으로 도달해야 하는 구경의 종착지가 된다고 하겠다.

오매일여가 되고 완전한 무심경계에 들어갔다고 해도 향상(向上)의 상두관(上頭關)을 뚫고 나오는 대사각활의 확철대오를 지나가야 구경의 견성으로 보지, 그렇지 못하면 오매일여의 삼매락을 누린다 해도 선문에서는 이것을 '제8마계(第八魔界)'[255]라고 하여 구경의 견성으로 보지 않는다. 선종의 종주국인 중국과 불교학의 보고인 일본에서도 이러한 간화정맥이 이미 끊어졌는데 이 한국 땅에 그 정맥이 살아서 이어져 내려오고 있다는 것은 참으로 희유한 일이 아닐 수 없다.

여기서 내친김에 현대 한국불교 논쟁의 중심이었던 돈점논쟁을 유발했던 성철 선사가 『선문정로』에서 주장한 돈오돈수론을 잠시 요약하고자 한다.

---

254 퇴옹 성철, 『禪門正路』, 113쪽.

255 퇴옹 성철, 『백일법문 (상)』, 237쪽

일반적으로 고려시대의 보조 지눌(普照 知訥, 1158~1210) 국사가 돈오점수를 주장한 것으로 잘못 알고 선문에서 돈오점수사상을 받아들이는 경향이 있다. 성철 선사는 그 이유가 보조 스님이 초기에 주장했던 돈오점수사상만을 살피고 후기에 돈오돈수로 입장을 바꾼 사실을 모르는 것에서 기인했다고 본다.

보조 스님의 저술 연차를 보면 돈오점수를 주장했던 「결사문(結社文)」은 33세 때의 작(作)이고, 돈오돈수를 주장했던 『절요(節要)』는 입적하기 직전인 52세 때의 저술이다. 그 사이 41세 때 지리산 상무주암(上無住庵)에서의 대오(大悟)가 있었고 이로 말미암아 돈오점수가 선종이 아님을 명백히 하였다. 800년이 지난 오늘에 와서 보조를 빙자하여 돈오점수를 선종이라 주장함은 도저히 용납할 수 없는 일이라는 것이다. 돈오점수를 주장하는 중국의 하택 신회(荷澤神會, 684~758)와 규봉 종밀(圭峰宗密, 780~841)을 보조 스님 스스로 지해종도(知解宗徒)라고 단언하였기에 돈오점수를 주장하기 위해 보조 스님을 빙자하는 것은 잘못된 일이라는 것이다. 그뿐만 아니라 보조 스님 입적 후에 발견된 그의 「간화결의론(看話決疑論)」을 보면 돈오점수를 내용으로 하는 원돈신해(圓頓信解)를 교종(教宗)의 사구(死句)로 규정하고 경절문(徑截門)인 선종의 활구(活句)를 모름지기 참구할 것을 거듭 말하였다는 것이다.[256]

그럼에도 불구하고 성철 선사가 조계종의 법통을 보조 법통으

256 퇴옹 성철, 『백일법문 (상)』, 209~213쪽의 내용을 요약한 것임을 밝혀둔다.

로 보지 않고 태고 법통으로 보고자 하는 데에는 보조 스님에 대한 다음과 같은 불만이 있었기 때문이다.

> 돈오점수를 내용으로 하는 해오(解悟)인 원돈신해가 선문(禪門)의 최대의 금기인 지해(知解)임을 명지(明知)하였으면 이를 완전히 포기함이 당연한 귀결이다. 그러므로 선문정전(禪門正傳)의 본분종사들은 추호의 지해도 이를 불조의 혜명을 단절하는 사지악해(邪知惡解)라 하여 철저히 배격할 뿐 일언반구도 지해를 권장하지 않았다. 그러나 보조는 규봉의 해오사상(解悟思想)을 지해라고 비판하면서도 『절요』·「원돈성불론」 등에서 해오사상을 연연하여 버리지 못하고 항상 이를 고취하였다. 그러니 보조는 만년에 원돈신해가 선문이 아님은 분명히 하였으나, 시종 원돈사상을 고수하였으니 보조는 선문의 표적인 직지단전(直旨單傳)의 본분종사가 아니요 그 사상의 주체(主體)는 화엄선(華嚴禪)이다. 선문은 증지(證智)임을 주장한 「결의론」의 결미에서 교종의 원돈신해인 참의문(參意門)을 선양하였으니 보조의 내교외선(內教外禪)의 사상이 여기에서도 역력하다.[257]

보조 스님이 선종은 돈오돈수임을 분명히 하였기 때문에 참선납자는 반드시 돈오돈수만을 표적으로 삼아 공부해야 함에는 보조

---

257 퇴옹 성철, 위의 책, 214쪽.

스님 역시 같은 의견이었다. 하지만 성철 스님이 보기에 이것은 그의 일면일 뿐이었다. 보조 국사 개인적으로는 교종의 원돈신해를 수용한 화엄선(華嚴禪)을 주체로 삼았기 때문에 밖으로는 선(禪)을 내세웠지만 속으로는 교(教)를 주체로 삼은 '내교외선(內教外禪)'이 그의 정체라는 것이다. 성철 선사가 선종을 표방한 현대 한국의 조계종은 보조 국사를 적통으로 삼을 수 없고 태고 국사를 법통으로 삼아야 한다고 주장했던 이유가 여기에 있었다.

이에 대해 보조선(普照禪)을 연구하고 선양하는 이들은 선교일치(禪教一致)의 긍정적인 면과 눈높이를 낮춰 정진으로 유도하게 해주는 돈오점수라는 방편의 장점을 주장하는 이견을 제시할 수 있다. 이것이 현대의 돈점논쟁[258]이 뜨거웠던 이유라고 하겠다.

앞서 언급한 바와 같이 돈점(頓漸)을 논하는 수증관(修證觀)에 있어서도 성철 선사의 가풍은 '철(徹)'의 풍격(風格)[259]을 그대로 견

258 일반적으로 성철 선사의 돈오돈수설에 대해서는 많은 한국불교계 학자들이 강한 비판을 하면서 정설로 받아들이지 않는 경우가 많다. 깨치지 못한 자가 볼 때에는 체험의 난해함 때문에 믿으려 하지 않는 것이다. 성철 선사의 돈오돈수에 대한 학계의 비판에 관해서는 도대현, 「퇴옹 성철의 돈오돈수 사상」, 『한국불교학』 제50집, 한국불교학회, 2008을 참조. 박성배는 "보조 지눌의 돈오점수는 넓은 의미의 일반적인 수행 이론인데 비해 퇴옹 성철의 돈오돈수는 특수한 수도이론"이라고 지적하고 '돈오돈수 점수설'이라는 절충적 대안을 주장하기도 하였다. 박성배, 「성철스님의 돈오점수설 비판에 대하여」, 『깨달음, 돈오점수인가 돈오돈수인가』, 민족사, 1994, 276쪽 참조.

259 서명원은 "성철은 이렇게 견성의 궁극적인 체험에 극단적이자 무조건적으로 초점을 맞추는" 성품이 있다고 했다. 서명원, 「성철스님 이해를 위한 고찰」, 『불교학연구』 제17집, 불교학연구회, 2007, 45쪽 참조.

지하고 있다.

다시 환지본처하여 유가의 중화설에서의 미발론을 되새김질해 보면, 성철 선사의 중도와 무심, 돈오[260]의 관점에서는 유가의 미발지중은 대무심 경지에 도달한 미발로 보지 않을 가능성이 높음을 확인할 수 있다. 언하에 망상경계의 잠꼬대에 불과한 것으로 치부해 버리는 과감한 발설을 자행하게 되었던 근거가 여기에 있었다. 미발의 중(中)에 도달하기가 이다지도 어려운 것이거늘 이발의 화(和)가 자재하게 발현되어 용심(用心)을 무애하게 쓸 수 있다는 것은 거의 불가능한 일로 치부되는 것이다. 그러므로 선사들은 법문을 하게 되면 늘 걸음걸음마다 죄를 짓고 생각생각마다 망상과 번뇌를 일으키고 살 뿐이라고 경책하면서 오직 살 길은 참선 하나뿐이라고 가르침을 내린 것이었다.

야속한 것은 감정일 뿐이고, 이러한 잣대로 인간의 미발심체의 깊이와 수행의 목표를 높이 설정해 둔 가풍이 있다는 사실과 이를 반드시 정진에 규구(規矩)로 참조하고 지향해야 될 필요성을 확인해 두는 정도에서 이 절은 마감하도록 한다.

260 중도와 돈오돈수의 견성 체계를 유식학적 이론 체계로 설명한 것에 대한 상세한 고찰은 다음의 논문이 자세하다. 도대현, 「퇴옹 성철의 견성관과 유식사상」, 『한국불교학』 제49집, 한국불교학회, 2007.

2
탄허 택성의 탄(呑)적 가풍

탄허 택성 선사는 20세기 한국불교를 대표하는 대선사이자, 대강백이자, 대석학이었다. 유년 시절부터 한학을 수학하고 면암 최익현 선생의 학통을 이어받은 이극종(李克宗)으로부터 유학의 정통 코스를 배워 학교 문턱에도 가지 않고 사서삼경과 『주역』에 달통했다. 스님 본인의 회고에 따르면 경서들을 수백 독(讀)하여 마음만 먹으면 책을 통째로 외워댈 수 있었고 기독교 성경까지 한문으로 읽었다고 한다.[261]

20대 초반에 노장(老莊)을 3년간 독학했는데 아무리 파고들어도 해부가 안 되고 선생이 없어서 오대산의 한암(漢巖) 선사와 일면식도 없는 상태에서 3년간 한문 편지를 주고받던 차에 구도의 갈증을 해소하기 위해 아내에게 잠시 몇 년만 배우고 오겠다고 집을 나선 것이 그대로 입산수도의 길이 되었다고 한다.

22세에 입산하여 상원사 뒷방에서 한암 스님을 스승으로 모시고 일대장교의 이력공부를 『전등록』과 『선문염송』의 선어록을 포함하여 7년 만에 마치고 나니 노장사상이 저절로 환히 풀어졌다고

261 김광식, 『기록으로 본 탄허 대종사』, 탄허불교문화재단, 2010, 33쪽.

한다. 유교와 불교 사이에서 노장학이 자득(自得)된 것인데 노장의 문자 밖 소식에 막혀 출가까지 하게 되는 과정에서 스님은 『장자』를 무려 천 독(讀)했다고 하는 말이 전해져 온다.[262]

훗날 오대산 수도원에서 함석헌이 탄허 선사의 『장자』 강의를 듣고 감복했다는 소문을 들은 자칭 타칭 국보 양주동은 친한 지식인, 학생 20여 명을 데리고 월정사로 와서 일주일간 『장자』 강의를 듣고는 스님에게 절을 하였다고 한다. 동국대로 돌아온 양주동은 학생들에게 "장자가 다시 돌아와 자신이 쓴 책을 말해도 오대산의 호랑이 탄허는 당하지 못할 것이다."라고 말했다고 전한다.[263]

『화엄경』을 보고 문리(文理)는 모두 해결이 되었으나 심오한 묘의가 해결되지 않자 한암 선사는 탄허에게 참선할 때가 됐다며 화두참선을 권한 것이다. 그 길로 스님은 입선(入禪)하여 공안을 타파하고 대장부 일대사를 해결한다. 당시 탄허 선사는 이제 책 볼 일이 없어졌다고 생각했다고 한다. 하지만 그 후 『화엄경』에 현토하여 출판·보급하라는 스승의 부촉을 받았으니 이것이 뒷날 역경 불사

---

262 탄허 선사에게 직접 들었다는 몇몇 사람들의 증언에 따르면 스님이 『장자』를 삼천 독(讀) 했다고 한다(김광식, 위의 책, 43쪽). 과거 경허 선사가 한암 선사에게 중노릇하기 싫어서 『장자』 천 독 했다고 하는 말이 있는 것을 보면 경허 선사나 탄허 선사나 『장자』에 달통했던 것으로 보인다. 실제로 탄허 선사는 『장자』 강의를 교재 없이 했는데 평소에도 『장자』 구절을 줄줄 외우고 있었다고 한다. 유가칠서를 암송하는 경우는 있어도 『장자』를 전부 외우고 있는 이를 만나기는 쉬운 일이 아니다. 한암 스님도 수많은 경전을 다 보았지만 '탄허가 나보다 더 낫다'는 칭찬을 아끼지 않았다고 한다.

263 김광식, 위의 책, 140쪽.

와 교육 불사의 기나긴 여정의 계기가 되었다.

이러한 수행의 과정은 스님이 유(儒)·불(佛)·선(仙)[264] 삼교를 두루 섭렵할 수 있는 좋은 계기가 되었다. 입산할 때 가져온 유교 경전과 『주역』, 노장서 등을 상원사에서 열람하는 것을 한암 선사는 제지하지 않았으며, 17년간 사제 간에 치열하게 논강하고 탁마했던 열정이 향후 삼교를 자재하게 넘나들 수 있었던 밑거름이 된 것이다.

이러한 유·불·선 삼교에 대한 해박한 지식과 실참(實參)의 선기(禪機)를 바탕으로 스님은 불교전문강원의 모든 교재들을 번역·출간하게 된다.

그 가운데에도 청담(青潭) 스님에 의해 한국불교사에서 이차돈 순교 이래 최대 불사라는 평을 들었던 『현토역해 신화엄경합론(懸吐譯解 新華嚴經合論)』 47권의 역경 불사는 전무후무한 대작 불사였다. 15년 세월의 각고 끝에 원고지 십여 만 장 분량으로 끝낸 이 화엄 불사는 『화엄경(華嚴經)』 80권, 통현 장자의 『논(論)』 40권, 청량 국사 『소초』 150권, 『현담』 8권, 『화엄요해』 7권, 보조 국사 「원돈성불론」 1권 등을 통합하여 토를 달고 번역·탈고한 화엄학의 집대성으로 혼자 힘으로 이루어냈다는 것이 도무지 믿기 어려운 한국문화사에 길이 빛날 금자탑이라 할 만하다. 그러나 정작 본인은 '하룻

264 스님은 '유·불·도'나 '유·도·불' 같은 표현보다 '유(儒)·불(佛)·선(仙)'이라는 표현을 가장 즐겨 사용하였다. 스님의 동양사상 특강의 제목, 강의 테이프를 CD로 제작한 것의 제목 역시 모두 '유불선 동양사상 특강'이었다.

저녁 푹 잠을 자고 난 기분'으로 『화엄경』을 원고삼매(原稿三昧) 속에서 써냈다고 한다.[265]

이러한 선교겸수(禪敎兼修)의 불문(佛門) 수련 바탕 위에서 이루어진 문·사·철 삼학과 유·불·선 삼교의 융회는 묘론(妙論)으로 터져 나왔으니 승속을 가리지 않고 무수한 제자들이 그의 회상에서 배출되었다.

스님은 일생 동안 매일 인시(寅時)인 새벽 3시에 일어나서 참선 수행과 역경하는 것을 철칙으로 삼았으니 본인의 선필(禪筆)인 "향상일로(向上一路)"[266]를 그대로 대변하는 삶이었다.

탄허 선사의 핵심사상은 선지(禪旨)를 바탕으로 한 화엄사상이며 여기에 노장(老莊)의 현지(玄旨)와 역학(易學)의 묘도(妙道)를 양익(兩翼)으로 삼아 사사무애(事事無碍) 도리로 회통한 것이라 하겠다. 특히 그는 역학에 밝아 지욱 선사의 『주역선해(周易禪解)』와 김일부의 『정역(正易)』에도 정통하였고 일생 동안 굵직한 예언들을 수차례 적중시켜 세상을 놀라게도 했었다.[267]

---

265 탄허, 『피안으로 이끄는 사자후』, 교림, 2000, 251~271쪽 참조.

266 고영섭은 한암과 탄허의 선풍을 비교하여 설명하면서 한암의 선풍을 '일발(一鉢) 선풍', 탄허의 선풍을 '향상일로(向上一路) 선풍'이라는 코드로 읽어낸 바 있다. 고영섭, 「漢巖과 呑虛의 생사관 : 解脫觀과 生死觀의 同處와 不同處」, 『종교교육학연구』 제26권, 종교교육학회, 2008. 2 참조.

267 스님의 대표적인 예언의 발언들로는 다음과 같은 것들이 있다. 1949년에 한국전쟁 발발을 예측하고 한암 선사를 모시고 통도사로 내려가려 했던 것, 1968년 울진 삼척지구에 북한 공비들이 침투하기 직전에 오대산의 『화엄경』 원고를 영은사로 안전하게 이전한 것, 베트남에서 미국이 패망할 것을

필자 역시 탄허 선사의 저술을 사숙(私淑)하면서 많은 영감들을 받았고, 풀리지 않는 많은 의문거리들과 유·불·선 삼교의 대지(大旨)를 확립하는 데 큰 교화를 입은 바 있다. 만약 현존해 계신다면 언제든지 회상으로 달려가서 배울 마음 가득하나 그러하지 못한 한(恨)을 단지 문자법신(文字法身)과 만나는 것으로 대체하고 있다. 스님의 사상 체계와 학문세계, 그리고 수행 이력에 비추어 볼 때 아직 그에 대한 연구는 상당히 미진해 보이지만 그의 방대한 저술과 법시(法施)에 걸맞은 학계의 후속 연구가 뒤따라 줄 것으로 기대하고 있다.

1) 미발은 불성의 이명(異名)

탄허 선사는 지욱 선사가 지은 『주역선해』를 현토 완역하고 그 서문에서 중화와 관련하여 다음과 같은 독창적이고도 멋진 일구(一

미리 예측한 것, 박정희 대통령 시해를 예측하고 발설한 것, 자신의 입적일을 미리 알린 것 등등이다.
이 가운데에서도 가장 중요한 예언은 지금까지도 인구에 회자되는 현재 진행형인 것으로, 23도 7분 기울어진 지구의 지축이 향후 제자리로 돌아오면서 지구 온도가 상승하고, 윤달이 없어지고, 북극의 빙하가 녹고, 바다와 육지의 형태가 바뀌며, 일본 영토의 3분의 2가 침몰하고, 한국의 서쪽 영토가 증가하여 간방(艮方)인 한국이 긴 역사의 결실을 맺어 새로운 인류사의 주역이 될 것이라는 예언이다. 스님을 시봉하던 혜거 스님이 예언적 발언을 자주 하는 것이 불만스러워 그 이유를 질문하자, 중생들에게는 획을 그어 주어야지 그렇지 않으면 대중들은 삶에 허덕이게 된다고 발언했다 한다. 김광식, 앞의 책, 266~269·288~289쪽 참조.

句)를 남겼다.

〈1〉 중화란 것은 공공(公公 : 공정함)의 아버지요, 생생(生生 : 삶)의 어머니이다. 순순(肫肫 : 진실한 모습)하여 그 안이 없으며 호호(浩浩 : 드넓은 모습)하여 그 밖이 없나니 이는 삼교성인(三教聖人)이 반본환원(返本還源)의 종지(宗旨)로써 보인 것이니라.[268]

유·불·선 삼교에 무불통지(無不通知)한 '오대산 제일구(五臺山第一句)'[269]답다고 할 만한 일구이다. 또 「성곡서(省谷敍)」에서는 위의 문장을 그대로 쓴 뒤 다음의 문장을 그 밑에 부가하기도 했다.

〈2〉 옛 성인이 이 중화의 도를 가지고서 때로는 중국에서 울리기도 하고 때로는 서역에서 울리기도 하였다. 이른바 하나의 법 가운데 유가는 뿌리를 심고 도가는 뿌리를 북돋고 불가는 뿌리를 뽑았다는 것이 바로 이를 말한다.[270]

---

268 "中和者는 公公之父요 生生之母라 肫肫乎其無內하며, 浩浩乎其無外니 此는 三教聖人이 示之以返本還源之宗旨也니라." 탄허문도회, 『방산굴법어 - 탄허대선사 법어집』, 민족사, 2003, 252~255쪽.

269 '오대산 제일구'라는 이 별칭은 성철 선사가 평소 탄허 선사를 극찬하여 즐겨 불렀던 별호라고 전해진다. 성철 선사, 서옹 선사, 향곡 선사는 1912년생 동갑이었고 탄허 선사는 이들보다 한 살 아래인 1913년생이었다. 이 선사들이 생존했을 당시에는 산중마다 사자후가 터져 나오곤 했었다.

270 "古之聖人, 抱此中和之道, 或鳴於東夏, 或鳴於西域, 所謂一法中, 儒之植根, 道之培根, 釋之拔根者是也." 탄허문도회, 앞의 책, 408~410쪽.

〈1〉에서 '중화'는 이미 유·불·선의 성인이 공통적으로 종지로 삼는 것임을 분명히 하였다. 〈2〉에서는 이러한 '중화'의 도가 동양 3국 한자문명권에 국한되지 않고 서방에도 공통적으로 적용되는 대도(大道)의 보편적 진리임을 확고히 하였다. '중화'는 삼교의 공통된 '뿌리〔根〕'가 되는데 그것을 심는〔植〕 것은 유가요, 그것을 기르는〔培〕 것은 도가(道家)요, 그것을 뽑는〔拔〕 것은 불가라 하여 유가, 도가, 불가의 구분은 '중화'라는 같은 뿌리를 심느냐, 기르느냐, 뽑느냐 하는 외면적인 것에 불과하다고 설파하고 있다. 즉 탄허 선사는 이미 유·불·선 삼교가 '중화'라는 하나의 뿌리에 귀일(歸一)하고 있다고 확언하고 있는 것이다. 성철 선사에게는 명백했던 유·불의 구획이 탄허 선사에게는 전혀 보이지 않음을 알 수 있다.

또한 『도덕경선주(道德經選註)』를 현토 완역하면서 지은 서문에서는 '중화'에 대해 다음과 같이 자신의 중추사상을 개진하였다.

〈3〉 소자유(蘇子由)가 이르되 "중(中)이란 것은 불성(佛性)의 이명(異名)이요, 화(和)란 것은 육도(六度)·만행(萬行)의 총목(總目)이라." 하니 희로애락의 미발이 어찌 관묘(觀妙)의 도(道)가 아니며, 발이개중절(發而皆中節)이 어찌 관요(觀徼)의 도가 아니랴. 형이상자(形而上者)가 어찌 상무(常無)의 도가 아니며 형이하자(形而下者)가 어찌 상유(常有)의 도가 아니랴.[271]

---

271 탄허문도회, 위의 책, 264쪽.

흉금에서 터져 나오는 말이 이즈음 되면 공부깨나 했다고 자부하는 식자인(識字人)들은 무릎을 치며 감탄하지 않을 수 없는 일이다. 옛말에 '봉황의 한 깃털만 보고서도 오색영롱한 아름다운 빛을 미루어 알 수 있다〔觀鳳一羽 足以知五彩之成章〕.'라고 했고, '솥 안의 음식 맛보는 데는 고기 한 점이면 충분하다〔嘗鼎味 一臠足矣〕.'라고 했으니 스님의 고고(高高)한 경지를 대략 짐작하고도 남음이 있는 것이다.

필자가 "중(中)이 불성의 다른 이름이며, 화(和)가 육도만행(六度萬行)의 총목"이라는 말을 처음 접했던 것은 2002년 탄허 선사 유·불·선 동양사상 특강 CD[272]를 들었던 때였다. 늘 중화에 대한 관심을 흉중에 가지고 있었던 터라 이 대목을 듣는 순간 귀가 확 뚫리는 듯한 청량감을 느꼈다.

소자유(蘇子由)는 소동파(蘇東坡)로 알려진 소식(蘇軾, 1036~1101, 자는 子瞻)의 동생 소철(蘇轍, 1039~1112)로 그 역시 당송팔대가의 일인으로 유명하다는 것쯤은 알고 있었다. 그러나 중화에 대한 그의 언설은 탄허 선사의 특강을 통해 처음 듣게 된 것이었다. 유교의 경전에 대해서 불교의 '불성'과 '육도(六度 : 육바라밀)'를 가져와 주를 다는 소자유의 실력이 참으로 감탄스러웠다. '중(中)'을 '대본(大本)'으로, '화(和)'를 '달도(達道)'로 설명하는 유가의 방식보다 훨씬 알기

---

272 탄허대종사 강론, 『탄허대종사 법음집 CD (8)』(교림, 2002). 탄허대종사 강론, 『탄허대종사 동양사상(儒·佛·禪·華嚴) 특강 교재』, 교림, 2002, 28쪽.

쉽고 적확한 주석으로 느껴졌기 때문이다. 불성은 한 생각 일어나기 전 소식인 일심불생(一心不生)의 경지를 말한다. 당시 동국대에서 『육조단경』 수업을 듣고 있었는데 사그라져 있던 학구열이 갑자기 살아 일어남을 느꼈다. 유교와 불교가 전면에서 만난다는 것이 일단 신기했고 유교의 핵심인 '중'이 불교의 핵심인 '불성'과 전면적으로 조우한다는 사실에 흥분했었다.

그래서 먼저 중국 서점에 가서 『소철집(蘇轍集)』[273] 전체를 구입했다. 탄허 선사가 언급한 구절이 나오는 문장을 찾기 위해서였다. 그러나 4권으로 구성되어 있는 『소철집』 전체를 아무리 뒤져 보아도 "중자 불성지이명, 화자, 육도만행지총목(中者 佛性之異名, 和者 六度萬行之總目)"이란 문장을 찾아볼 수가 없었다. 단지 『난성집(欒城集)』 가운데 「역설삼수(易說三首)」에서 "중자, 성지이명야, 성자, 도지소우야(中者, 性之異名也, 性者, 道之所寓也)"[274]라는 구절만 보일 뿐이었다. 비슷한 문장이었지만 분명히 '불성'이란 말은 없고 '성(性)' 한 글자만 보여서 적잖이 실망했었다. '불성'이라 한 것과 그저 '성(性)'이라고만 한 것은 천지현격이기 때문이다. 근본 내용은 같은 것으로 볼 수 있으나 '불(佛)' 한 글자가 들어 있지 않은 것은 유불회통(儒佛會通)으로 볼 수 있는 근거가 없기 때문이었다. 그래서 포기하고 몇 년 동안 방치한 채 두었다. 과연 공부란 서둘지 말고 마음을

---

273 이때 구입한 책은 蘇轍 著, 『蘇轍集』(전 4책, 北京 : 中華書局, 1990)이었다.

274 蘇轍 著, 『蘇轍集(3)』, 北京 : 中華書局, 1990, 1224쪽.

매어둔 채 시간을 길게 보고 시절인연을 기다릴 줄도 알아야 되는 것이구나 하는 생각이 들었다.

그러던 어느 날 우연히 애타게 찾아오던 소자유 문장의 출처를 찾을 수 있는 한 계기를 만났다. 소자유의 문장 가운데에는 의외로 재미있는 것들이 많아서 무연히 읽어 가고 있었다. 그러던 중에 「망형자첨단명묘지명(亡兄子瞻端明墓誌銘)」의 '명왈(銘曰)'의 맺음 무렵에 말한 "나를 어루만져 주실 땐 형이셨고 나를 가르쳐 주실 땐 스승이셨다〔撫我則兄, 誨我則師〕."라는 구절을 보자 눈이 번쩍 뜨였다. 그 구절은 동생 자유가 형인 동파에게 사상적으로 매우 큰 영향을 받았을 가능성을 확인시켜 주는 것이었다. 그래서 단초를 찾기 위해 『소동파문집』을 뒤지기 시작했다. 그 노력은 헛되지 않아 다음과 같은 「발자유노자해후(跋子由老子解後)」라는 문장을 만났다.

> 어제 동생 자유(子由)가 『노자신해(老子新解)』를 부쳐왔는데 다 읽지도 않고서 책을 덮고 감탄했다. 가령 전국시대에 이 책이 있었다면 상앙(商鞅)과 한비(韓非)가 없었을 것이며, 만약 한나라 초에 이 책이 있었다면 공자와 노자가 하나가 되었을 것이며, 진송지간(晉宋之間)에 이 책이 있었다면 석가와 노자가 둘이 아니었을 것이다. 생각지도 않았는데 노년에 이처럼 기특함을 보게 되었도다.[275]

---

275 蘇軾 著, 傅成穆儔 標點, 「발자유노자해후(跋子由老子解後)」, 『蘇軾全集

동생 소자유가 『노자신해(老子新解)』라는 책을 써서 보내왔는데 그 내용이 공자와 노자와 석가가 모두 하나임을 밝힌 역작이란 말이었다. 하지만 그동안 필자가 열람하고 있던 판본의 『소철집』에는 『노자신해』가 포함되어 있지 않았다. 그래서 그때부터 소자유가 쓴 『노자신해』를 찾아 나섰다. 이 책을 찾아서 읽어 보니 책의 말미 부분에 「제노자도덕경후(題老子道德經後)」라는 문장 속에 그동안 찾고 찾던 "중자 불성지이명, 화자, 육도만행지총목(中者 佛性之異名, 和者 六度萬行之總目)"이라는 문장이 엄연히 들어 있었던 것이다.

탄허 선사는 워낙 박람강기하고 거침없이 강의하는데 꼼꼼히 출전을 밝혀 가면서 설명하지 않았다. 그저 그 말을 한 사람의 이름 정도 거론하는 것으로 그쳤다. 그런데 탄허 선사가 언급한 소자유의 언명은 탄허 사상의 유불회통의 특징을 논증하는 데 주요한 한 근거가 될 수 있는 것이었다. 따라서 소자유의 문장의 출처를 명확히 해야 할 필요가 있었다. 탄허 선사의 강맥을 이은 각성(覺性) 스님의 『중용직지』[276]를 살펴보아도 탄허 선사가 언급한 소자유의 구절을 그대로 인용하고 있을 뿐이어서 출처에 대해 더 새로운 사실을 알 수는 없었다. 그렇기에 그 말이 나온 전후 맥락을 알고자 하는 사람은 이와 같이 길고 긴 여정을 찾아 헤매야 했고, 수년간의

(下)』, 上海古籍出版社, 2000, 2102쪽. "昨日子由寄老子新解, 讀之不盡卷, 廢卷而嘆. 使戰國時有此書, 則無商鞅·韓非. 使漢初有此書, 則孔·老爲一. 晉·宋間有此書, 則佛·老不爲二. 不意老年見此奇特."

276 각성 강해, 앞의 책, 2쪽 서문 참조.

신고(辛苦) 끝에 출전을 찾게 된 것이다. 그래서 여기에 「제노자도덕경후」의 전문을 번역해 싣고자 한다.

내가 42세 때 균(筠) 땅에 귀양을 가서 살았는데 균 땅이 비록 작은 고을이었지만 옛 선찰(禪刹)이 많아서 사방에서 교유하는 스님들이 모여들었다. 도전(道全)이란 스님이 있어서 황벽산에 머물고 있었는데 남공(南公)의 자손이었다. 행실이 고매하고 마음이 상통하였으며 나와 더불어 교유하기를 좋아하여 일찍이 나와 함께 도에 대해서 담소하였는데 내가 그에게 말하길 "그대가 말하는 것은 내가 유가서에서 이미 얻은 것 같습니다." 하니 도전 스님이 말하길 "이것은 불법입니다. 유자가 어찌 스스로 얻었다고 말합니까." 했다. 나는 "그렇지 않습니다. 내가 도를 들은 것을 더럽히고 유자로서 없는 바를 가지고 어찌 억지를 써서 속일 수 있겠소. 생각하건대 진실로 그러한 것이 있으되 세상이 알지 못할 뿐이지요." 라고 말했다. 도전 스님이 말하길 "유가와 묵가가 서로 상통치 않음은 마치 오랑캐와 한족이 서로 알지 못하는 것과 같으니 그대가 또한 무슨 이유로 그것을 알겠소. 나를 위해 그 대략을 말씀해 보시오." 했다.

내가 말했다. "공자의 손자가 자사(子思)이고, 자사의 책을 『중용』이라 하며 『중용』에 '희로애락이 일어나지 않는 것을 중(中)이라 하고 일어나되 모두 절도에 들어맞는 것을 화(和)

라고 한다. 중이라는 것은 천하의 큰 근본이요, 화라고 하는 것은 천하의 통달한 도인 것이다. 중화에 이르게 되면 천지가 여기에서 자리를 잡고 만물이 여기에서 자라나게 된다.' 라는 구절이 있으니, 이것이 불법이 아니고 무엇이겠소. 생각하건대 나온 말이 달라진 것일 뿐이지요."

도전 스님이 말했다. "어째서 그렇게 말합니까?" 나는 다음과 같이 설명했다. "육조 대사 말씀에 선(善)도 생각하지 말고 악(惡)도 생각하지 말지니 이러한 때를 당하여 어떤 것이 그대의 본래면목인가 하는 말이 있지요. 육조 대사 이래로 사람들 가운데 이 말로써 깨달아 들어간 자가 태반이라, 이른바 불사선 불사악(不思善 不思惡)이라는 것이 곧 희로애락이 미발한 것이니 **중은 불성(佛性)의 다른 이름이요, 화는 육도만행(六度萬行)의 총목**인 것입니다. 중화에 이르게 되면 천지 만물이 그 가운데에서 생겨나는 것이니 이것이 불법이 아니고 무엇에 해당하겠습니까."

도전 스님이 놀라 기뻐서 "내가 애당초 알지 못했을 따름이니 오늘에서야 비로소 유·불이 일법(一法)임을 알았소이다." 하였다. 내가 웃으며 말했다. "그렇지 않으니 **천하에 본래 두 가지 도가 없었습니다**〔天下固無二道〕. 그러나 사람을 다스림에 다름이 있으니 군신과 부자지간에는 예법이 아니면 혼란해집니다. 예법을 알지만 도를 알지 못하면 세상의 속된 유자이니 족히 귀한 바가 아닙니다. 산림에 거하고 나무 열매나 풀을 먹고 산골 물을 마시며 마음속에 지극한 도를 보존하여 비록 사람됨이 하늘의 스승 노릇을 할 만하나 그에게 세상을 다스리게 하면 난세가 되어 버리니 옛 성인들이 중도의 마음으로 도를 행하여 세상 법을 훼손치 아니한 연후에 가할 따름인 것입니다."

도전 스님이 예를 표하며 "이는 대단한 논변이군요."라고 하였다. 이때 나는 마침 『노자 도덕경』을 해석하여 한 장씩 해설하여 문득 도전 스님에게 보여 주니 스님은 바로 찬탄하며 모두 부처님 설법이라고 했다. 내가 균 땅에서 5년간 지내다 북쪽으로 돌아온 뒤 스님은 오래지 않아 역시 입적하였으니 벌써 20여 년이 지난 일이다. 저 『노자해(老子解)』 역시 간행하게 되어 불법과 합한 것이 있어 그때 그 사람과 더불어 말할 수가 없으니 생각으로라도 도전 스님을 만나 보여 주고자 하는 생각에 노자의 끝에 이렇게 쓰게 되었다.

대관(大觀) 2년〔1108년〕 12월 초10일에 자유(子由)가 제(題)하다.[277]

---

277 "予年四十有二, 謫居筠, 筠雖小州, 而多古禪剎, 四方游僧聚焉. 有道全者住黃檗山, 南公子孫也. 行高而心通, 喜從予游, 嘗與予談道, 予告之曰, 子所談者, 予於儒書已得之矣. 全曰, 此佛法也, 儒者何自得之. 予曰, 不然, 予忝聞道, 儒者之所無, 何苦强以誣之. 顧誠有之, 而世莫知耳. 全曰儒墨之不相通, 如胡漢之不相諳也, 子亦何由而知之, 試爲我言其略. 予曰, 孔子之孫子思, 子思之書曰中庸, 中庸之言曰, 喜怒哀樂之未發, 謂之中, 發而皆中節, 謂之和. 中也者, 天下之大本也, 和也者, 天下之達道也. 致中和, 天地位焉, 萬物育焉. 此非佛法而何, 顧所從之言異耳. 全曰, 何以言之. 予

위에서 보듯 소자유는 육조 혜능의 대표적인 사상인 '불사선 불사악(不思善 不思惡)'을 '미발'로 풀고, '중(中)'을 '불성'으로 새겼으며, '중화'가 곧 '불법(佛法)'이 아니고 무엇이겠냐고 강조했다. 그리고 탄허 선사가 평소 가장 즐겨 휘호했던 구절 가운데 하나인 '천하에 두 도가 없다〔天下無二道〕.'라는 말과 함께 유불일법(儒佛一法)임을 역설했다.

이를 살펴보며 한 가지 의아했던 점은 학문의 세계에 노닐어 본 능문인(能文人)의 경우라면 누구나가 소자유의 '중화'에 대한 위의 독특한 주석을 눈여겨보았을 텐데 왜 대중적으로 잘 알려지지 않았는가 하는 것이었다. 그런데 그 이유는 의외로 간단한 데 있었다. 유교의 핵심으로 뽑은 사서에 불교적 주석을 다는 것을 가장 싫어했을 주자가 개입되어 있었기 때문이다. 주자독존(朱子獨尊)적인 조선 성리학적 학풍에서는 소자유처럼 '중(中)'을 '불성지이명(佛性

曰, 六祖有言, 不思善, 不思惡, 方是時也, 孰是汝本來面目. 自六祖以來, 人以此言悟入者大半矣, 所謂不思善, 不思惡, 則喜怒哀樂之未發也, 蓋**中者佛性之異名**, **而和者六度萬行之總目也**, 致中和, 而天地萬物生于其間, 此非佛法何以當之. 全驚喜曰, 吾初不知已, 今而後始知儒佛一法也, 予笑曰, 不然, **天下固無二道**, 而所以治人則異, 君臣父子之間, 非禮法則亂, 知禮法而不知道, 則世之俗儒, 不足貴也. 居山林, 木食澗飮, 而心存至道, 雖爲人, 天師可也, 而以之治世則亂, 古之聖人, 中心行道, 而不毁世法, 然後可耳. 全作禮曰, 此至論也. 是時予方解老子, 每解一章, 輒以示全, 全輒嘆曰, 皆佛說也. 予居筠五年而北歸, 全不久亦化去, 逮今二十餘年矣. 凡老子解亦時有所刊定, 未有不與佛法合者, 時人無可與語, 思復見全而示之, 故書之老子之末. 大觀二年十二月初十日子由題." 蘇轍 注, 『老子解』, 北京 : 中華書局, 1985, 64~65쪽.

之異名)'으로 푸는 주석을 꺼렸을 가능성이 높기 때문이다.

과연 소동파가 세상을 떠난 지 29년, 소자유가 세상을 떠난 지 18년 만에 태어난 주자에 의해서 이 소자유의 『노자해(老子解)』는 비판받기에 이른다. 주자는 자신의 학문을 정립하기 시작해 가던 37세에 소철의 『노자해』를 전면적으로 비판했던 「잡학변(雜學辨)」을 쓰게 된다. 주자 나이 37세 되던 1166년은 중화구설(中和舊說)이 탄생한 때이다. 이 무렵 쓴 「잡학변」[278]에는 주자가 이전 자신의 유·불·도 삼교융합적인 견해를 잡학적(雜學的) 경향이었음을 반성하는 의미가 담겨 있다. 이 같은 경향에서 벗어나서 유학과 이단〔老佛〕의 차이점이 이일분수와 지각론에 있다는 인식에 이르렀던 것이다.

「잡학변」은 소식의 『주역해(周易解)』를 비판한 「소씨역해(蘇氏易解)」, 소철의 『노자해』를 비판한 「소황문노자해(蘇黃門老子解)」, 장구성(張九成, 1092~1159)의 『중용해(中庸解)』를 비판한 「장무구중용해(張無垢中庸解)」, 그리고 여본중(呂本中, 1084~1145)의 『대학해(大學解)』를 비판한 「여씨대학해(呂氏大學解)」로 구성되어 있다. 여기 소식, 소철, 장구성, 여본중 네 사람은 모두 당시 저명한 지식인들이었으며, 유교·불교·도교를 종합하려 했던 삼교융합론자들이었다. 이들 사상에 대한 비판은 주자 스스로 지난날 자신의 잡학적 학문 경향을 스스로 반성하면서 유교와 노불(老佛)을 확실히 분리하고자 한

---

278 일반적으로 「잡학변(雜學辨)」의 저술 시기는 주자의 동료 하호(何鎬, 1128~1175)의 발문(跋文)에 기록된 병술년(1166)을 근거로 한다.

경향성이 본격적으로 시작하면서 나온 것이다.[279] 자신이 유교 일가(一家)로 확실히 전향하게 된 중화설의 본격 탐구 직후의 사태라는 점을 재차 상기해 보면 중화의 의미망을 소자유의 『노자해』와 같은 방식으로 풀이한다는 것은 주자가 가장 꺼려했던 것임을 알 수 있다.

주자가 소자유의 유불회통적 '중화' 해석에 대해서 어떠한 심기였는지 살펴보기 위해서 「소황문노자해」의 다음 구절들을 살펴보자.

> 소시랑(蘇侍郎=子由)은 늘그막에 이 책을 쓰면서 우리 유가를 노자에 합한 것은 충분하지 못하다고 생각된다. 또한 석가를 아우르면서 미봉하였으니 잘못되었다고 할 만하다. 그런데도 그는 스스로 심히 높고 지극하다고 허여하며 당세에 한 사람도 이를 함께 말할 사람이 없다고 하고, 그의 형 동파공 역시 생각지도 않게 만년에 이를 본 것이 기특하다고 생각하였으니, 내가 볼 때에는 부끄럼이 없는 자라고 할 만하다.[280]

---

279 김우형, 『朱熹의 知覺論 硏究』, 연세대 철학과 박사학위논문, 2003, 59쪽.

280 「소황문노자해(蘇黃門老子解)」, "蘇侍郎, 晩爲是書, 合吾儒於老子, 以爲未足, 又并釋氏而彌縫之, 可謂舛矣. 然其自許甚高至, 謂當世無一人可與語此者, 而其兄東坡公, 亦以爲不意晩年見此奇特, 以予觀之, 其可謂無忌憚者." 『朱子大全(9)』, 臺灣 : 中華書局, 1983, 72권 23쪽.

> 소씨(蘇氏)는 후서(後序)에서 육조가 말한 '선도 생각하지 않고 악도 생각하지 않음'이 곧 '희로애락이 발하지 않음'이라고 하였다. 나는 성현이 비록 미발이라고 말했더라도 그 선(善)이라는 것은 진실로 존재하지만 악(惡)은 없을 따름이다. 불자(佛子)가 말하는 것과는 같은 듯하나 실제로는 다르니 살피지 않을 수 없다. 또한 소씨는 "대체로 중(中)이라는 것은 불성의 다른 이름이요 화(和)라는 것은 육도·만행의 총목이다."라고 하였다. 내가 생각하기에 희로애락이 있고 그것이 모두 절도에 맞는 것을 화라고 하니 화는 천하의 통달한 도이다. 육도만행은 내가 그 이른 바를 알지 못하겠으나, 군신(君臣)의 도리를 상하게 하고 부자(父子)의 도리를 끊음은 인도(人道)의 실마리에 크게 금하는 것인데, 이른바 달도(達道)가 진실로 이와 같겠는가.[281]

주자도 이 장에서의 주제인 '중화'에 대한 소자유의 해석을 분명히 언급하고 있다. 육조 혜능 대사의 '불사선 불사악'으로 희로애락의 미발을 말할 수 없다고 못 박고 있다. '화(和)'를 육도만행의 총

---

281 「소황문노자해」, "蘇氏後序云, 六祖所云, 不思善不思惡, 卽喜怒哀樂之未發也. 愚謂聖賢雖言未發, 然其善者固存但無惡耳. 佛子之言似同而實異, 不可不察. 又云, 蓋中者 佛性之異名, 而和者 六度萬行之總目也. 愚謂 喜怒哀樂而皆中節謂之和, 而和者天下之達道也, 六度萬行吾不知其所謂然, 毁君臣絶父子以人道之端爲大禁, 所謂達道, 固如是耶." 위의 책, 26쪽.

목(總目)으로 보는 것에 대해서도 '화'는 달도(達道)인데 군신 관계를 상하게 하고 부자 관계를 끊고서 어찌 달도라고 할 수 있냐고 하며 인륜(人倫)의 문제를 꺼내 비판하고 있는데 논리가 그다지 신통치 않고 궁색하게 보인다. 희로애락의 감정이 발할 때 절도에 맞게 하는 것이 '화'인데 출가한 스님들은 감정의 제대로 된 발현이 출가를 하였다는 이유만으로 근원적으로 불가능하다는 논리가 된다.

게다가 '천하무이도(天下無二道)'에 대해서도 주자는 이도(二道)가 될 수밖에 없는 경우에도 억지로 하나로 묶으려는 것은 분수(分殊)와 차이(差異)를 무시한 처사라고 비판하고 있다.[282]

반면에 소자유는 '화(和)'를 보시·지계·인욕·정진·선정·지혜의 육바라밀〔六度〕의 모든 실천〔萬行〕으로 보고 있다. 인간 누구나가 가지고 있는 마음속 선악 시비가 끊어진 미발의 중(中)자리에서 희로애락의 정(情)이 발하되 절도에 맞지 않음이 없는 육바라밀이 펼쳐지는데 그 모든 실천의 총목이 바로 '화'라는 것이다. 그래서 그것을 달도라고 부른다는 것이다. 육조 대사가 말했듯이 선도 생각하지 않고 악도 생각하지 않는 미발의 마음이야말로 불성의 다른 이름이요, 그것의 제대로 된 발현이야말로 육바라밀의 보살행의 실천이라는 것이다. 군신·부자간의 관계를 맺지 않으면 육바라밀의 실천행이 불가하다는 것이 주자의 설명이고 석가나 공자나 그

---

282 「소황문노자해」, "天下固無二道而所以治人則異君臣父子之間非禮法則亂知禮法而不知道則世之俗儒不足貴也. …… 愚謂 天下無二道而又有至道世法之殊則是有二道矣." 위의 책, 26쪽.

근본 성품 자리는 하나라고 설명하는 것이 바로 소자유와 이를 계승한 탄허 선사이다.

'중(中)=불성'이라는 소자유의 도식은 결국 '중=성(性)'의 도식과 같다. 이것이 마뜩치가 않았던지 주자는 결국 장횡거(張橫渠)의 뒤를 이은 도남학파(道南學派)인 여여숙(呂與叔), 소계명(蘇季明)의 '중즉성(中卽性)'을 바탕으로 한 '구중설(求中說)'을 비판[283]하기에 이른다. 즉 구중설을 강조하는 이는 미발지중을 구하는 것은 천명지성을 구하는 것과 같기 때문에 감정의 미발을 위한 수행을 중시하게 되는 것이다. 주자가 볼 때엔 구중설은 결국 불교의 참선 수행으로 넘어갈 가능성이 농후하다고 판단했을 것이다.

어쨌든 조선과 한국에서 유학을 공부하던 선비들에게 "중자불성지이명, 화자 육도만행지총목(中者 佛性之異名, 和者 六度萬行之總目)"이라는 주석은 참으로 만나기 어려울 수밖에 없는 구조가 선험적으로 존재하고 있었음을 확인할 수 있었다. 그럼에도 탄허 선사가 소자유의 노자 주석을 다시 발명하여 '중화'에 대한 이러한 불교적 회통의 가능성을 찾아 실마리를 뽑아낸 것은 그의 융회적이고

---

283 위와 관련된 내용으로는 이승환 교수의 다음의 논문들이 상세하니 참조 바람. 이승환, 「정문(程門)의 미발설(未發說)과 구중(求中) 공부 – 소계명(蘇季明)과 여여숙(呂與叔)에 대한 이천(伊川)의 비판을 중심으로」, 『철학연구』 38집, 고려대 철학연구소, 2009. 9. ; 이승환, 「주자(朱子)는 왜 미발체인(未發體認)에 실패하였는가 - 도남학적 수양론의 특징과 전승과정을 중심으로」, 『철학연구』 35집, 고려대 철학연구소, 2008. 3. ; 이승환, 「주자 수양론에서 未發의 의미」, 『퇴계학보』 126집, 퇴계학연구원, 2009. 12.

포용력이 넓은 '탄(呑)'적 가풍을 재차 확인하는 증좌가 된다고 할 수 있겠다. 유불회통의 사상을 열고자 하는 이에게는 '중(中)'을 '불성지이명'으로 보는 소자유의 언명이 천군만마와도 같은 것이었겠으나, 유불분수(儒佛分殊)를 고수하려는 주자의 관점에서는 이것이 참으로 꺼림칙한 언명이 아닐 수 없었을 것이다.

그렇다면 탄허 선사는 『중용』에서 말하는 천명의 성(性)과 미발의 중(中) 사이의 관계를 어떻게 보고 있는지 그의 저술들에서 추출하여 살펴보기로 하자. 스님의 법어집인 『부처님이 계신다면』과 『피안으로 이끄는 사자후』, 그리고 『방산굴법어』가 고찰할 주된 대상이 될 것이다.

아래에 스님의 저술에 보이는 '중화'와 '성(性)'에 관련된 모든 언급들을 집성해 두었다. 향후 후속 연구자들을 위해서 단취(斷取)하지 않고 모두 실어 놓았다. 중복되는 듯이 보이는 언급들이 있지만 이를 통해 그의 확고부동한 '중화'와 '성'에 대한 입론을 확인할 수 있을 것이다.

〈4〉 제일 도(道)를 잘 밝힌 것이 유교학으로서는 『중용』이올시다. 『대학』은 체계적인 학통 16년 동안 공부하는 과목을 얘기한 것이고, 『중용』은 실제로 도 닦는 법을 얘기한 것입니다. …… 왜 진리를 '중(中)'으로 대명사를 썼느냐 그게 묘한 것이올시다. …… 진리의 대명사를 '중'이라고 표현한 것은 '화(和)'를 겸하지 않으면 진중(眞中)이 못 되어 희로애락이 발하기 전의 상태를 '중', 희로애락이 발해서 도로 합하는 것을 화라 하겠는데 이때의 화란 체(體)를 겸한 용(用)이라 할 수 있겠습니다. 체가 아닌 용은 화라 할 수 없습니다. …… 그러나 체용(體用)이라는 말과 중화라는 말은 서로 좀 다릅니다. 체용이라 할 때는 법격화(法格化)시킨 말이고 …… 중화라고 할 때는 인격화시킨 말입니다. 공부를 해서 마음의 본체를 아는 것이 중화란 말인데 유교의 중화란 말은 매우 중요한 용어지요. 이 중화의 경지를 불교에서는 '대기(大機 : 마음의 본체)', '대용(大用 : 본체를 닮아 씀)'이라 합니다.[284]

〈5〉〔부처님이〕 49년 동안 그렇게 횡야설수야설(橫也說竪也說) 혀가 닳도록 설법해 놓고서 한 글자도 얘기한 것이 없다고 한 것은 '성(性)'자리에 앉아서 하는 얘기입니다. 그 자리의 대명사가 굉장히 많이 나옵니다. 유교에서는 '중(中)'이라고 합니다. '중'이라는 것은 이 복판의 중이 아닙니다. …… 중이 무엇이냐 하면, 시간·공간이 끊어진 자리입니다. 그러므로 『중용』에 한 생각 일어나기 전을 중이라(喜怒哀樂之未發을 謂之中이라)함과 동시에 중이란 것은 천하의 근본, 우주의 핵심체(中也者는 天下之大本也라) 한 것입니다. 또 기독교에서의 하나님이라는 것도 또한 시공이 끊어진 자리가 아니겠습니까? 우주는 시간·공간을 의미하는 것인데 시간·공간이 나기 전 우

---

284 탄허, 『피안으로 이끄는 사자후』, 138~140쪽.

주가 생기기 전에 앉으신 분이 누구이겠어요. 그분이 우주 창조주인 하나님인데 그분이 시간·공간을 만들었어요. 그러니까 '성'자리에서 본다면 전부가 그 본체를 가지고 있으므로 누구나 양보할 것이 하나도 없습니다. 우리가 성인에게, 즉 예수님이나 부처님이나 공자님한테 양보할 것이 하나도 없는 것이에요. …… 마음을 비우는 자가 바로 '성'자리를 각파하여 시공이 끊어진 자리 아니겠습니까?

유교에서 화라는 것은 천하의 달도(達道)라 했습니다(和也者는 天下之達道也라). 즉 화라는 것은 하루 종일 희로애락애오욕(喜怒哀樂愛惡慾)의 칠정(七情)을 써도 쓴 자리가 없는 것입니다. 그것이 중(中)자리를 깨닫지 못하고는 그렇게 안 되거든요. 도통한 사람이 아니고는 진정한 화(和)가 되지 않는 것입니다. 또 중화의 도를 자기 마음 가운데 성취하면 천지가 나에게 있고 만물이 저절로 길러진다고 한 것입니다(致中和면 天地位焉하며 萬物이 有焉이라).[285]

〈6〉 심(心)이라고 하면, 성(性)과 정(情)을 합한 명사입니다. '성(性)'이라는 것은 나의 한 생각이 일어나기 전, 즉 우주가 미분되기 전을 말합니다. 우리의 한 생각이 일어나기 전이나 몸이 나기 전이나 우주가 생기기 전이나 똑같은 것입니다. 마음의 본체를 '성'이라고 할 때 중생이나 부처님이나 성인

---

285 탄허, 『부처님이 계신다면』, 교림, 2001, 233~235쪽.

이나 범부나 똑같다는 말은, '성'자리를 가지고 하는 말이지 그냥 덮어놓고 똑같다고 하는 것은 아닙니다.

'성'이 마음의 본체라면 '정'은 같은 마음에서 일어나는 작용입니다. 마음에서 일어나는 작용으로 말하자면 한이 없지만 철학적으로 그것을 구별한다면 희로애락애오욕의 칠정이 됩니다. 그러나 '성'은 칠정이 일어나기 전 진면목이며, 본래 언어·문자로 표현할 수 없는 것이지만, 굳이 말한다면 강령(綱領)의 큰 것으로 불교에서는 사덕(四德)이라고 합니다. 부처님 마음자리에 갖춘 사덕, 즉 진상(眞常)·진락(眞樂)·진아(眞我)·진정(眞淨), 유교에서는 그것을 인의예지(仁義禮智)라고 하는데 범부와 소승은 이 사덕을 거꾸로 봅니다.[286]

〈7〉 범부는 성체(性體)가 혼연한 우주의 진면목, 시간·공간이 끊어진 이 마음의 본체를 알지 못하고서 밤낮 희로애락애오욕의 칠정에 끌려 다니다 마니까 범부지요. 칠정으로써 일생을 보내는 것이 범부라면, 성(性)자리에 앉아 있는 것이 성인(聖人)입니다. 그런데 마음이라 하면, 성(性)과 정(情)을 합한 명사, 즉 체용을 합해 갖고 있는 것입니다. 성은 본체고, 정은 거기에 일어나는 작용이지요. 정자리에 앉아서 보니까 온갖 차이가 있어서 선한 것도 있고 악한 것도 있고, 잘난 놈도 있고 못난 놈도 있고, 긴 것도 있고 짧은 것도 있고, 흰 것도 있

286 탄허, 위의 책, 229~230쪽.

고 검은 것도 있습니다. 그러나 '성'자리에서 보면 정에서 일어나는 것과 같은 모든 분별·득실·시비가 다 끊어집니다. 마음은 총체적인 명사인데 마음자리에서 보면, 성인의 마음, 범부의 마음, 악한 마음, 착한 마음 등의 온갖 마음이 다 있지만, 즉 온갖 것이 다 붙을 수 있지만, '성'자리에는 선악 시비의 분별이 붙지 않습니다. 굳이 말을 붙인다면, 유교에서는 지극히 착하다〔至善〕로, 또 불교에서는 선악이 끊어지고 시간·공간이 끊어진 허영불매(虛靈不昧)[287]한 자리라고 붙일 수 있습니다.[288]

〈8〉 인간성이나 불성이나 다 똑같은 자리인데 어째서 인간성이다, 불성이다, 신성(神性)이다를 구별하느냐 하면, 성인은 알고 쓰기 때문에 불성·신성이라 하고 우리 범부는 성(性)자리를 모르고 쓰기 때문에 인간성이 됩니다. 결과적인 면에서는 인간성과 불성이 둘이 아닙니다. 단 쓰는 데 있어서 성인은 성(性)자리에 앉아서 쓰는 것이고 범부는 정(情)자리에 앉아서 쓰는 것이지요. 그러기에 대명사가 '중(中)'이라고도 나오고 '도(道)'라고도 나오는데 도라는 것은 사람이 당연히 갈 길

---

287 『대학』의 '명덕(明德)'을 해의(解義)한 주자의 "밝은 덕이라고 하는 것은 사람이 하늘에서 받은 바다. 텅 비어 신령스럽고 어둡지 않아 중리를 갖추었으므로 모든 일에 응하는 것이다〔明德者 人之所得乎天 而虛靈不昧 以具衆理而應萬事者也〕."라는 말의 '허령불매(虛靈不昧)'는 당시 선가(禪家)에서 일상적으로 사용하던 용어였다.

288 탄허, 『부처님이 계신다면』, 231~232쪽.

이라는 말입니다. 또 그것을 덕(德)이라고도 하는데 덕이라는 것은 마음을 닦아 얻은 진리〔得於心之謂德〕 아닙니까? 또 그것을 진리라고도 하는데 진리라는 것은 모양이 끊어졌다는 말입니다. 온갖 대명사가 다 나오지마는 대명사는 달을 가리키면 달은 안 보고 손가락만 봅니다. 결국 대명사란 표현하기 위한 방법이기 때문에 때에 따라서 다른 술어로 표현하는 것입니다.

그러면 '하나님'이라는 대명사, '중'이라는 대명사, '도'라는 대명사, '진리'라는 대명사 등 온갖 대명사가 많이 나오지만 때에 따라서 그 대명사가 나오는 것이고, 다만 그 물건, 즉 성(性)자리 하나를 지적하기 위해서 이렇게 많은 대명사가 나온 것입니다. …… 결론적으로 말하자면, 인간성이나 불성이나 둘이 없는 것인데 성인은 성자리를 알고 쓰니까 하루 종일 희로애락애오욕의 칠정을 써도 칠정이 도로 없는 데로 돌아갑니다. 우리 범부는 시공이 끊어진 이 성자리를 모르고 쓰니까 항상 망상에 허덕이면서 고해(苦海)에서 났다 빠졌다 하는 것입니다.[289]

〈9〉 불성이라 할 때에 '불(佛)'이라는 말은 '각(覺)'이라는 뜻입니다. 각은 미(迷)의 반대말로서 한 생각이 일어난 것이 미라면, 한 생각 일어나는 곳이 없는 줄 확연히 본 것을 각이라 합니

---

289 탄허, 위의 책, 236~237쪽.

다. …… 부처님의 각이라는 말은 한 생각 일어나는 당체가 본래 없는 것으로 타파해 버린 것입니다. …… 생각이 일어나고 안 일어남을 자유자재로 하니까 부처님을 각한 왕, 각왕(覺王)[290]이라고 합니다.[291]

〈10〉 성인도 희로애락이 없을 수는 없습니다. 하지만 성인은 일어났다가 바로 중(中)으로 돌아가는 것입니다. 그렇게 되는 것이 성(誠)이지요. 그러니까 본래 진실해서 망상이 없는 자리는 천도(天道)이며 진실무망하도록 노력하는 것은 사람의 도〔人道〕입니다. 그러니 본래 진실무망한 데서 밝아진 것을 성(誠)이라 하고 밝은 자리로부터 밝아져서 진실무망한 것을 교(敎)라 하는 것입니다.[292]

1982년 '유·불·도의 대가인 탄허 큰스님을 찾아서'라는 대담에서 질문자가 "불교의 공(空)과 유교의 도(道)와 도교의 무(無)는 결국 하나로 연결된다고 볼 수 있겠는데 그 마지막 자리는 어떻게

---

290 2011년 서울시 강남구 자곡동에 건립한 탄허기념박물관에 들어서면 정면 입구에 탄허 선사가 친히 휘호한 "각유신(覺有神)"이란 글씨가 크게 보인다. 깨달음에 신(神)이 있다, 즉 천지 만물의 조물주인 신은 깨달은 마음 안에 있다는 뜻이니 스님은 일관되게 각(覺)이 곧 부처요, 조물주요, 창조주요, 하나님이요, 우주의 핵심체임을 강조했음을 확인할 수 있다. 혜거 스님, 『呑虛大宗師 遺墨選』, 탄허기념박물관, 2010, 35쪽.

291 탄허, 『부처님이 계신다면』, 233쪽.

292 탄허문도회, 『방산굴법어』, 419~420쪽.

된다고 보고 계십니까?"라는 질문에 대해 다음과 같이 답했다.

〈11〉 도교의 무(無) 사상만 가지고 물으시고, 불교의 공(空) 사상만 가지고 얘기하시고, 유교에 도(道) 자를 붙이셨는데, 그게 어떤 전매특허 술어가 아니올시다. 도라는 말만 하더라도 유·불·선 삼교에서 서로들 끌어다 쓰고 있어요. 그런데 아까 중화라는 개념은 유교의 전매특허 술어올시다. …… 그러나 본체는 하나지요.[293]

〈12〉 이 시공(時空)이 일어나기 전을 유교에서는 통체일태극(統體一太極)이라 하고, 도교에서는 천하모(天下母)라고 하고, 기독교에서는 성부(聖父)라 하고, 불교에서는 최초일구자(最初一句子) 또는 최청정법계(最淸淨法界)라 한다. 그러고 보면 기본은 일(一)이다. 일은 무엇일까? 일은 시공을 만들어낸 현존일념(現存一念)인 것이다. …… 이 자리에서 보면 천겁(千劫)을 지나도 옛이 아니요, 만세(萬世)에 긍(亘)하되 길이 지금인 것이다.[294]

위의 발언들을 통해 탄허 선사의 중화에 대한 담론을 종합적으로 정리해 보자.

---

293 탄허, 『피안으로 이끄는 사자후』, 143쪽.

294 탄허, 위의 책, 274쪽.

우선 유교에서 도를 가장 잘 밝힌 책이자 실제로 도 닦는 법을 얘기한 책은 『중용』임을 〈4〉에서 분명히 밝히고 있다. 그것을 증명이라도 하듯 〈8〉에서는 진리 혹은 도(道)를 표현하는 수많은 대명사들은 모두 '성(性)'자리 하나 지적하기 위함이라고 했다. 즉 『중용』 수장의 제1구인 '천명지위성'의 '성(性)' 하나로 모든 것을 설명하고 있는 것이다. 유가칠서(儒家七書)[295]에 정통한 스님의 공력(功力)이 느껴지는 대목이다.

〈11〉에서 보듯 '중화'는 불교의 공(空), 도교의 무(無)처럼 유교를 대표하는 전매특허 술어라고까지 얘기하고 있다. '중화'를 해석하는 스님의 독창성을 여기에서 섬세하게 살펴야 할 필요가 있다. 〈5〉에 보면 희로애락의 미발을 '한 생각 일어나기 전'이라 번역하

295 유교 경전을 논하는 말에는 여러 가지가 있는데 탄허 선사는 '유가칠서'라는 말을 자주 사용한 것을 저술에서 쉽게 볼 수 있다. 유교 경전은 일반적으로 '사서삼경'이라고 표현하는데 사실 이 표현은 조선식의 표현이지 정통 중국의 경학적 표현은 아니다. 중국에서는 본래 '육경(六經)'이라 하여 『시경』, 『서경』, 『역경』, 『예기』, 『춘추』, 『악경(樂經)』을 경서를 대표하는 말로 사용했다. 그러나 『악경』이 소실된 까닭에 '오경(五經)'이라 하였고, 여기에 『논어』, 『맹자』, 『대학』, 『중용』을 '사서'로 정하고 발전시킨 주자 이래 '사서오경'이라는 말이 보편적인 말이 되었다. 그러나 조선에서는 『예기』, 『춘추』를 제외한 '사서삼경'을 중시했다. 여기서 '유가칠서'라 함은 오경(五經)에 『논어』, 『맹자』를 더하여 '칠서(七書)'라고 부른 것이다. 『대학』과 『중용』은 원래 오경(五經)에 포함된 『예기』의 한 편명들이므로 중복을 피하면 칠서가 된다. 주자의 '사서오경'이라는 사서 중시 풍토 이전에는 '십삼경'이라는 말로 유가경전을 통칭하기도 했다. 유가칠서에 『효경』, 『이아』, 『주례』, 『곡례』, 『춘추공양전』, 『춘추곡양전』을 더하면 '십삼경'이 된다. 『십삼경주소(十三經注疏)』는 이 '13경'에 대한 주석본이다.

고, 발하여 절도에 맞는〔發而皆中節〕 화(和)를 '분별없는 자리로 돌아가는 것', 혹은 '하루 종일 희로애락애오욕의 칠정을 써도 쓴 자리가 없는 것', '다시 원래 중(中)의 자리로 돌아가는 것' 등으로 번역한다. 스님의 유불회통사상을 규명하는 데 결정적인 역할을 하는 중요한 해석학적 지평이 이 말들 속에 담겨 있다. 이것은 『중용』에 대한 주석의 역사에서 매우 특별한 의미를 갖는 해석으로 볼 수 있겠다.

앞에서 보았듯이 성철 선사가 '화(和)'를 '희로애락이 나서 적당하게 사용하는 것' 정도로 치부했던 것과는 현저한 차이가 난다. 성철 선사는 유가의 '중(中)' 자체를 망상경계로 보기 때문에 여기에서 발한 '화'의 경지를 그리 높게 설정하지 않았다. 그러나 탄허 선사는 유가의 '중'을 시간과 공간이 끊어진 마음의 본체로 보아 한 생각 일어나기 전 소식인 불성과 동일시하고 있기 때문에 이러한 '중'에서 발하여 절도에 맞게 되는 '달도'인 '화'를 아무리 쓰고 써도 쓴 바가 없고, 쓰고 나면 다시 원래의 '중'자리로 돌아오는 것으로 보았다. 불교의 핵심적인 용심처(用心處)인 전기대용(全機大用)을 유가 '중화' 해석에 직접 적용하여 설명하고 있는 것이다. 즉 유교나 불교나 도교나 모든 공부의 핵심은 '중'자리 하나 깨닫는 것으로 보고 있는 것이다.

용어상으로 보면 '성(性)자리'라는 말을 가장 많이 사용하고 있는 것을 알 수 있다. 우주 생기기 전, 몸이 나기 전, 한 생각 일어나기 전, 언어·문자로 표현이 불가능한 본래면목, 시비분별이 모두 끊어진 알래야 알 수도 없고 모를래야 모를 수도 없는 각(覺)이 바로 이 자리라는 것이다. 〈5〉에서 '중(中)'에 대한 『중용』의 대표적 술어인 '천하지대본(天下之大本)'을 '우주의 핵심체'라는 말로 풀었던 것을 기억해야 한다. 여기에서 나아가 우주 창조주, 기독교의 하나님까지도 바로 이 '성(性)자리' 하나 지적하기 위한 것이라고 하였으니 불교에서 말하는 '상락아정(常樂我淨)'의 열반사덕(涅槃四德)과 유교의 '인의예지'의 사단(四端)은 스님의 사상 체계 내에서는 당연히 이 '중'이라는 말 하나에 통섭(統攝)되는 것이다.

스님의 법호 '탄허(呑虛)'는 허공을 삼켰다는 말인데, 스님은 이 이름을 활용하여 "우주가 내 뱃속에 있으니 내 아들 아닌 사람이 없다."[296]라고 농담하곤 했다 한다. 이 농담 속에 화엄의 사사무애법계(事事無礙法界) 도리가 그대로 녹아 있으니 필자는 여기에서 발명(發明)하여 위와 같이 유·불·선 삼교를 모두 삼켜 무애자재하게 융회, 회통시킨 스님의 중화 담론의 특질을 한마디로 '탄(呑)적 가풍'이라는 용어로 정리하고자 한다.

따라서 구구한 설명보다 천백억 진리가 하나[一]로 소통되기를 바랐던 스님의 의중을 그대로 이어받아 '탄(呑)적 가풍'이라는 제목하에 아래와 같은 하나의 통체(統體)의 표로 만들어 보았다. 우리가 살고 있는 현실도 또한 이 표와 같이 하나 속에 모든 것이 불이(不異)하게 녹아 내린다면 소통과 화회(和會)의 달도(達道)가 구현되리라 본다. 아마도 '미발지중'을 '불성'의 이명(異名)으로 보았던 소자

---

296 탄허, 『피안으로 이끄는 사자후』, 158쪽.

유가 형 소동파의 극찬을 받은 이래 오랜만에 미소 한번 머금지 않을까 짐작한다.

■ **미발지중즉불성(未發之中卽佛性)의 탄(呑)적 가풍**[297]

오성(性)자리 = 중(中) = 미발(未發) = 불성(佛性) = 각(覺) = 마음의 본체 = 천하의 근본(大本) = 우주의 핵심체 = 우주 미분전 = 우주가 생기기 전 = 몸이 나기 전 = 시공간이 끊어진 자리 = 한 생각 일어나기 전 = 정(情)이 일어나기 전 진면목(眞面目) = 언어·문자로 표현할 수 없는 것 = 49년 설법하고도 한마디도 설한 바 없는 자리 = 모든 생각이 끊어진 자리 = 선악시비의 분별이 붙을 수 없는 자리 = 모양이 끊어진 것 = 시공이 끊어진 허령불매(虛靈不昧)한 자리 = 당체가 본래 없는 것 = 성인이나 범부나 똑같은 것 = 불교의 사덕(四德 : 常樂我淨) = 유교의 인의예지(仁義禮智) = 대학의 지선(至善) = 통체일태극(統體一太極) = 노자의 천하모(天下母) = 선종(禪宗)의 최초일구자(最初一句子) = 최청정법계(最淸淨法界) = 원상(圓相) = 우주 창조주 = 기독교 하나님 = 성부(聖父)

2) "천하무이도 성인무양심"의 유불회통

2007년 대통령 선거를 앞두고 오대산 월정사를 방문한 당시 대선 후보 이명박에게 월정사 주지스님이 탄허 선사의 친필 휘호 "天下無二道 聖人無兩心"의 대형 족자를 선물한 일에 세간의 이목이 집중되었던 적 있었다. 이 "천하무이도 성인무양심(天下無二道

297 아마 이 도표를 성철 선사가 보았다면 앞 절에서 살핀 바와 같이 모든 것은 '='에 함께 넣을 수 있지만 오직 '각(覺)'만은 이보다 더 높은 곳에 위치하고 있다고 할 것이 분명하다.

聖人無兩心)"이라는 구절은 탄허 선사가 일생 동안 가장 즐겨 사용하고 법문했던 내용으로 알려져 있다. 스님의 법문을 책으로 엮은 최초의 법어집인 『부처님이 계신다면』의 책 뒷표지에도 이 문구가 있는데 스님이 즐겨 쓰시던 문구라고 표기해 놓았다.

이 책에서는 "천하에 두 도가 없고 성인에게 두 마음이 없다(天下無二道 聖人無兩心)."라는 이 구절을 탄허 선사의 유불회통사상을 대변하는 일구(一句)로 보고자 한다.

탄허 선사는 스님의 신분으로 왜 역학이나 노장학 같은 유가, 도가의 책을 번역하고 보급하느냐는 질문을 받은 일이 있었다. 이에 대해 그는 대중들이 삼교의 경전을 쉽게 접하게 되면 자연히 각각의 종교에 대해 더 잘 이해하게 되어 대립과 갈등보다는 대화로 융화될 수 있고 나아가서는 세계평화를 구축할 수 있는 원동력이 될 수 있다는 판단에서 이렇게 원력을 세우고 현토·완역한다고 소회를 밝힌 바 있다.[298]

현대세계는 종교 다원화의 바탕 위에서 상호 간의 종교와 사상, 철학과 문화를 존중하지 않으면 안 되게 되었다. 동서와 고금이 하나의 좌표 위에서 전면적으로 만나 서로의 '다름'을 고운 시선으로 보아 주지 않는다면 지구의 미래는 매우 암울하다 하겠다. 이러한 작금의 상황에 비추어 볼 때 '천하일도 성인일심(天下一道 聖人一心)'의 메시지는 시사하는 바가 매우 크다고 생각된다.

---

298 김광식, 앞의 책, 235쪽.

다시 본론으로 넘어가면 대부분의 사람들은 "천하무이도 성인무양심"의 이 명구(名句)를 탄허 선사 본인이 만든 언명으로 알고 있다. 하지만 그렇지 않다. 필자가 이 구절을 처음 접하게 된 것은 조선시대 무학 대사의 제자인 함허 득통(函虛 得通, 1376~1433) 스님의 『현정론(顯正論)』의 다음 구절에서이다.

> 책은 도를 싣는 도구요 널리 교화하는 방책으로 그 책을 보면 그 도를 따를 것인가 아닌가 그 예를 사모할 것인가 아닌가를 알 수 있는데 어찌 자신이 익힌 바와 다르다 하여 버릴 수 있겠는가! 그대는 듣지 못하였는가, **천하에는 두 도(道)가 없으며 성인에게는 두 마음이 없다〔天下無二道, 聖人無兩心〕**. 성인이 비록 천리가 막혀 있고 만세의 거리가 있다 할지라도 그 마음은 일찍이 다름이 있지 아니하다.[299]

유교를 국시로 하여 불교를 배척하던 숭유억불의 조선 초기 풍토에서 함허 선사는 억지스럽게 불교를 비난하는 것을 바로잡고 유·불을 서로 비교하여 그 바른 점을 드러내기 위해 '현정론'이라

299 "書者, 載道之具也, 弘化之方也, 見其書則知其道之可遵不可遵, 知其禮之可慕不可慕也, 其道可遵, 其禮可慕, 則豈以非吾所習而可棄之也. 君不聞乎, **天下無二道, 聖人無兩心**, 夫聖人者, 雖千里之隔, 萬世之遠, 其心未嘗有異也." 得通己和 撰, 『顯正論』(『한국불교전서』 권7, 동국대 출판부, 1986), 224쪽.

는 이름을 내걸고 이를 저술했다. "천하무이도 성인무양심"이 등장하는 이 구절은 당시 유가의 유생 측에서 불경(佛經)에 대해 허원적멸(虛遠寂滅)하다고 비하한 것에 대응하여 불교의 가르침이 공자의 가르침과 다르지 않음을 밝히기 위해 구사했던 말이다.

탄허 선사는 불교 전문 강원의 교재를 편찬하는 과정에서 이 『현정론』도 함께 번역하여 특별히 사미과 교재의 부록에 실어 유·불·선 사상의 비교 연구와 동양사상의 이해에 필수불가결한 교재로 활용코자 하였으니[300] 아마 함허 선사의 이 문구에 깊이 공감한 바가 있었을 것으로 짐작된다. 석가와 공자가 비록 다른 세상을 살았으나 같은 마음이었다는 '이세동심(異世同心)'의 논지는 함허 선사에서 탄허 선사로 면면히 이어져 내려오는 유불불이(儒佛不二)의 화회론(和會論)적 전통[301]으로 볼 수 있겠다.

---

300 탄허, 『피안으로 이끄는 사자후』, 201~202쪽.

301 한국불교사를 논의하게 될 때 고승이나 대학자들 가운데에서 유불회통, 나아가 삼교회통의 대가였던 이는 부지기수이다. 원효의 저술에는 유·도·불의 용어들이 일상 용어로 등장하고 있다. 한 예만 들어도 『대승기신론소』의 서문에서 도가의 '현지우현(玄之又玄)' 같은 단어들이 그의 활달한 문장력에 그대로 녹아 있음을 발견할 수 있다. 이처럼 유교와 노장학을 겸수하여 삼교를 융회하였던 고승들로는 원광(圓光), 자장(慈藏), 원측(圓測), 의상(義湘) 등이 그 대표자들이다. 신라시대 동방학종(東方學宗)이라 불렸던 고운 최치원(孤雲 崔致遠, 857~?)은 유교의 아국18현(我國十八賢)으로 성균관 대성전(大成殿)에 봉안되어 있으면서 한국 도교의 비조로도 추앙받으며, 불교에도 정통하여 그의 사산비명(四山碑銘)이 없었던들 한국선종사가 구성될 수 있었을 만큼 한국불교사에서 중추적 인물이었다. 조선에 들어와서도 위의 함허 선사를 비롯하여 승려이자 유학자요 도교 이론가였던 설잠 스님(雪岑 : 매월당 김시습, 1435~1493)의 삼교융합도 주목할 만하다.

사실 함허 선사보다 조금 앞선 시대에 중국의 명나라 태조(太祖)인 주원장(朱元璋, 1328~1398)은 성리학을 제국의 체제 이념으로 채택하면서도 삼교합일을 주창하며 삼교보호정책을 썼던바 그의 「삼교론(三教論)」에 이미 이 언명이 등장하고 있다.

> 일찍이 듣건대 "천하에 두 도가 없고, 성인은 두 마음이 없다〔天下無二道, 聖人無兩心〕." 하였다. 삼교가 성립함에 모양새는 서로 다르다 하더라도 그 원리는 하나다. 이 세상의 백성에게는 이 삼교 가운데 어느 한 가지도 없을 수 없다.[302]

허응 보우(虛應普雨, 1515~1565) 선사 역시 불교 부흥에 앞장섰던 유불융합론의 대가였다. 서산(西山, 1520~1604) 대사는 『선가귀감』 외에 『유가귀감』과 『도가귀감』도 남겨 그의 공력을 확인시켜 주고 있으며, 초의(草衣, 1786~1866) 선사 역시 다산(茶山)과 추사(秋史) 같은 이가 유가의 선비보다도 더 지음자(知音者)임을 공언했던 방대한 사상 체계를 갖추었던 선지식이다. 근세의 경허(鏡虛, 1849~1912) 선사 역시 유·도·불 삼교에 달통했던 기인임은 익히 잘 아는 사실이다. 대표적인 인물들만 나열했을 뿐이지만 유가서, 도가서를 통한 한자문리를 터득하지 않고 한역 경전에 달통했던 역대 선지식은 찾아보기 힘들 정도이다. 중국·한국·일본 동양 3국의 불교학과 불교사를 논할 때에는 반드시 이 유·불·도 삼교의 교섭과 융합, 화쟁과 회통의 역사를 고려해야 할 것이다. 그런 측면에서 탄허 선사는 근현대 한국불교사의 유·불·선 삼교회통의 대가들 가운데 최고 정점에 좌정할 수 있는 대종장이라 이를 만하다. 삼교융합의 대략적인 역사에 관해서는 다음 논문을 참조. 서경전, 「한국에 있어서 유불도 삼교의 교섭 - 和를 중심으로」, 『원불교사상』 제20집, 원불교사상연구원, 1996.

302 『太祖御製文集』의 위 문장은 다음 논문에서 재인용. 조영록, 「왕양명과 명말의 불교 - 삼교합일설을 중심으로」, 『동양사학연구』 44집, 동양사학회, 1993, 130쪽.

명 태조는 불교와 도교로부터도 인재를 고루 등용하였는데 유가에 능통한 승려를 '통유승(通儒僧)'으로 삼았기에 삼교를 겸수한 승려가 상당수 배출되었다. 앞서 살폈던 감산 지욱 선사를 비롯한 명말사대사와 같은 고승들은 이러한 삼교융합의 전통이 양명학을 거쳐 이어져 내려온 한 흐름 속의 인물들이었다. 양명학 좌파인 태주학파의 인물 가운데 체계적인 삼교론을 세운 바 있는 관지도(管志道) 같은 이는 "석가는 성(聖)의 성자(聖者)요, 노담은 성의 지자(智者)요, 공자는 성의 인자(仁者)요, 우리 고황제(高皇帝 : 명 태조)는 성의 시자(時者)이니 고황제가 그 집대성이다."라 하여 명 태조를 삼교회통론의 최고봉으로 극찬한 바 있다.[303]

삼교동도론(三教同道論)의 입장에 서 있던 이탁오(李卓吾)는 명 태조의 글 가운데 불교 관계의 글 몇 편과 삼교 관계 논설을 묶어 「삼교품(三教品)」으로 묶고 그 서문에서 다음과 같이 '천하무이도 성인무양심'을 언급한 바 있다.

> 삼교의 성인은 하늘을 이고 땅 위에 섰으니, 이(異)와 동(同)이 있지 아니한 것은 분명하다. 때문에 "**천하에 두 도가 없고 성인에게 두 마음이 없다〔天下無二道, 聖人無兩心〕.**" 하셨다. 우리 고황제가 천하를 통일하여 큰 집을 지을 때 공자를 공경하고 석가불을 공경함이 마치 한 사람 대하듯 하셨다. 때

303 조영록, 위의 논문, 134쪽.

문에 그 『어제문집(御製文集)』에서 삼교의 성인을 논함에 자
주 이 두 마디로 단정하여 그 다르지 아니함을 보이신 것이
다. 무릇 이미 도(道)라 하고 심(心)이라 한 바에야 어찌 다름
이 있겠는가? 그러하니 비록 우부(愚夫)나 심지어 곤충과 초
목에 이르기까지 이 도, 이 마음을 벗어날 수가 없는 것이거
늘 하물며 삼교의 성인에 있어서랴! 대개 둘〔二〕로 나누려 해
도 되지 않고, 둘〔兩〕로 취급하려 해도 할 수 없는 것이다.[304]

탄허 선사도 왕양명과 이탁오에 대해서 강의 도중 자주 언급한 적이 있었으니 아마도 양명학과 그를 이은 양명학 좌파의 삼교회통론까지 꿰뚫고 있었던 것이 분명하다.

"천하무이도 성인무양심"의 구절로 다시 돌아와서 함허 선사, 명 태조 주원장, 이탁오보다 이를 먼저 사용한 원조가 있었으니 바로 순자(荀子)였다. 『순자·해폐(荀子·解蔽)』 편에 보면 다음과 같은 문장이 있으니 이 구절의 시원(始原)을 만나보자.

대체로 사람의 결점이라는 것은 어느 한쪽 방면에 치우쳐서
큰 도리를 모르는 데 있다. 이것을 다스려 하나가 되면 다시
상도(常道)를 회복할 수 있지만 나뉘어 둘이 되면 의심이 생
기고 미혹하게 된다. **천하에는 두 도가 없고 성인에게는 두**

304 조영록, 위의 논문, 143~144쪽 재인용.

마음이 없다〔**天下無二道, 聖人無兩心**〕. 지금의 제후들은 각각 정치가 다르고 수많은 사상가들은 학설이 다르니 반드시 어떤 경우에는 옳고 어떤 경우에는 그르며, 어떤 경우에는 다스려지고 어떤 경우에는 혼란해질 것이다.[305]

이와 같이 "천하무이도 성인무양심"이 역대 삼교융합론자들의 대표적 언구라고 본다면 과연 탄허 선사가 이 언명을 통해서 천명했던 유불회통사상의 실상과 특징은 어떠한 것인지 아래에서 본격적으로 살펴보도록 한다.

〈1〉 성(性)자리 타파하는 것, 즉 견성(見性)이라는 말 아닙니까. 그러니까 유교학설 수천 권을 종합해 놓고 볼 때 존심양성(存心養性) 혹은 진심지성(盡心知性)입니다. 즉 그 마음을 극진히 연구하는 자는 그 성리(性理)를 아나니 그 성리를 알면 천리(天理)를 안다 하였습니다(孟子 盡心章, 盡其心者는 知其性也니 知其性則知天矣니라). 또 불교학 수천 권을 종합해 놓고 보면 명심견성(明心見性), 즉 마음을 밝혀 성을 본다는 것이고 도교의 학설 수천 권을 종합해서 볼 것 같으면 수심연성(修心練

---

305 "凡人之患, 蔽於一曲, 而闇於大理. 治則復經, 兩則疑惑矣. **天下無二道, 聖人無兩心**. 今諸侯異政, 百家異說, 則必或是或非, 或治或亂." 정장철 역해, 『荀子』, 혜림출판사, 1994, 467~468쪽. 순자(荀子)보다 더 앞서 이 말을 한 사람이 있는지에 대해서는 찾지 못했다.

性), 곧 마음을 닦아서 성을 단련하라는 거예요. 그러니까 도교의 수련이나 유교의 존양(存養)이나 불교의 명견(明見)이나 다 심성을 가지고 얘기한 것은 똑같아요. 다만 밝혀서 본다, 두어 기른다, 닦아 단련한다는 그것이 학술적으로 조금 차이점이 있겠지요. 그러므로 고조사(古祖師)의 말씀에 유교는 뿌리를 심는 것이라면, 도교는 뿌리를 북돋아 주는 것이요, 불교는 뿌리를 뽑는 것이라 했습니다〔儒植根·道培根·釋拔根〕. 심고 북돋는 것은 점진적이려니와 뿌리를 뽑고 보면 심고 북돋을 여지가 없지 않겠습니까?[306]

〈2〉 공자가 이 세상을 내다볼 때에는 전체가 유치원 학생입니다. …… 그래서 드물게 말하고 점진적인 방법으로 도(道)에 들어가게 하는 것입니다. 그러나 공자께서 삼천제자 가운데 안연(顏淵)과 증자(曾子)에게만 돈법(頓法)을 가르쳤어요. 돈법은 점법(漸法)의 반대입니다. 그런데 퇴계 선생이 문인(門人)에게 답한 편지에 돈법은 불교의 것이지 유교의 법이 아니라〔至於頓法, 是禪家之學, 非儒子之法門也〕 한 것은 지나친 것 같습니다. 왜냐하면 아까 얘기한 안연의 문인(問仁)에 답한 것(克己復禮)이 공자께서 안연에게 돈법으로 보인 것이고, 또 증자에게 나의 도는 하나로 꿰었다〔吾道 一以貫之〕고 한 것이 그것

306 탄허, 『부처님이 계신다면』, 237~238쪽. '석발근(釋拔根)'이라는 이 말 속에 불교가 유교나 도교보다는 한 수 위라는 자존이 조금 엿보이는 것을 피할 수 없다.

입니다.[307]

〈3〉 태극은 일어난 데가 없어요. 일어난 자리가 없는 그 자리는 천당과 지옥도 없습니다. 그것을 해탈이라 그러는 거요. 그 자리로 소급시키면, 성인은 그 자리에 사는 겁니다. 그것이 역학입니다. 중생들로 하여금 근본자리로 소급을 하여 도통하게 하는 것, 그것이 주역의 대의입니다.[308]

〈4〉 선(禪)이라 하면, 지금 '제1구 소식'에 본래 문답이 끊어진 자리, 즉 이 우주가 일어나기 전, 우리 몸뚱이가 생기기 전, 우리 한 생각이 일어나기 전 자리를 말합니다. 그러니 거기다가 무슨 말을 붙이겠어요? 그것이 근본 면목 아닙니까. 그렇기 때문에 깨달았다는 것은 깨달은 경지가, 즉 깨달은 것이 끊어진 자리를 깨달았다 하는 것입니다.[309]

〈5〉 성인(聖人)은 한 생각이 일어나기 전의 면목(面目)을 각파(覺破)했기 때문에 꿈도 우주도 없는 별천지-시공이 끊어진 세계 속에서 사는 것입니다. 이를 기독교에서는 성부(聖父), 유교에서는 중(中), 불교에서는 불(佛)이라고 합니다.[310] ……

예수, 공자, 석가 등 삼대성인(三大聖人)이 타파한 것은 다른 것을 깨달은 것이 아니라 자기 마음에서 일어나는 생멸심(生

---

307 탄허, 위의 책, 325~326쪽.

308 탄허, 『피안으로 이끄는 사자후』, 172쪽.

309 탄허, 『부처님이 계신다면』, 25쪽.

310 탄허, 『피안으로 이끄는 사자후』, 105쪽.

滅心)이 본래 끊어진 자리를 본 것입니다. 이를 과덕(果德)이 라고 하지요.[311]

위의 〈1〉의 내용을 요약해 보면 다음의 삼교회통도가 된다.

■ **탄허 선사의 삼교회통**

삼교회통(三教會通)	유교	도교	불교
성(性)자리	존심양성(存心養性) 진심지성(盡心知性)	수심연성(修心練性)	명심견성(明心見性)
	대사각활(大死却活)	도배근(道培根)	석발근(釋拔根)

〈1〉에서는 유·불·선 삼교가 '성(性)자리'라는 측면에서 볼 때는 모두 동일하며, 차이가 있다면 하나의 뿌리[根]에 대한 서로 다른 방식의 접근임을 지적하고 있다. 〈2〉는 불교학에서 논의되는 돈점의 문제를 유교에 적용하여 설명하는 대목이다. 유교의 성인 공자는 일반적으로 점진적인 공부법인 점법(漸法)을 사용하여 제자들을 접화(接化)했지만 안자(顏子)나 증자(曾子)와 같은 근기가 수승한 고제(高弟)에게는 돈법(頓法)으로 가르쳤는데 그 증좌가 바로 '극기

311 탄허, 위의 책, 123쪽.

복례(克己復禮)'와 '일이관지(一以貫之)'의 가르침이라는 것이다. 돈점으로 공자의 교육법을 설명하는 것은 매우 신선하며 과연 유불융합(儒佛融合)의 대가가 아닌가 생각하게 만든다.

〈3〉에 오면 주역의 대가답게 역학(易學)의 '태극(太極)'의 문제를 '성(性)자리'로 설명하는 매우 독창적인 설법 방식을 보여준다. 스님은 '태극'을 '우주 생기기 전 면목'[312]으로 보고 있다. '태극'은 '아는 것이 끊어진 자리'이므로 주역의 역리(易理)는 아는 것이 근본이 아니요, 아는 것이 끊어진 그 자리를 근본으로 한다고 역설했다.[313] 흔히들 역학을 공부하는 이유로 밀의(密意)를 파악하는 것, 내지 누설되지 않은 천기(天機)를 알아내고자 하는 것으로 알고 있지만 스님은 선(禪)적인 안목을 바탕으로 알아낼 바가 없는 것을 확철히 아는 것이 바로 역리임을 확실히 했다. 지욱 선사의 『주역선해』를 국내에서 최초로 완역할 수 있었던 것은 스님의 정통 주역학에 대한 해박한 지식과 불교의 선교(禪敎) 전체를 겸통(兼通)했던 선지(禪旨)가 구족되어 있었기 때문으로 설명할 수 있겠다.

"태극이 나온 자리를 알면 그걸 도통한 자라 그러는 거야."라는 말이나 "태극을 아는 것을 각(覺)이라 하지."[314]라고 했던 스님의 일갈을 가슴에 새길 필요가 있다. 무극(無極)에 관해서 논할 때도, 무

---

312 탄허, 『부처님이 계신다면』, 55쪽.

313 탄허, 『피안으로 이끄는 사자후』, 173쪽.

314 탄허, 위의 책, 108쪽.

극은 태극의 본신(本身)으로 태극이나 무극이나 같은 것이지만 무극이라 할 때는 태극이라는 말조차 붙지 못하는 상태로 태극 이전이 바로 무극의 자리요, 무극이란 '무지극(無之極)'이란 뜻으로 무의 극치라는 의미이니 다함이 없는 진리로 풀 수 있다고 했다. 여기서 '무지극'이라 해서 지(之) 자 하나를 더 넣으면 뜻이 더욱 확실해진다고 하였는데[315] 이는 역리와 선지를 회통시키지 않으면 나올 수 없는 말이다.

도교의 최고봉은 노장, 유교의 최고봉은 주역, 불교의 최고봉은 화엄이라 했던 것[316]을 상기해 보면 각각의 최고봉이 되는 책을 말하고는 있지만 삼교를 말하면 언필칭 그것을 하나로 관통하여 보는 "천하무이도 성인무양심"의 일승적(一乘的) 관점을 견지하고 있었다. 평소에 "세상을 다스리는 데는 유교가 제일이고, 몸 다스리는 데에는 도교가 제일이며, 마음 다스리는 데는 불교가 제일이고, 기독교의 장기는 조직력이다."[317]라고 했던 말은 고봉정상에서 모든 종교와 사상을 굽어보고 있었음을 반증한다.

〈4〉에서는 임제(臨濟)의 삼구법문(三句法門) 가운데 제일구(第一句) 소식을 일관된 설법 방편인 '성(性)자리'로 설명하고 있고, 〈5〉에서는 예수, 공자, 석가 등 삼대성인을 시공이 끊어진 세계에 사는

---

315 탄허, 위의 책, 141쪽.

316 탄허, 위의 책, 180쪽.

317 탄허, 위의 책, 182쪽.

사람들로 묘사하며 마음에서 한 생각이 일어나기 전인 '성자리'가 본래 끊어진 것을 보아낸 사람들로 설파하고 있다. 이즈음 되면 유·불·선 삼교합일사상이 아니라 기독교를 포괄한 '사교회통론(四教會通論)'이라 해도 무방하겠다.

탄허 선사가 유·불·선 삼교에 기독교를 포함한 사교(四教)를 보았던 방식은 화엄도리(華嚴道理)에 의거한 무애자재한 방식이었다. 이 우주 법계 전체가 오직 우리의 한 생각이라는 것이다. 즉 보광명지(普光明智)가 우주만유의 핵심이고 그것은 곧 사사무애법계(事事無碍法界)이며 최청정법계(最清淨法界)이므로[318] 유(儒)·불(佛)·선(仙)·기(基) 사교가 서로 걸림이 없는 법계인 까닭에 아무리 자유자재로 출입해도 조금도 장애가 없다는 것이다.

유교의 중화에 대한 탄허 선사의 관점을 주제로 논문을 준비하는 과정에서 느낀 것은 유가 공부를 제대로 해 본 적이 있어야 탄허 선사 위대한 줄을 안다는 것이다. 그가 유교를 보는 방식은 넓은 불교의 바다에서 천강(千江)을 보는 광활한 허용(許容)이 있다. 바다는 강물을 취사(取捨)하지 않는다. 그저 받아들일 뿐이다. 그러나 넓은 가슴으로 한량없는 아량과 자비로 받아주는 것이다. 바다라는 보편은 강물이라는 특수를 나무라지 않는다. 소견이 왜 그리 좁은지, 스케일이 왜 그렇게 작은지 하는 일체 불평 없는 것이 바다라는 보편이 강물이라는 특수를 보아내는 방식이다.

---

318 탄허, 위의 책, 254~255쪽.

탄허 선사는 불교라는 바다에서 유교라는 강물을 보고 있다. 하지만 유교를 작은 강물로 보는 것이 아니라 동일한 물이라는 근본 본성의 차원에서 보고 있다. 충분히 바다가 강물보다 크고 광활하다고 할 수 있으련만 차별성을 짚어내기보다는 일진법계(一眞法界)의 '하나'라는 차원에서 보고 있다. 역대 유가 경학의 여느 주석 못지않게 명징하게 해석해내고, 자가(自家)의 해설들보다 더 빛을 발하게 만들어 주고 있다.

"천하에 두 도가 없고 성인에게 두 마음이 없다〔天下無二道, 聖人無兩心〕."라는 말은 시비·분별과 전쟁·갈등으로 얼룩진 20세기를 살았던 스님이 일평생 이 법계에 대고 외치고 싶었던 광대화해의 일대승(一大乘), 아니, 초승(超乘)의 부르짖음이었을 것이라 생각한다.

스님에게는 그 흔한 임종게도 없다. 천하의 명문장이며 동양의 주요 경전들을 두루 암송할 수 있는 박학지사였음에도 불구하고 최종일구(最終一句)에 있어서는 말을 아낀 채 일평생의 언어·문자를 모두 거두어들여 수방자재(收放自在)의 묘덕(妙德)을 완성했다. 마지막 가시는 길에 한마디 남겨달라는 제자들의 간언에 단지 "일체 말이 없어〔一切無言〕."라는 한마디만 남기고 떠나갔다. 그러나 이 일구(一句) 속에 무량한 백천요의가 모두 담겨 있음을 간파해야 활안(活眼)을 갖춘 안목인(眼目人)이라 할 수 있겠다.

공자는 "여욕무언 천하언재(予欲無言 天何言哉)"라 하여 "나는 말하지 않으려고 하노라. 하늘이 무슨 말을 하더냐."라고 했다. 석가는 49년간 수 없는 법문을 설파했어도 한 글자도 설하지 않았다고 했다. 그렇기 때문에 "녹야원(鹿野苑)으로부터 발제하(拔提河)에 이르기까지 49년 동안을 설법했어도 한 글자도 설하지 않았다〔自從鹿野苑, 終至拔提河, 於是二中間, 未曾說一字〕."[319]고 한 것이다. 스님이 이 구절을 자주 언급했음을 상기할 필요가 있다.

스님의 핵심사상으로 볼 수 있는 『화엄경』은 불설경(佛說經)이 아니라 설불경(說佛經)이다. 즉 부처가 직접 설하는 경전이 아니라 부처에 대해서 설하는 경전이라는 뜻이다. 『화엄경』은 부처님이 아무 말 없이 해인삼매(海印三昧) 속에서 빛으로 설법하는 광명설법(光明說法)이다. 빛으로 설법하면 자신의 근기에 맞게 알아듣게 된다. 하지만 중생들이 잘 알아듣지 못하는 까닭에 문수보살, 보현보살들이 설주(說主)로 등장하여 그 광명설법에 대해서 설명해 준 것이 바로 지금 우리가 보고 있는 『화엄경』이다. 주존불인 비로자나불이 광명변조의 부처님, 즉 빛의 부처님인 법신불인 이유가 여기에 있다. 10조 9만 5천 48자로 구성되어 있는 『화엄경』이지만 부처님은 단 한마디도 입 밖으로 설한 바가 없다.

선종의 근본 역시 입을 열기만 해도 그르친다는 "개구즉착"의 세계, 한 걸음 더 나아가서 입을 열기도 전에 그르친다는 "미개구착"의 세계이다. 한 생각 일어나기 전의 세계, 모든 생각이 끊어진 자리를 곧바로 직지(直指)하는 것이 선(禪)의 세계인 까닭에 어디에

---

319 이 게송은 『금강경 오가해』의 야부송 제32 응화비진분에 나오는 게송이다. 탄허 선사는 '성(性)자리'를 논할 때면 이 게송에 대해 자주 언급했다. 탄허, 『부처님이 계신다면』, 233쪽 참조.

다가 입 갖다 붙일 데가 없다.

탄허 선사의 말후구(末後句)인 "일체 말이 없어〔一切無言〕."야말로 스님의 가풍과 풍골(風骨)을 집대성한 입상진의(立象盡意)이자 미언대의(微言大義)의 일구(一句)로 손색이 없다. 스님의 표현을 빌자면 '성(性)자리'에 앉아서 한 말이자, 무(無)의 극처(極處)인 '무지극(無之極)'으로서의 무극(無極)으로 반본(返本)한 말인 것이다.

최종언과 관련하여 스님이 휘호한 시(詩) 가운데 다음의 한 수가 있다. 스님의 최종일구를 알고자 한다면 이 시를 제3의 눈으로 보고, 제3의 귀로 들을 줄 알아야 한다. 일평생 유·불·선 삼교를 융회하며 종횡무진으로 펼쳐 놓았던 학문의 세계가 '탄허(呑虛)'라는 이름에서 '탄(呑)'의 과정이었다면, 인생의 마지막 최종일구인 일체 말이 없다고 거두어들인 것은 바로 '허(虛)'로 수렴해 간 과정으로 볼 수 있으니 아래의 시는 스님의 종신사업(終身事業)의 상징으로 읽어도 무방하리라 본다.

孔氏無言釋不說, 공자는 말이 없고 석가도 설법 않네.
箇中多景孰凝眸, 이 가운데 허다 경계 뉘라서 능히 보아낼꼬.
我棹淸深獨見遍, 나의 노는 맑고 깊어 홀로 젓다 돌아보니,
長天秋水一虛舟. 머언 하늘 가을 물에 비어있는 한 척의 배.[320]

---

320 혜거 스님, 『탄허 대종사 유묵집』, 금강선원, 2010, 45쪽. 탄허 선사가 직접 휘호한 병풍에 쓰인 이 시를 필자가 직접 번역해 본 것이다. 아무리 찾아보아도 이 시의 출처를 찾을 수가 없었다. 스님이 직접 지은 시인지 아니면 어

요컨대 지욱 선사와 성철 선사의 유불분수(儒佛分殊)적 분별과는 달리 탄허 선사는 감산 선사와 마찬가지로 중화를 불교의 선교(禪敎)와 원융회통한 유불회통론를 펼쳤다. 이제까지 고찰한 바를 종합적으로 정리하면 하나의 회통도를 그려볼 수 있다. 다음의 도표는 주자의 심통성정(心統性情)을 중심으로 한 중화신설(中和新說)의 바탕 위에 유교의 이문(二門)을 정리하고, 감산 선사와 탄허 선사의 유불회통론을 중심으로 『대승기신론』적 일심이문(一心二門)으로 확충하여 필자의 방식으로 재구성해 본 것이다.

■ 중화와 일심이문(一心二門)의 유불회통도(儒佛會通圖)

<table>
<tr><td rowspan="4">심
(心)</td><td rowspan="2">중
(中)</td><td>미발지중(未發之中) = 대본(大本) = 체(體) = 정(靜) =상달(上達) = 적연부동(寂然不動) = 명덕(明德) = 존양(存養)
→불성지이명(佛性之異名)</td><td rowspan="2">진여문
(眞如門)</td></tr>
<tr><td>= 사마타 = 지(止) = 정(定) = 선정(禪定) = 적(寂) = 불생(不生) = 묵(默) = 공적(空寂) = 적적(寂寂) = 쌍차(雙遮) = 진공(眞空) = 제법공상(諸法空相) = 대기(大機) = 향상구(向上句) = 본각(本覺)</td></tr>
<tr><td rowspan="2">화
(和)</td><td>이발지화(已發之和) = 달도(達道) = 용(用) = 동(動) =하학(下學) = 감이수통(感而遂通) = 명(明) = 성찰(省察)
→육도만행지총목(六度萬行之總目)</td><td rowspan="2">생멸문
(生滅門)</td></tr>
<tr><td>= 위빠사나 = 관(觀) = 혜(慧) = 지혜(智慧) = 조(照) = 불멸(不滅) = 조(照) = 영지(靈智) = 성성(惺惺) = 쌍조(雙照) = 묘유(妙有) = 제법실상(諸法實相) = 대용(大用) = 향하구(向下句) = 시각(始覺)</td></tr>
</table>

느 묵객의 작품인지 알지 못한다.

향후 유불원융, 유불교섭, 유불회통, 유불융합의 학술 담론에 조금이나마 기여할 수 있었으면 하는 소망과 함께 동서고금의 사상·종교가 열린 마음으로 대화하고 소통하는 세계가 오기를 바라던 탄허 선사를 떠올려 본다. 마음〔一心〕에는 유·불의 차이가 있을 수 없다. 강조의 지점들이 서로 다를 뿐이다. 이 도표 안의 내용들을 만나고, 알아가고, 이해하고, 익히고, 검증하고, 증입해 보려는 동안 어느덧 제법 세월이 흘렀다. 이 분상(分上)에 이르면 옛 조사 스님네의 경구처럼 "아는 것이 심히 기특한 일이기는 하지만 알지 못해야 비로소 인정할 수 있음〔會也甚奇特, 不會也相許〕"을 자각하게 된다. 아는 것이 완전히 끊어진 자리에서 비로소 확연 명백해질 수 있을 것이다. 이를 위해서는 탄허 선사의 법문처럼 산중에서 무릎이 썩는다는 소리를 들은 다음에야 비로소 나와서 할 일을 해야 될 일이다.[321]

마지막으로 한국 선사의 중화 담론을 종합적으로 정리해 보면 다음과 같다.

성철 선사의 '철(徹)적 가풍'은 마치 에베레스트의 고봉(高峰) 정상에 홀로 우뚝 서서 비로자나불의 정수리를 밟고 뭇 봉우리를 내려다보는 듯한 선(禪)의 쾌활자재(快活自在)한 향상(向上)의 기상이 돋보이는 것이라면, 탄허 선사의 '탄(呑)적 가풍'은 마치 태평양 바다의 한복판에서 법계의 시방세계로부터 흘러들어 오는 모든 중

321 탄허, 『피안으로 이끄는 사자후』, 235쪽.

류(衆流)의 물결들을 모두 받아 삼켜 하나를 이루는 화엄(華嚴)의 탄탄무애(坦坦無碍)한 풍류(風流)가 그 압권이라 할 만하다. 비유하자면 성철 선사가 '수직 지향'의 '전문점'적 특색이 강하다면, 탄허 선사는 '수평 지향'의 '백화점'적 특색이 강하다고 볼 수 있겠다.

불교의 '중(中)' 본연의 차원에서 말하자면 이 두 논점을 거래(去來)함에 자유로워야 비로소 향상사(向上事)와 향하사(向下事)를 자재하게 쓰는 본분작가(本分作家)라 할 만한 것이다. 선가에 "관불용침(官不用針)이요 사통거마(私通巨馬)"라는 명구가 있다. 공식적으로는 자그마한 침 하나 들어올 자리마저 허락지 않음이나 사적으로는 커다란 말 한 마리도 드나들 수 있을 만큼 용납한다는 뜻이다. 이와 같이 전을 펴기도 하고 거두기도 하는 권서자재(卷舒自在)의 수완을 갖추기 위해서는 최상의 지혜를 증입(證入)한 불조(佛祖)의 안목을 갖추어야 할 일이다. 이것이 바로 복잡다단하고 정신없는 현대사회에서 미발과 이발의 중화공부(中和工夫)가 절실히 요청되는 까닭이다.

마음의 궁극적 고향을 답파(踏破)하려는 공부를 시작함에는 유사 이래 현성(賢聖)의 밀지(密旨)를 두루 널리 '박(博)'의 방법으로 공부할 필요가 있다. 그 다음 노정기(路程記)에 대한 개념이 잡힌 다음에는 '약(約)'의 방법으로 밀도 있게 심입해 들어가는 것이 필요하리라 본다. 한국불교의 전통은 선교일치(禪教一致)와 사교입선(捨教入禪)의 특색이 있는데 선(禪)과 교(教)를 함께 중시하여 정진하되 '박'의 교학(教學) 과정이 어느 정도 갖추어지면 '약'의 선 수행으로 곧장 들어갈 필요가 있는 것이다. 탄허 선사의 '탄(呑)'적 가풍으로 '박'이 넓게 구축되면 성철 선사의 '철(徹)'적 가풍인 '약'의 밀도 높은 수행 방식으로 깊게 직입(直入)해 들어가야 한다.

중국의 앙산 스님은 『열반경』 40권 가운데 얼마만큼이 부처님 설이고 얼마만큼이 마구니 설인가 하는 스승 위산 스님의 물음에 『열반경』 전체가 마구니 설이라 대답했다. 어찌 『열반경』 40권만 마구니 설이라 하겠는가? 팔만대장경 전체가 마구니의 설이며, 유교 경전 13경 전체가 이단(異端)의 설이며, 기독교 신약·구약성서 전체가 사탄의 설이다. 이 말의 낙처(落處)를 바로 짚어내지 못한다면 설산(雪山)에서 6년 고행한 부처님과, 천하를 주유했던 공자님과, 십자가에 못 박혔던 예수님의 은혜에 반 푼 어치도 보답할 수 없는 것이다.

미발의 극처(極處)에, 중(中)의 심처(深處)에, 성(性)의 묘처(妙處)에, 무극(無極)의 오처(奧處)에 그 밀지가 함장되어 있다. 만약 이번 생 안에 수행을 통해서 이것을 찾지 못한다면 내 살림은 한 번도 살아 보지 못하고 석가, 공자, 예수의 종노릇만 하다가 다음 생을 다시 기약해야 할 것이다.

이 책의 서론에서 백천 성인의 이마 위의 일구[千聖頂額上一句]를 투과하기 위해 유교에서는 중화설을 선택하여 살펴보겠다고 했던 이유가 바로 여기에 있었다. 한 생각 일어나기 전 미발의 극처인 '성(性)자리'를 답파하지 못하고는 올바른 마음 씀을 어찌 기대해 볼 수 있겠는가 싶다. 하루에도 수없이 일어났다 사라지는 기멸(起

滅)의 용심(用心)을 자재하기 위해서는 미발의 기상(氣象)을 체험해 보지 않고 어찌 수도를 논할 수 있을 것인가. 큰 도인 스님들께서 세상을 하직하며 남기는 최종의 유훈이 대부분 "참선 잘해라."였던 것을 되새기며 아직도 우리의 마음속에서 따뜻한 온기가 남아 있는 한국 현대의 양대 선지식의 '중(中)'의 담론을 마무리짓는다.

5장

❖

중화 담론의 결론

이 저술은 유가의 핵심 경전으로 손꼽히는 『중용』을 대상으로 천착하여 동양학의 핵심이 '중(中)'에 있고 『중용』 수장에 그 체요(體要)가 있음을 논증하는 것으로부터 논의를 시작했다.

불교 역시 그 핵심을 '중(中)'을 통해 살펴볼 수 있는데, 부처님의 중도법문(中道法門) 속에 내재되어 있는 '중'의 사상을 '즉(卽)' 자 공능(功能)을 통해서 살펴보았다. '번뇌즉보리(煩惱卽菩提)', '생사즉열반(生死卽涅槃)', '색즉시공 공즉시색(色卽是空 空卽是色)'이라 했을 때의 이원 대대(二元 待對)의 양변을 통섭하여 회통시키는 역할을 하는 "'즉' 자에 성불(成佛)이 있다는 것"을 제시했다.

유교 역시 중용을 논하게 될 때 대표적으로 떠올리는 '존덕성이도문학(尊德性而道問學)'이나 '극고명이도중용(極高明而道中庸)'에서 양변의 중간에서 대립의 통일과 회통을 도와주는 허사인 '이(而)' 자에 주목하였다. "'이'에 중용이 있다"는 언명을 새롭게 제시하며 이것을 '이(而) 관계성 사유', 혹은 '이 자 연기(緣起)'로 명명해 보았다. 무극이태극(無極而太極)이나 이일이분수(理一而分殊) 등의 핵심적인 동양학의 명제들이 '이 관계성 사유'를 통해서 훨씬 더 잘 이해할 수 있음 또한 확인했다.

이어서 중국 송대 성리학에서의 중화설 담론이 형성되는 과정을 주자의 중화설 형성 과정을 통해서 고찰했다. 그의 선불교로부터의 영향과 길항 관계를 '애증(愛憎)'이라는 차원에서 살펴보고, 스승 이연평(李延平)으로부터 전수받은 도남학파의 정수인 미발기상체험(未發氣象體驗)이 실패로 돌아가자 장남헌(張南軒)의 이발찰식체험(已發察識體驗)에서 감화되어 형성된 초기의 중화구설(中和舊說)과 그 이후 다시 새롭게 각성하게 되면서 심통성정론(心統性情論)으로 발전된 중화신설(中和新說)을 살펴보았다. 주자학이라고 불리는 사상적 기반이 모두 40대 초반에 형성되고 확정된 중화신설을 바탕으로 이루어졌음을 논증하고 이기론(理氣論)이 아닌 중화론(中和論)이 주자학의 기본 토대임을 재인식해 보고자 하였다. 희로애락의 미발지중(未發之中)과 이발지화(已發之和)는 인간 심성의 근본을 파악할 수 있는 유·불의 공통된 코드가 될 수 있는 가능성을 발견할 수 있었다.

이러한 중화론을 바탕으로 중국과 한국의 선사들의 중화 담론을 비교하면서 유교와 불교의 회통(會通)과 분수(分殊)를 확인해 보았다.

중국의 감산 덕청 선사와 우익 지욱 선사의 『중용직지』 주석을 서로 비교하면서 선사들의 유교 이해와 중화 담론을 분석하였다. 감산 선사는 철저하게 중화를 중심으로 『중용』 일서를 관통하여 파악한다. 전체 구조 역시 중화와 성(誠)으로 전후를 나누어 보는 주자와 달리 중화와 치중화(致中和)의 구조로 전체를 파악하는 까닭에 필자는 이를 중화일관론(中和一貫論)이라 명명했다.

특히 감산 선사는 '중(中)'과 '용(庸)'을 '성(性)'의 체용 구조로 보아 『중용』 전체를 ‘성(性)’ 한 글자로 관주하면서 이러한 천명(天命)과 동일어인 천성(天性)을 솔성(率性)하는 이가 바로 성인(聖人)이며 이것이 수도지교(修道之教)가 되며 이것이 곧 인도(人道)임을 역설한다. 미발지중과 이발지화의 중화는 바로 이러한 솔성의 인도임을 ‘성(誠)’에 대한 독특한 분석을 통해 개진한다. 즉 성(誠)은 치중화의 ‘치(致)’ 자로 보아 성(誠)이 중화인 인도를 실현하는 방법으로 제시하고 그 실천을 완성시키는 것으로 본다. 솔정(率情)하지 않고 솔성하여 중화를 지성(至誠)으로 실현한 인물들이 성인이며 그 가운데에서 공자가 그들을 집대성한 만세의 사표로 본다. 이렇듯 성(性)의 실현을 위해 성(誠)의 방법으로 수도하는 것이 치중화이며 이것이 곧 『중용』의 주제로 본다. 결론적으로 감산 선사가 성(性)을 철저히 미발지중과 동일한 것으로 파악하는 입장임을 확인할 수 있었다.

불교적 용어를 일체 사용하지 않았던 감산 선사와는 달리 우익지욱 선사는 『중용』을 불교학의 교학적 토대를 적극적으로 활용하여 분석한다. 특히 유식학과 천태학의 방법론을 빌어 와서 천명지성(天命之性)의 ‘성(性)’은 유식학에서 말하는 제8식 경계이나 미발지중의 ‘중(中)’은 제6식의 독두의식(獨頭意識)에 불과한 것으로 파악한다. 이러한 연유로 수도지교를 강조하기에 이른다. 솔성을 위한 수도의 방법을 통해 천명지성을 회복할 수 있다는 것은 천태학에서의 성수불이(性修不二) 사상의 유교적 접합이라 볼 수 있다. 그는 유교의 경전 역시 근본 성품을 발현하는 데 좋은 방편이 될 수 있다는 의미로 천태학의 개권현실(開權顯實)의 방법론을 사용하는 까닭에 그의 이러한 불교 우위적 관점을 '유맥귀불론(儒脈歸佛論)'이라고 명명했다.

그는 천명지성의 '성(性)'과 미발지중의 '중(中)'이 서로 같지 않음을 유식학의 인간심성론을 통해서 지적하며 유가의 마음 수련이 불교의 그것에는 미치지 못하지만 유불조화론적 입장에서 개권현실의 방편설로 충분히 수용할 수 있다는 긍정적인 의견을 피력한다.

그러나 한국 선사 가운데 퇴옹 성철 선사는 유교의 중용은 불교의 중도(中道)와 비교할 때 여전히 망상경계에 불과한 것으로 확실히 선을 긋고 있다. 불교에서의 중도라 함은 대무심(大無心)을 증득한 구경각(究竟覺)을 성취한 묘각(妙覺)만을 말하는 것으로 이것은 바로 돈오돈수의 돈오 경지에만 해당할 수 있기 때문에 유교에서 말하는 중용과 미발지중은 여전히 제8아뢰야식의 미세망념을 해결하지 못한 중생경계임을 확고히 한 것이다. 이러한 성철 선사의 관점을 필자는 '철(徹)적 가풍'이라 명명하고 유교에서 말하는 미발지중이 불교의 중도에 도달하기엔 턱없이 부족한 것으로 주장했다는 점을 확인했다. 미발지중이 불교의 중도에 도달하기 위해서는 한 생각 일어나지 않는 경지가 오매일여(寤寐一如)에 도달해야 하는데 그중에서도 몽중일여(夢中一如)를 넘어선 숙면일여(熟眠一如)의 마치 죽은 송장과도 같은 깊은 선정삼매에 들어 있다가 다시 살아나는 대사각활(大死却活)의 개오(開悟)가 있어야만 진정한 미발이라 할 수 있다는 철저함을 확인했다. 이러한 '철적 가풍'은 불교 내부에서도 많은 논쟁을 야기하게 되어 돈오점수와 돈오돈수 사이에서 돈점논쟁(頓漸論爭)이 발생하였고 보조 적통설과 태고 적통설의 논란까지 양상했던 것까지 살펴보았다.

한국 선사 가운데 탄허 택성 선사는 지금껏 논의되었던 중국과 한국의 모든 각 가(家)의 중화 담론 가운데 가장 편폭이 넓고 포용적이면서도 방대한 유불회통론, 유불융합론적 성격을 띠고 있음을 알 수 있었다. '중(中)'은 불성(佛性)의 이명(異名)이라고 했던 중국 송대 소철(蘇轍)의 의견을 적극적으로 지지하여 '중'이 곧 '성(性)'이며 이것은 천하 모든 성인이 공유하는 우주의 핵심체이자 시공이 끊어진 자리라는 현대적 해석의 지평을 열어 주었다. 불교의 부처나 각(覺), 노자의 천하모(天下母), 유교의 인의예지(仁義禮智)의 사단(四端)과 진심지성(盡心知性), 기독교의 성부(聖父)나 하나님이 모두 이러한 '성(性)자리' 하나 밝히기 위한 대명사일 뿐임을 밝혀 삼교회통 내지는 기독교까지를 포함하는 사교회통론의 가능성까지 열어 주었음을 확인했다. 탄허 선사는 인간 근본의 심성이 한 생각 일어나기 전인 미발지중의 유교 중화 담론을 통해 완성할 수 있다는 확신을 열어 주었다. 세상의 모든 성인은 바로 이 언어문자로 표현하기 이전의 세계, 한 생각 일어나기 이전의 세계인 최초일구자(最初一句子)를 깨친 분들임을 확실히 제시했다.

필자는 이러한 탄허 선사의 관점을 그의 법호에서 따온 '탄(呑)적 가풍'이라 명명했다. "천하에 두 도가 없고 성인에게 두 마음이 없다〔天下無二道 聖人無兩心〕"는 언명은 탄허 선사의 이러한 '탄적 가풍'을 대별하는 문구로 그의 모든 사상과 종교에 대한 넓은 포용과 격외(格外)의 광활한 시각을 확인시켜 주는 명구였음을 재차 확인할 수 있었다.

지금껏 살펴본 미발지중과 이발지화의 중화 담론에서 인간의 마음과 관련된 유가와 불가의 심성론(心性論)의 다양한 논의들을 확인해 볼 수 있었다. 각 가(家)의 주장마다 논지에는 조금씩 차이가 있었지만 심성(心性) 수련이라는 수도(修道)의 당위에 대해서는 모두 한 목소리를 냈던 것을 확인할 수 있었다. 한국과 중국의 선사들의 중화 담론의 비교 연구는 한국과 중국, 유교와 불교라는 구획과는 별도로 인류가 공통적으로 관심을 갖고 있는 인간 마음의 성체(性體)와 그 용심(用心)의 문제, 그리고 그것을 위한 수행, 수도의 문제에 동일한 초점이 맞춰져 있다는 것을 확인하는 계기가 되었다.

세계의 변화 양상을 지켜볼 때 향후 학계에서의 유불회통론, 유불융합론 및 유·도·불 삼교회통론이나 삼교융합론, 나아가서 동서문명의 교섭·융합과 관련된 담론과 연구의 지평은 더욱 확장될 것으로 확신한다. 비단 학술이나 연구에서 그치는 것이 아니라 이러한 사상의 교류와 상호 이해와 교섭은 세계의 조화로운 소통과 평화의 정착에 크게 기여할 수 있으리라 기대한다.

참고문헌

1. 유교 원전

『漢文大系 1 - 大學說·中庸說·論語集說·孟子定本』, 臺灣 : 新文豊出版公司, 1993.
고려대 민족문화연구원 한국사상연구소, 『역주와 해설 성학십도』, 예문서원, 2009.
김수길 역, 『집주완역 中庸 (上·下)』, 대유학당, 2008.
김용옥, 『중용 한글 역주』, 통나무, 2011.
戴震, 임옥균 옮김, 『孟子字義疏證·原善』, 홍익출판사, 1998.
繆天綬 選註, 『宋元學案』, 臺灣 : 商務印書館, 1988.
박완식 편저, 『中庸』, 여강출판사, 2008.
四部備要本 『朱子大全』, 臺灣 : 中華書局, 1983.
성백효 역주, 『論語集註』, 전통문화연구회, 1991.
______ 역주, 『大學·中庸集註』, 전통문화연구회, 1993.
______ 역주, 『孟子集註』, 전통문화연구회, 1992.
______ 역주, 『書經集傳 上』, 전통문화연구회, 2002.
蘇軾 注, 『老子解』, 北京 : 中華書局, 1985.
_____, 『蘇軾全集』, 上海古籍出版社, 2000.
_____, 『蘇轍集』, 北京 : 中華書局, 1990.
楊家駱 主編, 『朱子年譜』, 臺灣 : 世界書局, 1973.
黎靖德 編, 王星賢 點校, 『朱子語類』, 北京 : 中華書局, 1994.
왕양명, 정인재·한정길 역주, 『傳習錄 1~2』, 청계, 2001.
劉勰, 周振甫 注, 『文心雕龍注釋』, 臺灣 : 里仁書局, 1984.
전주대 호남학연구소 역, 『國譯 與猶堂全書 經集 1』, 전주대 출판부, 1986.
정장철 역해, 『荀子』, 혜림출판사, 1994.
주희, 곽신환 외 옮김, 『태극해의』, 소명출판, 2009.
____, 박일봉 역, 『近思錄』, 육문사, 1993.
한국학중앙연구원 편, 『栗谷全書 (4) 聖學輯要』, 율곡학회, 2007.
황준연 외 역주, 『역주 호락논쟁 (1~2)』, 학고방, 2009.

2. 유교 관련 단행본

금장태, 『道와 德 - 다산과 오규 소라이의 중용·대학 해석』, 이끌리오, 2004.
______, 『성학십도와 퇴계철학의 구조』, 서울대 출판부, 2001.
______, 『정약용 - 한국실학의 집대성』, 성균관대 출판부, 2002.
김용옥, 『도올선생 중용강의』, 통나무, 1995.
김충렬, 『김충렬 교수의 중용대학강의』, 예문서원, 2007.
勞思光, 鄭仁在 譯, 『중국철학사(宋明篇)』, 탐구당, 1992.
뚜웨이밍, 정용환 옮김, 『뚜웨이밍의 유학강의』, 청계, 1999.
蒙培元, 홍원식 외 옮김, 『성리학의 개념들』, 예문서원, 2008.
미우라 쿠니오, 김영식 외 옮김, 『인간 주자』, 창작과비평사, 1996.
方克立·李錦全 主編, 『現代新儒家學案 (上·中·下)』, 中國社會科學出版社, 1995.
方東美, 鄭仁在 譯, 『中國人의 人生哲學』, 탐구당, 1994.
성광동 외 옮김, 『스승 이통과의 만남과 대화 - 연평답문』, 이학사, 2006.
시마다 겐지, 김석근·이근우 옮김, 『주자학과 양명학』, 까치, 1986.
이동희, 『朱子』, 성균관대 출판부, 2007.
鄭家棟, 한국철학사상연구회 논전사분과 옮김, 『현대신유학』, 예문서원, 1994.
陳來, 이종란 외 엮음 『주희의 철학』, 예문서원, 2008.
____, 전병욱 옮김, 『양명철학』, 예문서원, 2003.
馮友蘭, 곽신환 옮김, 『중국철학의 정신[新原道]』, 서광사, 1993.
한국사상사연구회, 『조선유학의 개념들』, 예문서원, 2002.
한형조, 『조선유학의 거장들』, 문학동네, 2009.
______, 『주희에서 정약용으로』, 세계사, 1996.

3. 불교 원전

가산 지관 편저, 『伽山佛敎大辭林 卷5』, 가산불교문화연구원, 2003.
憨山 述, 『憨山老人夢遊集』, 北京圖書館出版社, 2005.
_______, 覺性 講解, 『中庸直指』, 統和叢書刊行會, 1998.
감산, 송찬우 역, 『老子 - 그 불교적 이해』, 세계사, 1990.
____, ______ 역, 『莊子禪解』, 세계사, 1991.

감산, 오진탁 옮김, 『감산의 老子풀이』, 서광사, 1990.
____, ______ 옮김, 『감산의 莊子풀이』, 서광사, 1990.
____, ______ 옮김, 『감산의 中庸풀이』, 서광사, 1991.
김지견 역, 『一乘法界圖合詩一印』, 초롱, 1997.
대혜 종고, 여천 무비 감수, 지상 주해, 『書狀』, 불광출판사, 2007.
得通己和 撰, 『顯正論』(『한국불교전서』 권7), 동국대 출판부, 1986.
무비 스님 역, 『법화경 (상·하)』, 불광출판사, 2009.
文雅圓測 撰, 『仁王經疏』(『한국불교전서』 권1), 동국대 출판부, 1986.
________ 撰, 『解深密經疏』(『한국불교전서』 권1), 동국대 출판부, 1986.
백련선서간행회 역, 『雲門錄 (上·下)』, 장경각, 1997.
불광대장경편수위원회, 『佛光大藏經·碧巖錄』, 臺灣 : 佛光出版社, 1994.
서산 대사, 이종익·심재열 강설, 『禪家龜鑑』, 보성문화사, 2004.
원오 극근, 석지현 역주 해설, 『碧巖錄 1』, 민족사, 2007.
원효, 『범망경보살계본사기(국역 원효성사 전서 권4)』, 원효전서 국역간행회, 1988.
은정희 역주, 『대승기신론소·별기』, 일지사, 2004.
이운허 역, 『열반경 (Ⅰ·Ⅱ)』, 동국역경원, 2004.
智旭, 『周易·四書禪解』, 成都 : 巴蜀書社, 2004.
____, 박태섭 역주, 『周易禪解』, 불광출판사, 2010.
____, 송찬우 역, 金『剛經破空論』, 세계사, 1992.
____, 陳德述 註釋, 『周易·四書禪解』, 北京 : 團結出版社, 1996.
____, 『현토역주 周易禪解』, 교림, 1996.
탄허 역, 『보조법어(普照法語)』, 교림, 2005.
퇴옹 성철, 『돈황본 육조단경』, 장경각, 1988.
혜심·각운, 월운 옮김, 『선문염송·염송설화 3』, 동국역경원, 2005.

4. 불교 관련 단행본

고영섭, 『원효, 한국 사상의 새벽』, 한길사, 2002.
______, 『한국불학사(신라시대 편)』, 연기사, 2005.
금장태, 『불교의 유교경전 해석 : 憨山과 智旭의 四書禪解』, 서울대 출판부, 2006.
______, 『불교의 주역·노장 해석 : 智旭의 周易禪解와 憨山의 老莊禪解』, 서울대

출판부, 2007.
김광식, 『기록으로 본 탄허 대종사』, 탄허불교문화재단, 2010.
김호성 편, 『깨달음, 돈오점수인가 돈오돈수인가』, 민족사, 1994.
董群, 김진무·노선환 공역, 『祖師禪』, 운주사, 2002.
박성배, 『몸과 몸짓의 논리』, 민음사, 2007.
_____, 윤원철 옮김, 『깨침과 깨달음』, 예문서원, 2003.
시즈타니 마사오·스구로 신죠, 문을식 옮김, 『대승불교』, 여래, 1995.
아라키 겐고, 심경호 옮김, 『불교와 유교』, 예문서원, 2000.
야나기 무네요시, 최재목·기정희 옮김, 『미의 법문』, 이학사, 2005.
오형근, 『유식학 입문』, 불광출판사, 1995.
윤영해, 『주자의 선불교비판 연구』, 민족사, 2005.
조이너 메이시, 이중표 역, 『불교와 일반시스템이론』, 불교시대사, 2004.
지창규, 『천태교관』, 법화학림, 2006.
_____, 『천태사상론』, 법화학림, 2008.
탄허, 『부처님이 계신다면』, 교림, 2001.
____, 『피안으로 이끄는 사자후』, 교림, 2000.
탄허 강론, 『탄허대종사 동양사상(儒·佛·禪·華嚴) 특강 교재』, 교림, 2002.
____ 강론, 『탄허대종사 법음집 CD』, 교림, 2002.
탄허문도회, 『방산굴법어-탄허대선사법어집』, 민족사, 2003.
탄허불교문화재단, 『呑虛禪師의 禪敎觀』, 월정사, 2003.
퇴옹 성철, 『禪門正路』, 장경각, 1997.
________, 『백일법문(상·하)』, 장경각, 2001.
________, 『영원한 자유』, 장경각, 1988.
________, 『영원한 자유의 길』, 장경각, 1997.
해주, 『화엄의 세계』, 민족사, 2005.
현각 엮음, 『선의 나침반』, 김영사, 2010.
현각, 『탄허 대종사 유묵집』, 금강선원, 2010.
____, 『呑虛大宗師 遺墨選』, 탄허기념박물관, 2010.

5. 학위논문

권기태, 「「노자도덕경감산해」에 나타난 불교와 도가사상의 비교연구」, 동국대 불교학과 석사학위논문, 2007. 8.

길봉준(청화), 「「주역선해」에 내재된 불교사상과 유교사상 연구」, 동방대학원대학교 박사학위논문, 2010. 2.

김우형, 「朱熹의 知覺論 硏究」, 연세대 철학과 박사학위논문, 2003.

손영숙, 「감산덕청의 노자 이해에 관한 연구」, 원광대 동양학대학원 석사학위논문, 2010. 8.

심재권, 「노장의 도에 대한 감산덕청의 무심론적 해석」, 연세대 철학과 박사학위논문, 2008. 2.

오진탁, 「감산의 「莊子內篇解」에 대한 硏究 : 莊子와 佛敎의 思想的 關係를 중심으로」, 고려대 철학과 박사학위논문, 1993. 8.

유연석, 「朱子의 中和說 硏究」, 연세대 철학과 석사학위논문, 1999.

임영효, 「감산의 삼교합일사상 연구 : 「관노장영향론」을 중심으로」, 영남대 동양철학과 박사학위논문, 2009. 2.

임헌상, 「우익지욱의 정토사상 연구 : 『아미타경요해』를 중심으로」, 동국대 불교학과 석사학위논문, 2010. 2.

최일범, 「儒敎의 中庸思想과 佛敎의 中道思想에 관한 硏究-子思의 『中庸』과 龍樹의 『中論』을 중심으로」, 성균관대 동양철학과 박사학위논문1, 991.

홍종숙, 「지욱의 『주역선해』 번역 연구 : 건곤괘를 중심으로」, 원광대 동양철학과 석사학위논문, 2006. 2.

황금중, 「朱子의 工夫論 硏究」, 연세대 교육학과 박사학위논문, 2000.

6. 일반논문

강신주, 「주자와 다산의 미발(未發)론: "존재론적 감수성"과 "신학적 감수성"의 차이」, 『다산학』 2호, 다산학술문화재단, 2001.

고영섭, 「漢巖과 呑虛의 생사관 : 解脫觀과 生死觀의 同處와 不同處」, 『종교교육학연구』 제26권, 종교교육학회, 2008. 2.

권선향, 「성리학에 나타난 불교적 요소-『중용』의 해석에 나타난 알리야식을 중심으로」, 『한국불교학』 제60집, 한국불교학회, 2011. 8.
길봉준(청화), 「『周易禪解』에 內在된 華嚴·天台思想에 대한 硏究」, 『白岳論叢』 제2집, 동방대학원대학교 출판부, 2009.
김병환, 「"自無極而爲太極"인가, "無極而太極"인가」, 『퇴계학보』 93호, 퇴계학연구원, 1997.
김세정, 「왕양명의 생명중심의 일원론적 『중용』 해석」, 『동서철학연구』 제22호, 한국동서철학회, 2001.
김제란, 「명대 심학(心學)에 미친 불교의 영향 (1)-陳白沙와 湛甘泉 사상을 중심으로」, 『한국불교학』 제39집, 한국불교학회, 2004.
______, 「명대 유학에 미친 불교의 영향 (2)-양명학과 양명 후학을 중심으로」, 『한국불교학』 제41집, 한국불교학회, 2005.
도대현, 「퇴옹 성철의 견성관과 유식사상」, 『한국불교학』 제49집, 한국불교학회, 2007.
______, 「퇴옹 성철의 돈오돈수 사상」, 『한국불교학』 제50집, 한국불교학회, 2008.
문광, 「동양을 배우는 과정으로서의 서양사상사 : 조이너 메이시 저, 『불교와 일반시스템이론』 서평」, 『문학 사학 철학』 10호, 한국불교사연구소, 2007. 10.
____, 「원효한류와 불교쿼터제를 꿈꾸며」, 『釋林』 제40집, 동국대 석림회, 2006.
____, 「새천년의 선(禪)과 문화, 그 문화정토를 꿈꾸며 : 『육조단경』 선사상의 현대적 공능(功能)」, 『釋林』 제41집, 동국대 석림회, 2007.
문석윤, 「退溪의 未發論」, 『퇴계학보』 114집, 퇴계학연구원, 2003. 12.
박찬영, 「주희의 철학과 불교의 관계에 대한 정약용의 비판」, 『동양철학』 31집, 한국동양철학회, 2009. 7.
방인, 「퓨전의 시대와 크로스오버의 철학 : 지욱의 『주역선해』를 읽고」, 『문학 사학 철학』 10호, 한국불교사연구소, 2007. 10.
배종호, 「栗谷의 未發之中」, 『동방학지』 19집, 연세대 국학연구원, 1978. 9.
서경전, 「한국에 있어서 유불도 삼교의 교섭-和를 중심으로」, 『원불교사상』 제20집, 원불교사상연구원, 1996.
서명원, 「성철스님 이해를 위한 고찰」, 『불교학연구』 제17집, 불교학연구회, 2007.
손영식, 「주희와 이황의 미발이론에 대한 논쟁-이승환 선생의 미발 개념 비판」, 『동양철학』 제31집, 한국동양철학회, 2009. 7.
신규탁, 「성철 선사의 불교관에 나타난 개혁적 요소 고찰」, 『한국불교학』 제49집, 한국불교학회, 2007.

이승환, 「정문(程門)의 미발설과 구중(求中) 공부 - 소계명(蘇季明)과 여여숙(呂與叔)에 대한 이천(伊川)의 비판을 중심으로」, 『철학연구』 38집, 고려대 철학연구소, 2009. 9.
______, 「주자 수양론에서 未發의 의미」, 『퇴계학보』 126집, 퇴계학연구원, 2009. 12.
______, 「주자(朱子)는 왜 미발체인(未發體認)에 실패하였는가 - 도남학적 수양론의 특징과 전승과정을 중심으로」, 『철학연구』 35집, 고려대 철학연구소, 2008. 3.
______, 「退溪 未發論 釐淸」, 『퇴계학보』 116집, 퇴계학연구원, 2004. 12.
이천승, 「외암(巍巖)의 미발설과 심성일치(心性一致)의 수양론」, 『철학연구』 40집, 고려대 철학연구소, 2010. 9.
______, 「조선후기 미발논의의 전개양상과 수양론의 제반유형」, 『철학연구』 43집, 고려대 철학연구소, 2011. 7.
임옥균, 「왕부지의 『중용』 해석(1)」, 『동양철학연구』 제48집, 동양철학연구회, 2006.
전병욱, 「다산(茶山)의 미발설(未發說)과 신독(愼獨)의 수양론」, 『철학연구』 40집, 고려대 철학연구소, 2010. 9.
정인재, 「왕양명의 양지체용에 의한 미발론」, 『철학연구』 38집, 고려대 철학연구소, 2009. 9.
조영록, 「왕양명과 명말의 불교-삼교합일설을 중심으로」, 『동양사학연구』 44집, 동양사학회, 1993.
조은영, 「다산 미발설의 특징」, 『동양철학』 제31집, 한국동양철학회, 2009.
주광호, 「퇴계(退溪)의 미발설(未發說)과 거경(居敬)의 수양론(修養論)」, 『철학연구』 40집, 고려대 철학연구소, 2010. 9.
지창규, 「명청대 우익지욱의 천태교판 - 『教觀綱宗』을 중심으로」, 제35회 춘계전국불교학술대회, 한국불교학회, 2001.
최일범, 「『주역선해(周易禪解)』 연구 : 성수불이론(性修不二論)을 중심으로」, 『儒教思想研究』 제29집, 한국유교학회, 2007. 8.
______, 「『周易禪解』의 철학사상에 관한 연구」, 『伽山學報』 제11호, 가산불교문화연구원, 2003. 12.
夏淸瑕, 「감산 덕청의 선사상」, 『한국선학』 9호, 한국선학회, 2004. 2.
한자경, 「주희 철학에서 미발시 지각의 의미」, 『철학사상』 21호, 서울대 철학사상연구소, 2005.
홍정근, 「남당(南塘) 한원진의 심성론 - 미발에서의 심과 성의 삼층구조 분석을 중심으로」, 『유교사상연구』 21집 , 한국유교학회, 2006.

찾아보기

인물

개념·문헌

ㄹ

ㅁ

ⓞ

ⓩ

㊅

ⓔ

ⓟ

ⓗ

한국과 중국 선사들의 유교 중화 담론

2020년 8월 31일 초판 1쇄 발행
2021년 9월 17일 초판 2쇄 발행

지은이 문광(권기완)
발행인 박상근(至弘) • 편집인 류지호 • 상무이사 양동민 • 편집이사 김선경
책임편집 김재호 • 편집 이상근, 양민호, 김소영, 권순범, 최호승 • 디자인 쿠담디자인
제작 김명환 • 마케팅 김대현, 정승채, 이선호 • 관리 윤정안
펴낸 곳 불광출판사 (03150) 서울시 종로구 우정국로 45-13, 3층
대표전화 02) 420-3200 편집부 02) 420-3300 팩시밀리 02) 420-3400
출판등록 제300-2009-130호(1979. 10. 10.)

ISBN 978-89-7479-839-0 (93220)

값 23,000원

잘못된 책은 구입하신 서점에서 바꾸어 드립니다.
독자의 의견을 기다립니다. www.bulkwang.co.kr
불광출판사는 (주)불광미디어의 단행본 브랜드입니다.